DELIUS KLASING

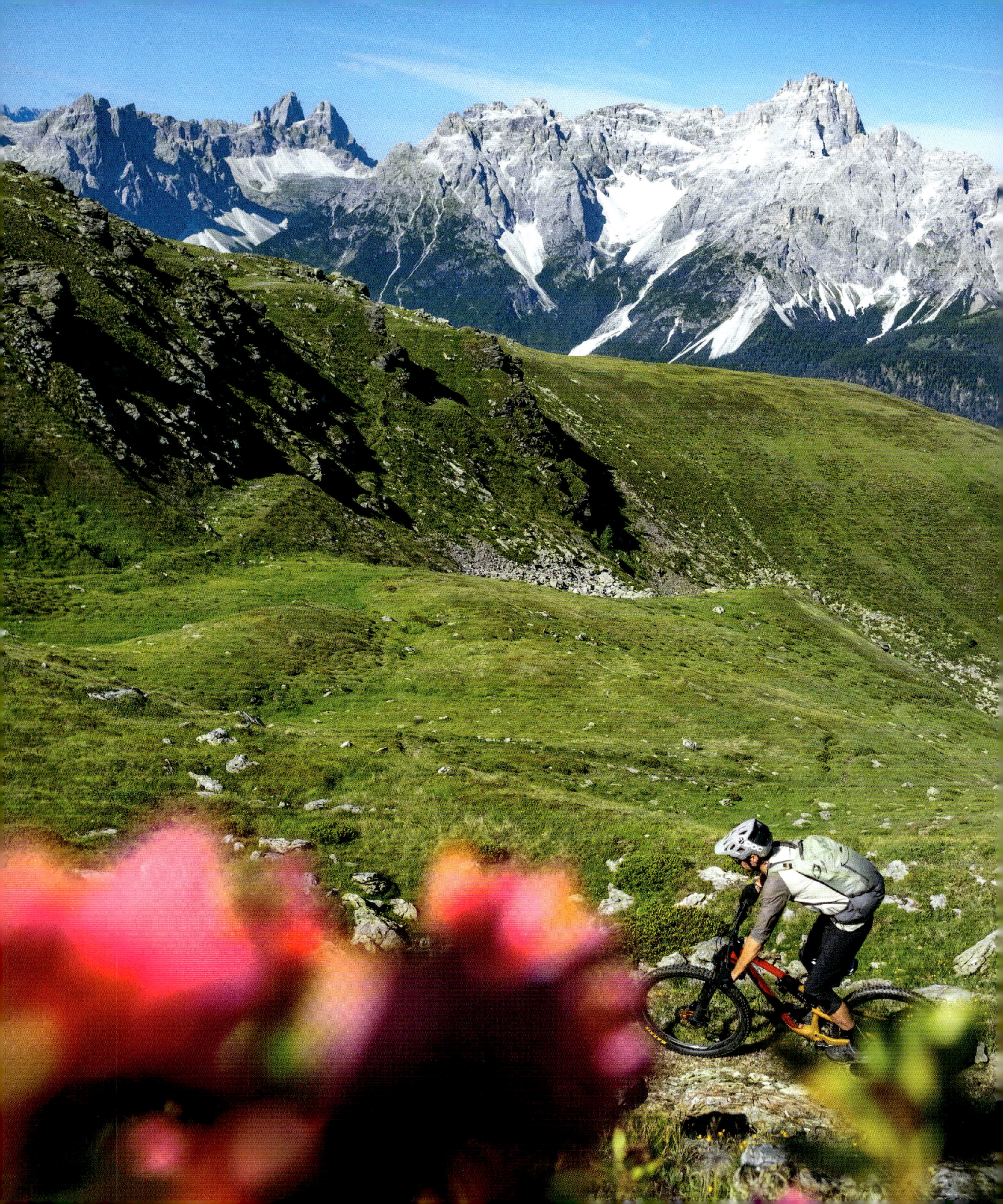

DANIEL SIMON | ARMIN HERB

SPEKTAKULÄRE DOWNHILLTOUREN

RAUF MIT DEM SHUTTLE, RUNTER IM FLOW

DELIUS KLASING VERLAG

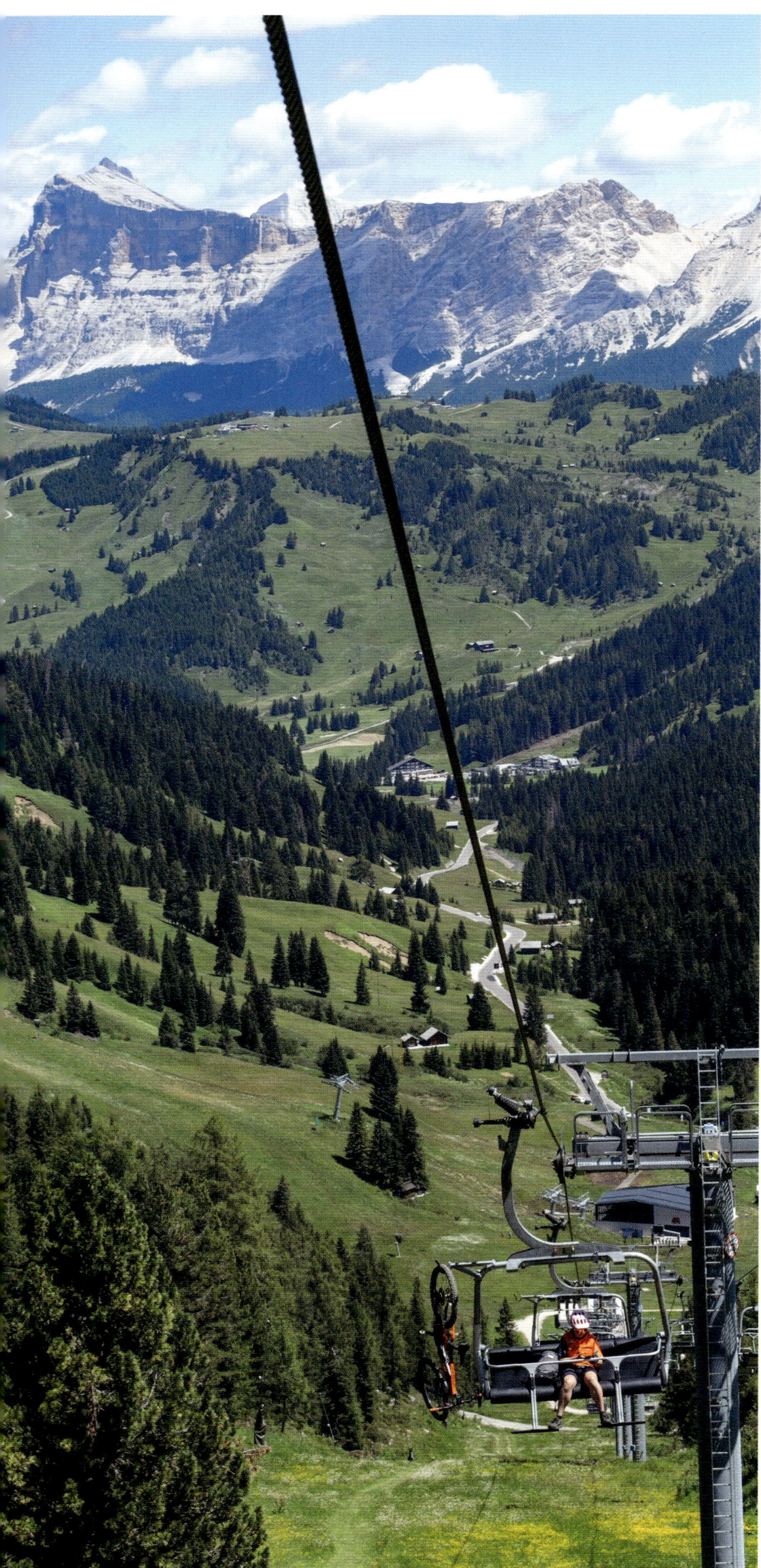

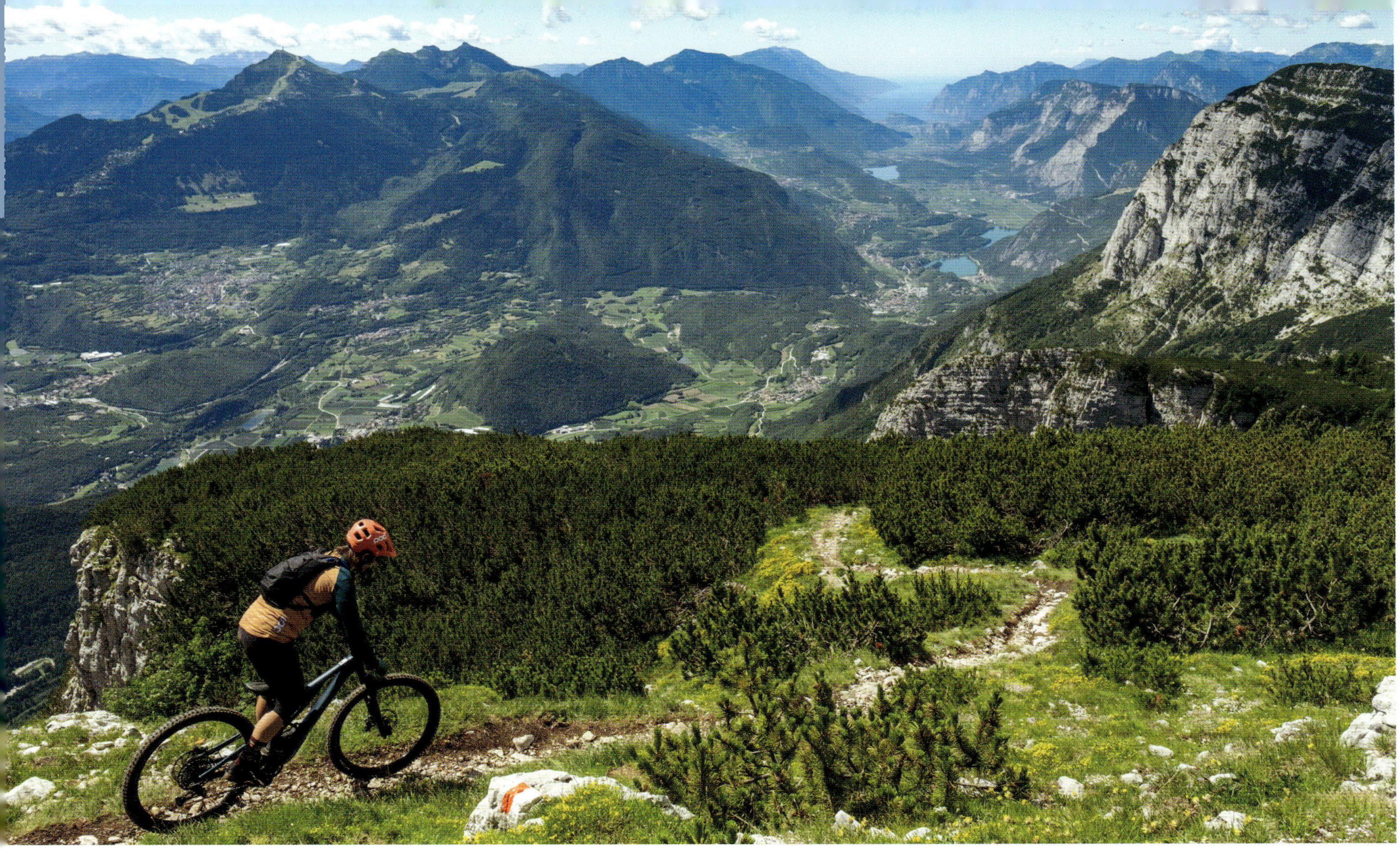

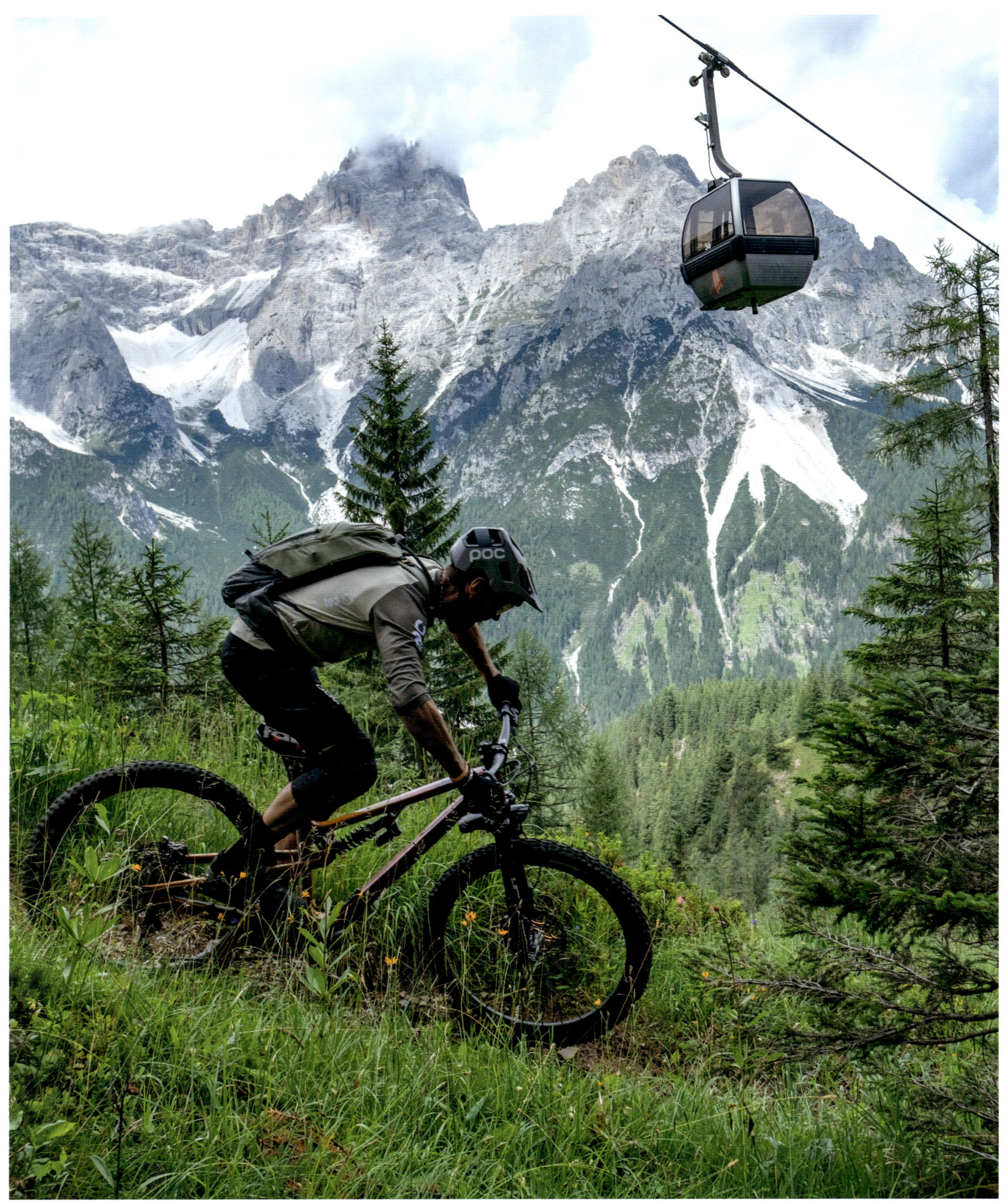

Trail auf den Rotwandwiesen in den Sextner Dolomiten.

Im Rausch der Tiefenmeter

Der Bikesport hat sich seit seiner Erfindung radikal weiterentwickelt. Wer sich zurückerinnert und alte Fotos betrachtet, wundert sich, wie die ersten Mountainbiker die Alpen auf ihren dünnen Stahlbikes mit Starrgabeln eroberten. Heute möchte man sich gar nicht mehr vorstellen, wie die Mädels und Jungs schon auf einfachen Schotterwegen durchgeschüttelt wurden oder mangels leichter Gänge viele Passagen bergauf schiebend überwinden mussten, die wir heute lässig hochkurbeln. Sei es, weil unsere Hochleistungsmaschinen aus leichten Aluminium-Legierungen bestehen oder Carbon-Zahnkränze so groß wie Kuchenbleche haben oder uns sogar kraftvolle und fein abgestimmte Motoren die Berge hochfliegen lassen. Auch bergab erlauben uns butterweich abgestimmte Federungen, die man früher allenfalls von Motocross-Maschinen kannte, über Singletrails zu heizen, bei denen Wanderer schon alle Viere brauchen, um sicher ins Tal zu gelangen.

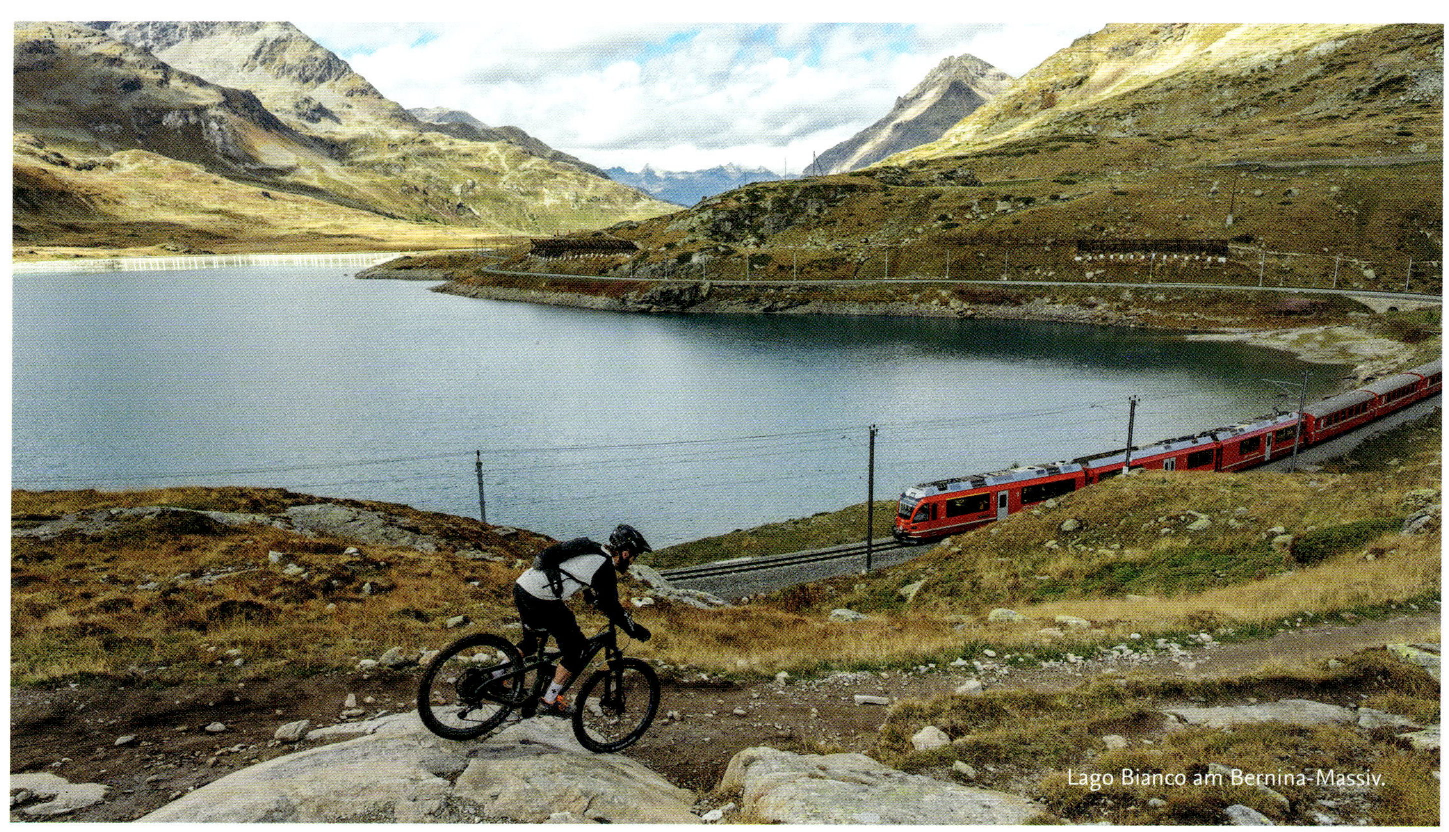
Lago Bianco am Bernina-Massiv.

Packliste für Downhill-Touren

- Bike-Rucksack inkl. Regenhaube
- Fahrradhelm
- Bikebrille
- Bike-Handschuhe
- Protektoren für Arme und Beine
- Regenjacke und Regenhose
- Trinkflasche oder Trinksystem
- Mobiltelefon
- GPS-Gerät oder Smartphone mit Touren-App
- Mini-Tool, Flickzeug, Taschenmesser, Ersatzschlauch
- Kabelbinder und Tape
- Sonnencreme
- Erste-Hilfe-Set
- Energieriegel als Notnahrung
- Schlüssel für E-MTB-Akku (je nach Lifttransport)

Je nach Temperatur und Höhenlage zusätzlich:

- Isolationsjacke
- Buff und/oder Unterhelmmütze

Die Erfinder des Mountainbikens in den USA konnten und wollten anfangs nicht bergauffahren. Sie schoben ihre schweren, umgebauten 30er-Jahre Schwinn-Cruiser auf den Mount Tamalpaisin in Kalifornien und schrotteten nicht selten schon auf der ersten halsbrecherischen Abfahrt über geschotterte Feuerwehrstraßen ihre Klunker-Bikes mit den aus Deutschland stammenden Ballonreifen.

Auch diesseits des Atlantiks sind mit Downhillern und Freeridern schon lange abfahrtsorientierte Biker in den Gebirgen unterwegs. Als die Mountainbike-Welle nach Europa schwappte, hatten aber die meisten Biker die Eroberung der Berge im

Sinn und maßen am liebsten ihre gekurbelten Höhenmeter.

Nun wird auch bei Tourenbikern die Abfahrt zunehmend beliebter, schon allein wegen des besseren Materials. Bei aller Weiterentwicklung kann man daher auch eine „Rückbesinnung“ an die Urform des Mountainbikens beobachten.

Dazu tragen auch die Tourismusregionen bei, die wegen des Klimawandels ihre Skigebiete immer mehr für die Sommersaison umrüsten. Was bietet sich mehr an, als die Liftanlagen für Bikes zu modifizieren und Trails auf die im Sommer bisher ungenutzten Pisten zu bauen. Neue Nutzungsmöglichkeiten für die vorhandenen Anlagen zu schaffen, statt sie nur im Winter zu betreiben, ist sicher ein guter Ansatz. Auch Eisenbahnen und Shuttleservices verlegen den Startpunkt einer Tour in obere Regionen. Uns Biker freut's: das erweitert das Angebot an spannenden Touren enorm.

Egal, ob man bisher jeden Berg mit eigener Kraft „erklommen“ hat oder endlich große Touren in Angriff nimmt, weil man sich das anstrengende Hochfahren spart: Downhilltouren versprechen auf jeden Fall eine Menge Spaß.

Verhalten im Gebirge

Nur geeignete und erlaubte Wege benutzen
Querfeldein ist tabu! Eignung der Wege je nach Steilheit, Beschaffenheit, Belag, Witterung und Wandererfrequenz beurteilen. Notfalls schieben!

Rücksicht auf Menschen und Tiere nehmen
Wanderer und andere Mountainbiker nicht durch hohe Geschwindigkeit oder blockierende Reifen erschrecken. Auf schmalen Pfaden notfalls absteigen.
Möglichst leise unterwegs sein, um Wild- und Weidetiere nicht in Panik zu versetzen. Weidegatter nach der Durchfahrt unbedingt wieder richtig schließen.

Keine Spuren und Erosionen verursachen
Nicht mit blockierenden Reifen bremsen.

Wichtig
Mountainbiken ist mit gewissen Risiken behaftet. Bitte behalten Sie jederzeit Ihre Kondition, Ihr Fahrkönnen und den technischen Zustand Ihres Sportgerätes im Auge! So setzen die in diesem Buch beschriebenen Touren auch ein gewisses Grund-Level an Fahrtechnik, Erfahrung und Ausdauer voraus.

Wetter

Erfahrene Mountainbiker kennen die Wetterkapriolen. Der Wechsel von strahlendem Sonnenschein zu Eisregen passiert oft in kürzester Zeit. In großen Höhen können selbst im Hochsommer krasse Temperaturstürze und Schneeschauer drohen. Deshalb hat ein zuverlässiger Wetterbericht elementare Bedeutung. Und umso wichtiger ist eine vorausschauende und umsichtige Planung der Radetappen. Mit folgenden Wetterstationen haben wir sehr gute Erfahrungen gemacht:
Bayern, Tirol, Salzburg, Kärnten: www.zamg.ac.at
Schweiz: www.meteoschweiz.admin.ch
und www.meteonews.ch
Südtirol, Italien: www.ilmeteo.it/Italia
und www.provinz.bz.it/wetter/home.asp

Zeiteinteilung

Die angegebenen Zeiten im Buch sind durchschnittliche Fahrzeiten inklusive Liftfahrten, aber ohne Pausen und Wartezeiten an den Liftanlagen. Für die gesamte Tour inkl. Rast auf Hütten muss daher mehr Zeit eingeplant werden. Je nach Fahrkönnen können die Zeiten abweichen.

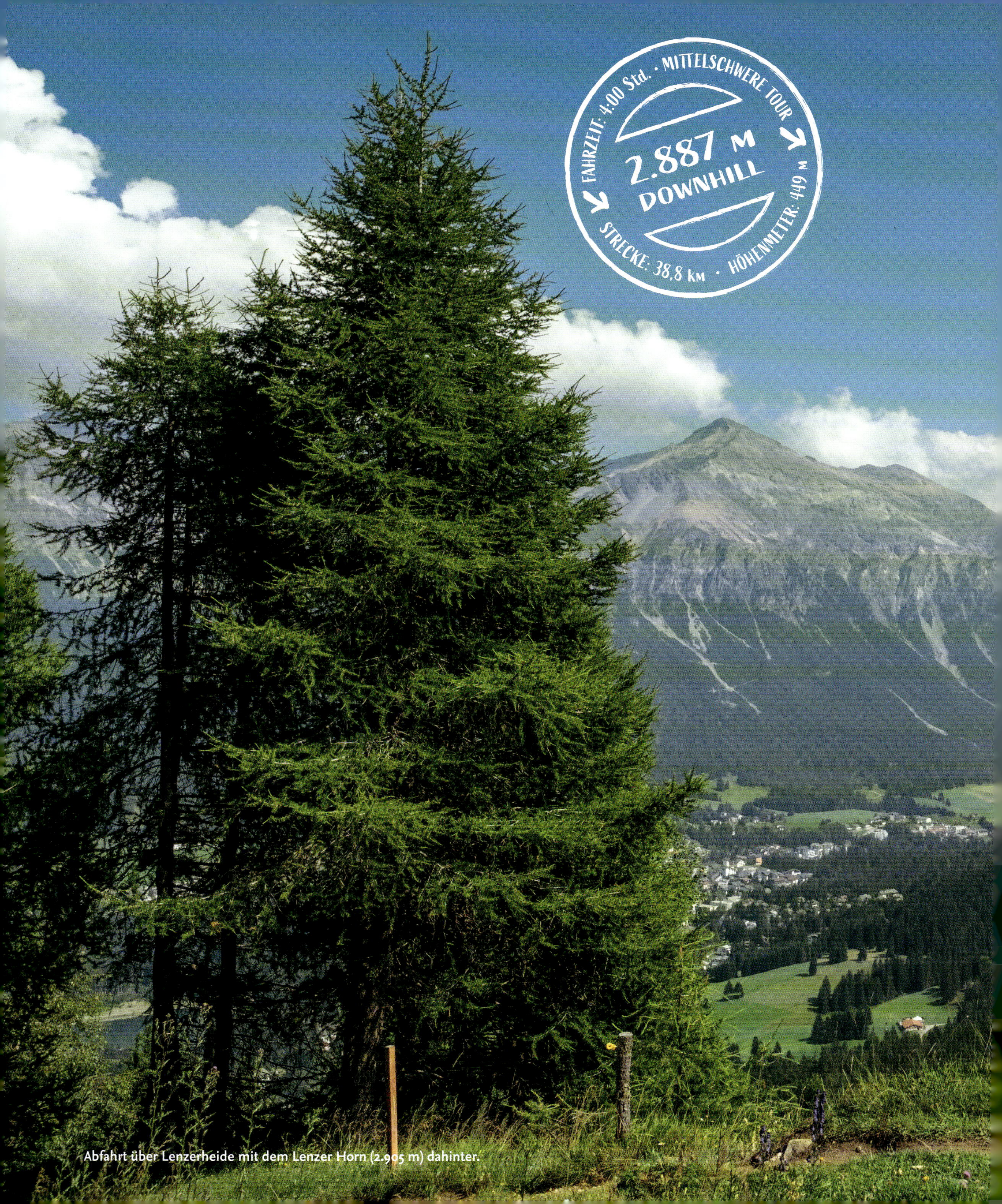

Abfahrt über Lenzerheide mit dem Lenzer Horn (2.905 m) dahinter.

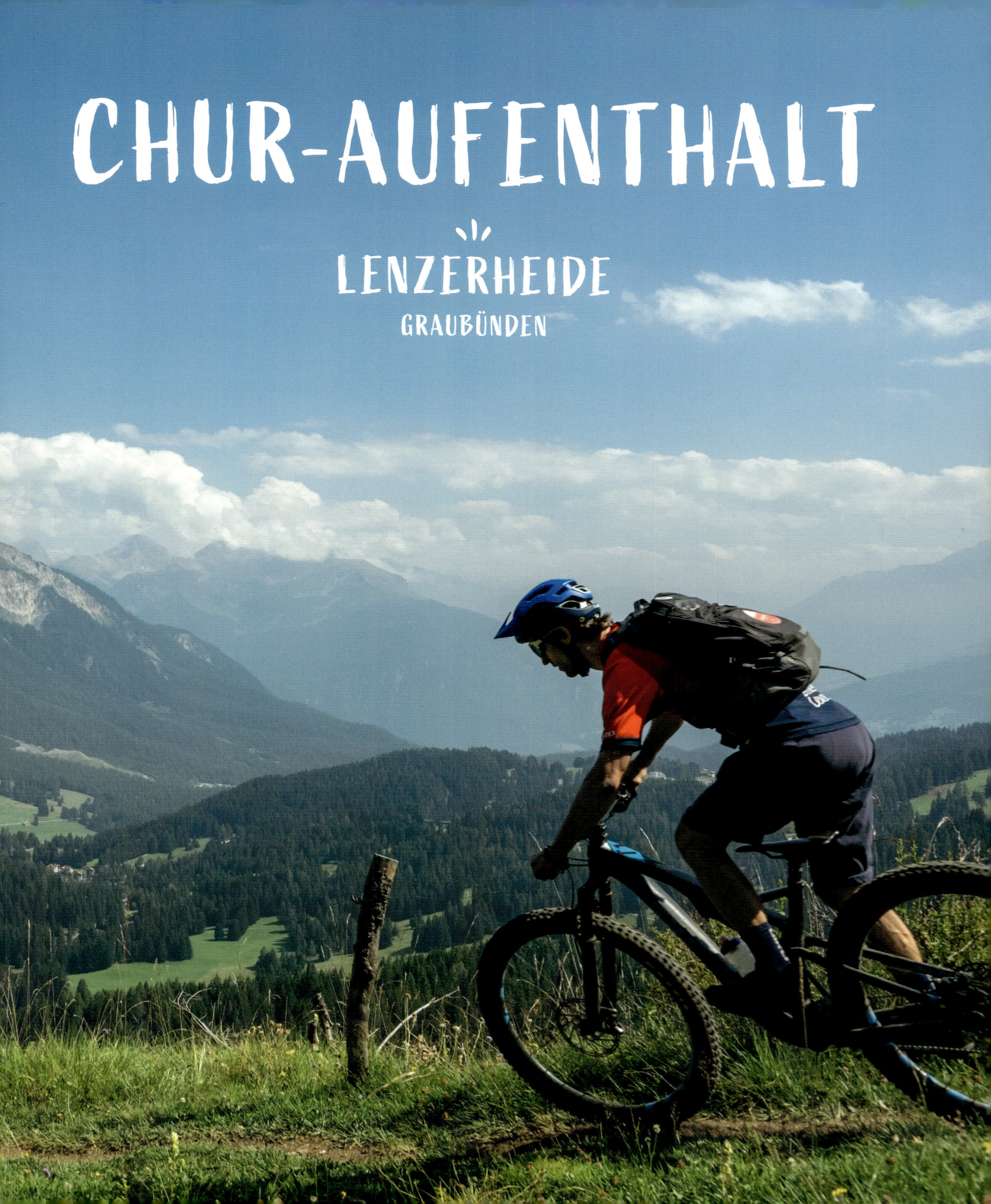
CHUR-AUFENTHALT
LENZERHEIDE
GRAUBÜNDEN

LENZERHEIDE/GRAUBÜNDEN

BIKESTRECKE: 38,8 km HÖHENDIFFERENZ: ↑449 hm ↓2.887 hm SCHWIERIGKEITSGRAD: mittel FAHRZEIT: 4:00 Std.

Endurotour in die Alpenstadt

01

Bleiern liegt der Nebel über dem Tal, wir sehen nicht mal unsere Bikes. Die hängen am Sessellift vor uns auf der Auffahrt zum Piz Scalottas (2.321 m). Dabei war die Wettervorhersage für heute so gut. Beni Ott beruhigt mich: Der Nebel wird sich bald lichten. Der technische Leiter der Bikeschule Lenzerheide hat auch gleich einen Vorschlag. Mit dem Bike-Tagesticket fahren wir am Ende unserer Tour einfach noch mal hoch, dann haben wir die schöne Aussicht und eine zusätzliche Abfahrt springt auch noch dabei raus. Gute Idee! Am Gipfel schwingen wir uns direkt in die ersten Trailkurven. Die sind perfekt zum Einfahren in den Berghang gebaut. Ein britisches Ehepaar errichtete 1937 in Gedenken an ihre verstorbene Tochter June-Claud auf der Hochebene zwischen Piz Scalottas und Piz Danis (2.497 m) ein Berghaus. Noch ist dessen Terrasse verwaist. Über dem Kamin mischt sich aber schon Rauch in die neblige Luft. Wirtin Moni Stadler bereitet sich sicher auf die ersten Gäste vor. Die

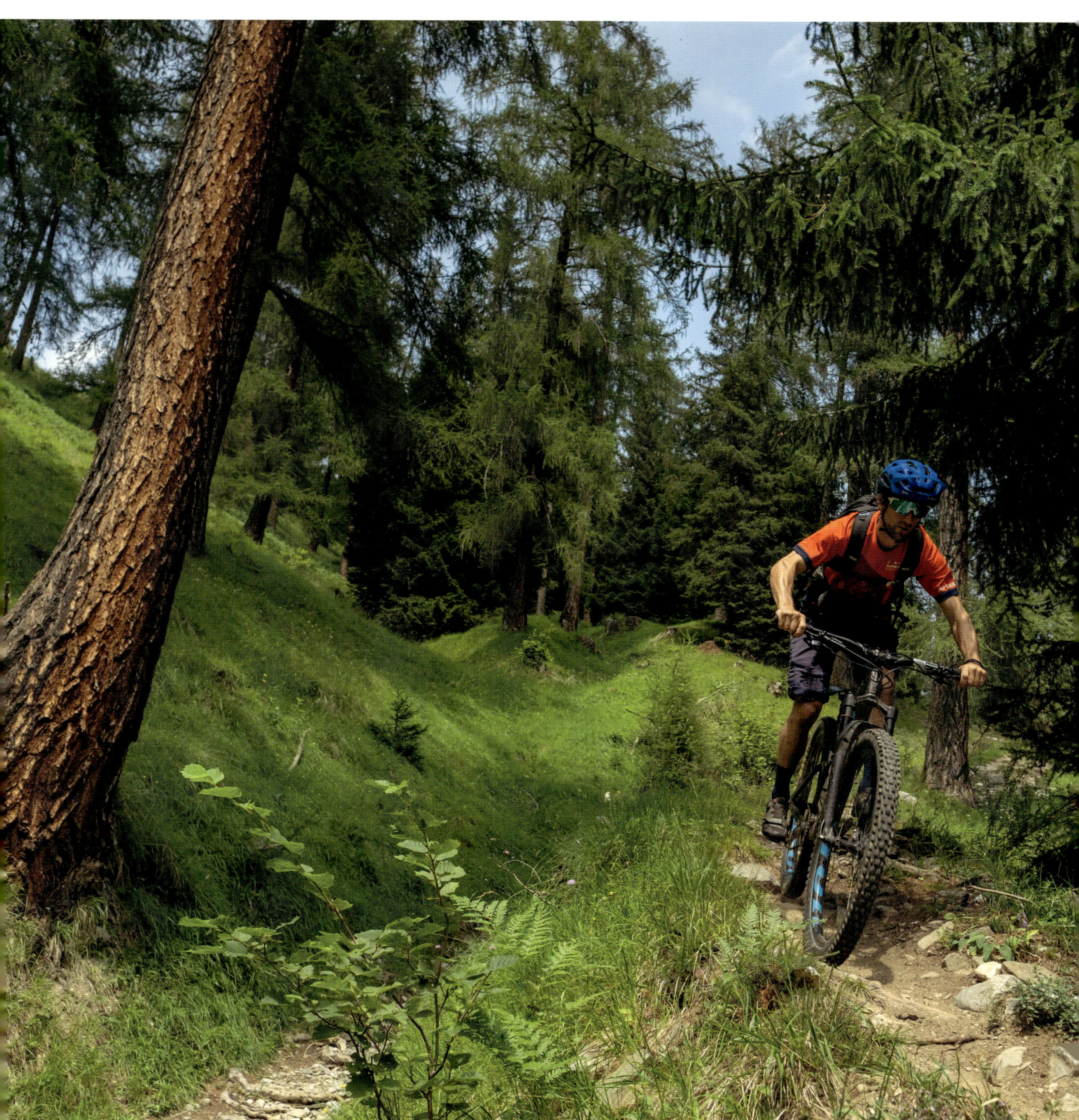

Fahrspaß im Lärchenwald oberhalb des Ortes Malix.

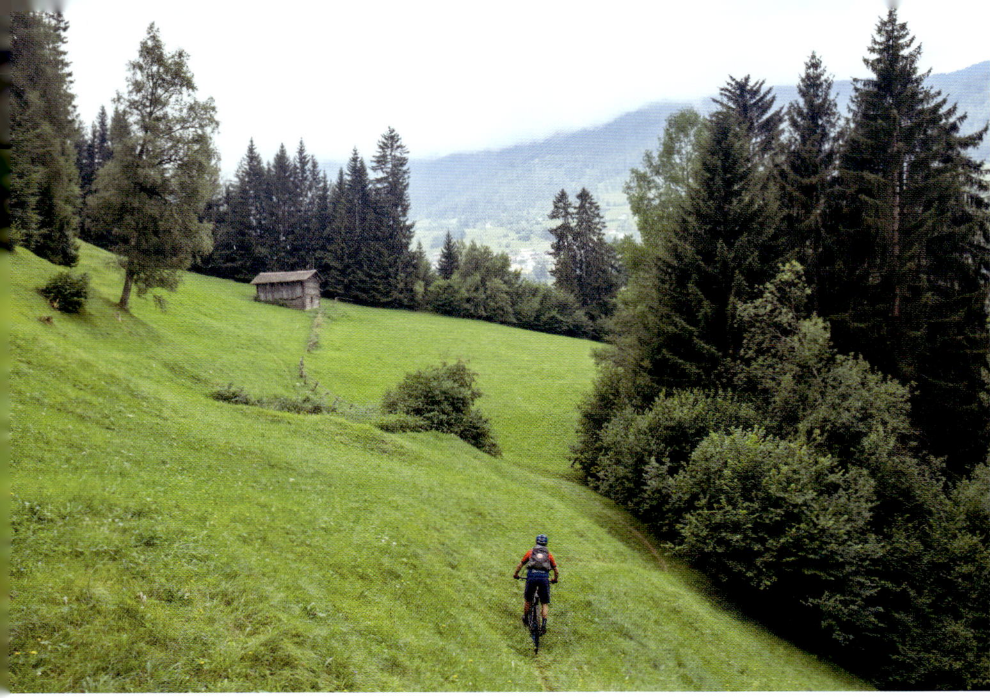

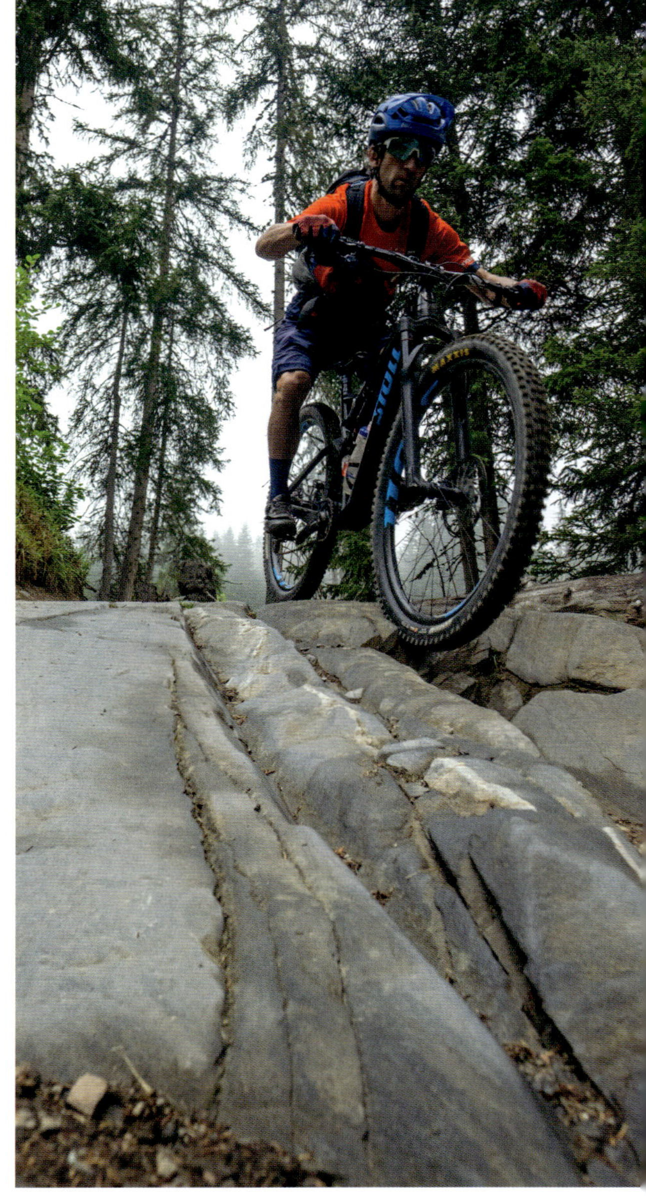

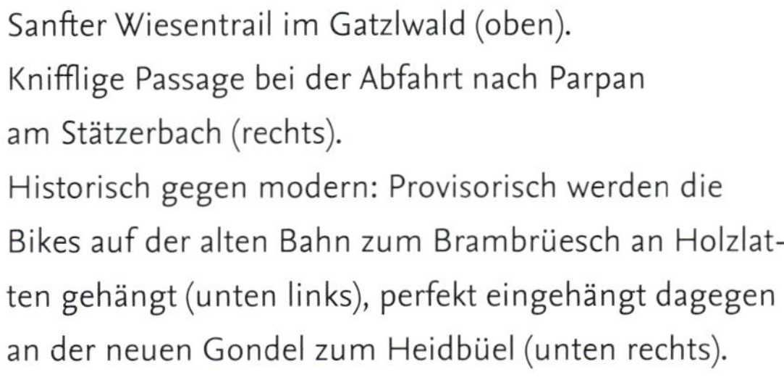

Sanfter Wiesentrail im Gatzlwald (oben).
Knifflige Passage bei der Abfahrt nach Parpan am Stätzerbach (rechts).
Historisch gegen modern: Provisorisch werden die Bikes auf der alten Bahn zum Brambrüesch an Holzlatten gehängt (unten links), perfekt eingehängt dagegen an der neuen Gondel zum Heidbüel (unten rechts).

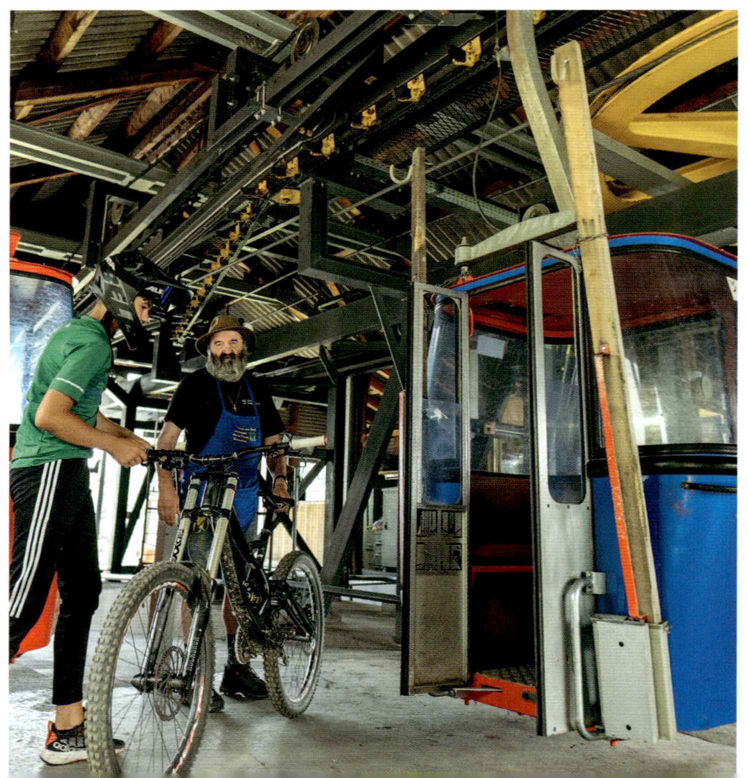

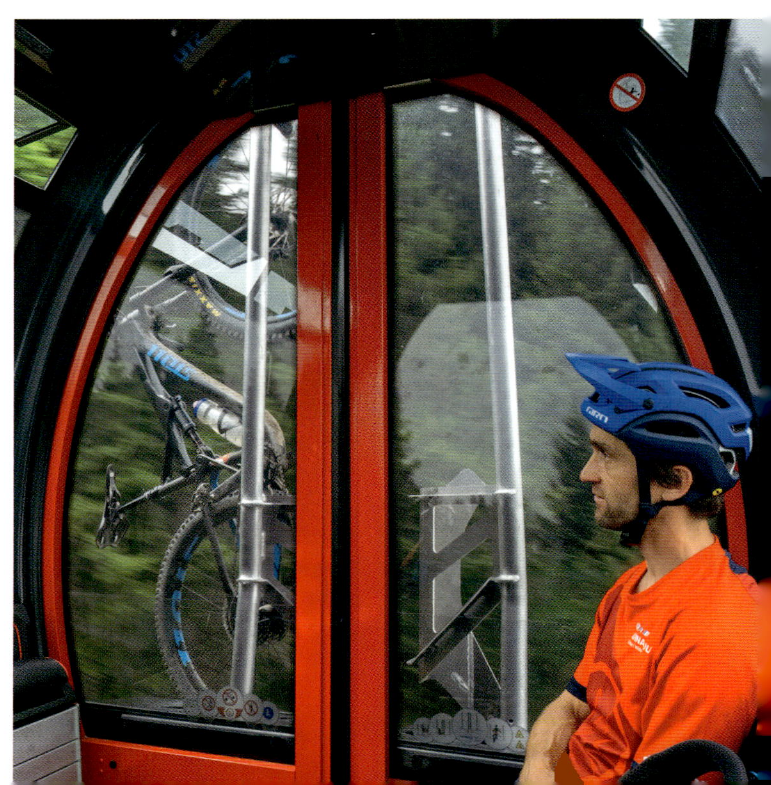

aussichtsreich gelegene June Hütte ist ein großer Anziehungspunkt für Biker und Bergwanderer.

Wir überwinden ein paar Höhenmeter und schon geht's auf die nächsten Trails. Hinter der Alp Stätz warten einige technische Passagen. Bald aber ist Parpan erreicht und auf den paar Kilometern Radweg auf der anderen Talseite können wir unsere Handgelenke lockern. Der Landschaftscharakter ändert sich: Gerade noch im Hochgebirge unterwegs, vergnügen wir uns hinunter nach Chur nun auf Waldböden und schmalen Wiesentrails. Vorbei am alten Kurhaus von Passugg, das heute die internationale Bündner Hotelfach- und Touristikschule beherbergt, erreichen wir Chur (593 m), die Hauptstadt des Kanton Graubünden und zugleich älteste Stadt der Schweiz. Das Café Zschaler mit seinen hervorragenden Kuchen befindet sich in einem der schönsten Häuser des traditionsreichen Zentrums. Wir lassen es uns schmecken, während Einheimische und Touristen an uns vorbeiflanieren.

Direkt am südlichen Stadtrand steigen wir in die Luftseilbahn über das Känzeli auf die Hochebene Brambrüesch (1.590 m) „Bitte den Akku wegen des Gewichts vom Bike nehmen und in den Rucksack packen!", müssen sich E-MTBler anhören. Merkwürdig, in der Pendelbahn auf der steilen Auffahrt wird das Bike mit in die große Kabine genommen. Da spielt es doch keine Rolle, wo das Gewicht steckt. Auf dem zweiten Teilabschnitt lüftet sich das Rätsel: Ab dem Känzeli ist eine der ältesten Kleinkabinen-Umlaufbahnen der Schweiz im Einsatz. Die Bikes werden außen an eine abenteuerliche Holzkonstruktion gehängt. Oben angekommen erwartet uns der Alpöhi, zumindest sieht der mürrisch dreinblickende Seilbahn-Mitarbeiter mit seinem Rauschebart so aus. Wir hieven die Bikes von der Stange und schieben sie ins Freie. Beni erklärt: „Frauen hilft der Mann immer ganz galant mit ihren Bikes." Alte Schule eben.

Lenzerheide, Arosa und Chur bilden unter dem Namen „Bike Kingdom" eine der größten Bike-Regionen der Alpen. Mehr als 900 Kilometer Singletrails und zwei Bikeparks gilt es zu entdecken.

Vom Churer Hausberg über dem Rheintal zieht ein flott zu fahrender Trail durch einen wunderschönen Lärchenwald ins Tal. Kurz vor Churwalden müssen wir noch einen kurzen Uphill-Trail bewältigen.

Bei unserer Ankunft erwartet uns das komplette Gegenteil der letzten Gondelfahrt. Nicht so charmant, aber komfortabel bringt uns eine supermoderne 8er-Kabinenbahn mit Panorama-Gondeln – designed by Porsche Design Studio – in hohem Tempo aufs Heidbüel. Noch bevor wir ausgestiegen sind, hat bereits eine sehr freundliche, junge Bergbahn-Mitarbeiterin unsere Bikes vom Bügel geholt und wünscht uns eine gute Weiterfahrt. Der „Neuen Schule" können wir auf jeden Fall etwas abgewinnen!

An der Alp Stätz kreuzen wir unsere Route vom Vormittag. Jetzt ist auch der Blick ins Tal und auf die Bündner Berge frei. Wir bekommen tatsächlich Lust, nach den letzten Abfahrtsmetern nach Lenzerheide noch mal die zwei Sessellifte auf den Piz Scalottas zu nehmen. Einmal für den Blick, zum anderen warten vom Gipfel auf direktem Weg nach Lenzerheide noch ein paar schöne Trails. Vielleicht machen wir es uns aber vorher auf der Terrasse der June Hütte gemütlich.

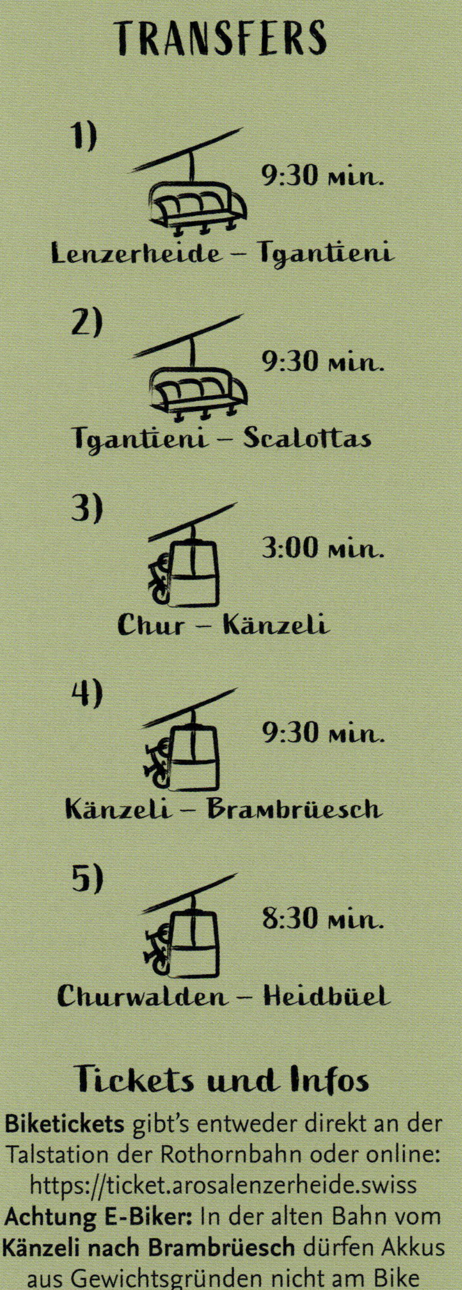

Tickets und Infos

Biketickets gibt's entweder direkt an der Talstation der Rothornbahn oder online: https://ticket.arosalenzerheide.swiss
Achtung E-Biker: In der alten Bahn vom **Känzeli nach Brambrüesch** dürfen Akkus aus Gewichtsgründen nicht am Bike verbleiben, sondern müssen mit in die Kabine genommen werden. Schlüssel mitnehmen!

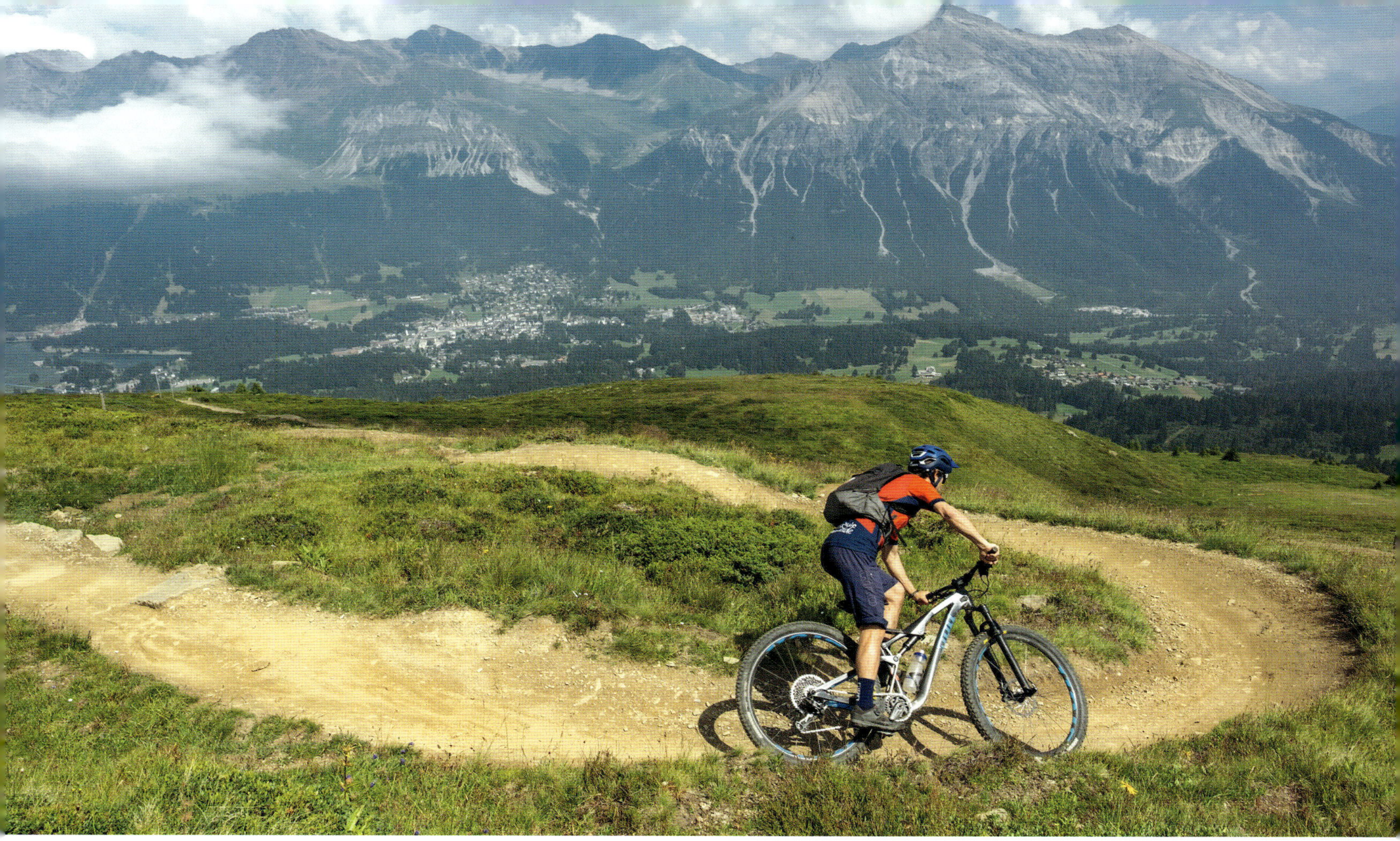

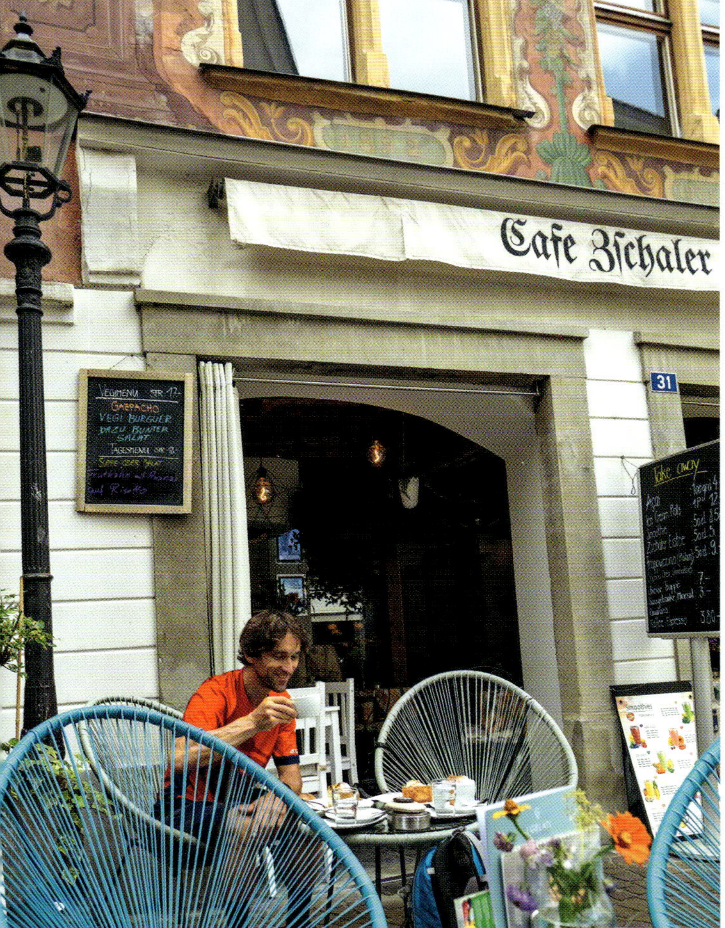

Kurvenreich – auf dem Trail zur June Hütte (oben).
Feines Café statt rustikaler Hütte – Pause in der Altstadt von Chur (links).
Wo sind wir? Morgendlicher Nebel auf der Fahrt zum Piz Scalottas (unten).

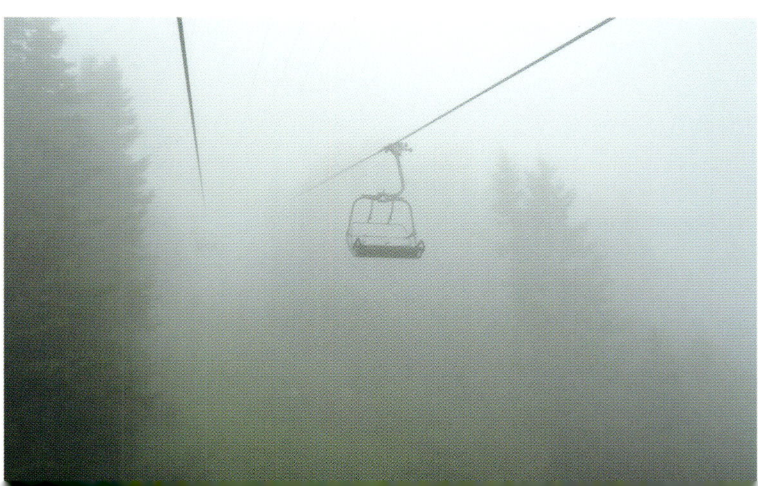

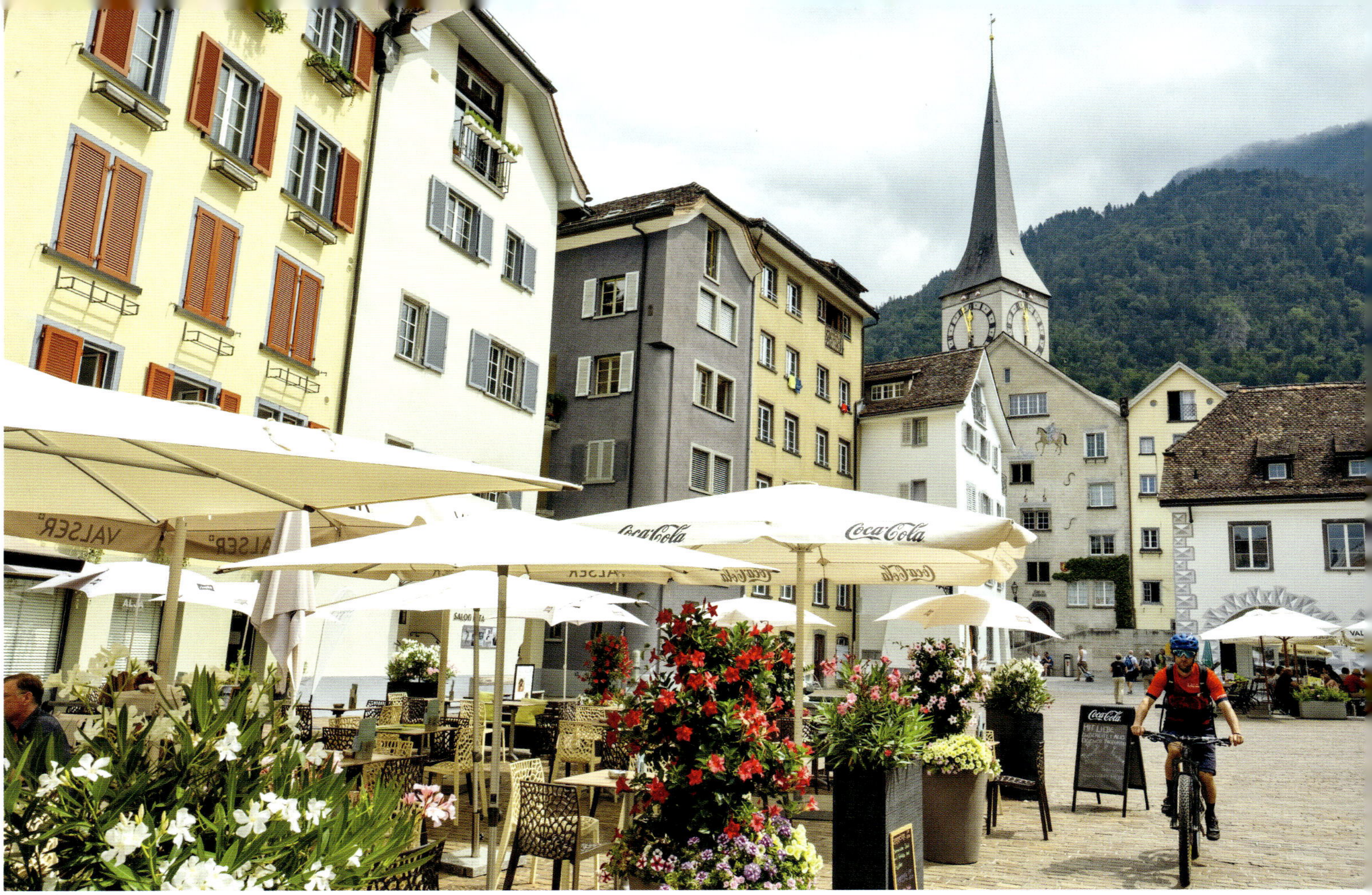

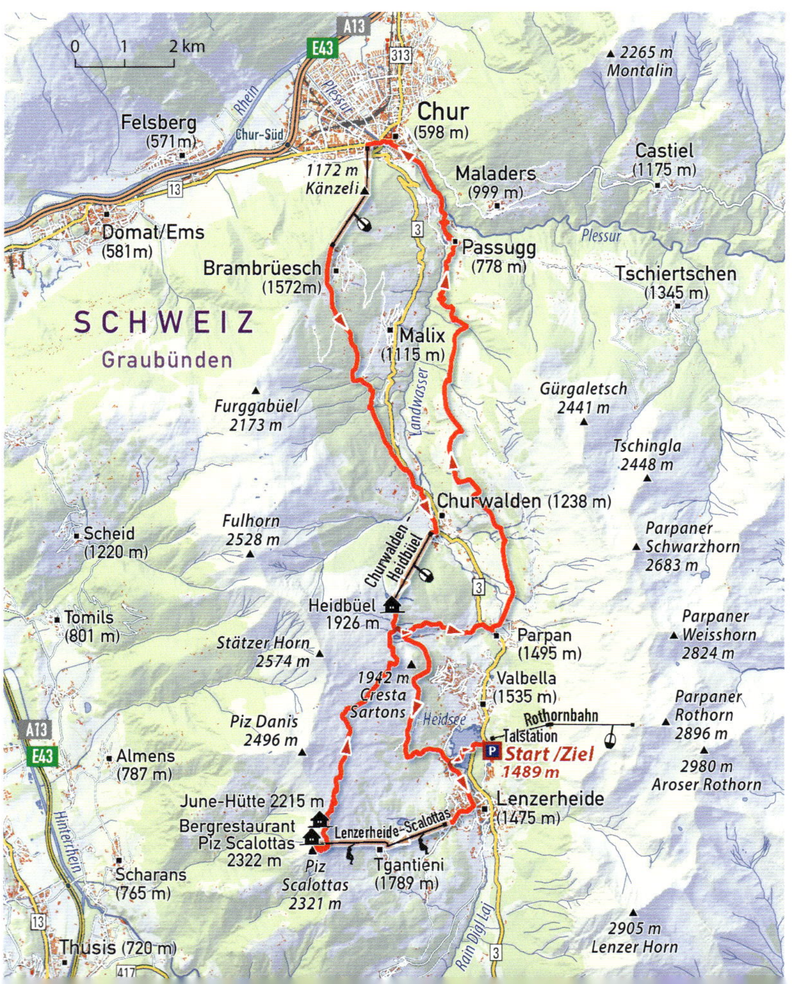

Außergewöhnlich: Mitten durch eine Altstadt, wie hier durch Chur, kommt man nur sehr selten während einer Mountainbike-Tour.

INFOS ZUR TOUR

TOURCHARAKTER

Von allem etwas: Viele Kilometer feinste Trails, gebaut, Natur, oft flowig, jedoch auch mit einigen schwereren Passagen, die aber alle gut fahrbar sind. Hinter Parpan ein längerer Radwegabschnitt. Hinunter nach Chur sowie ab Brambrüesch schöne Wiesen- und Waldpfade.
Nach der Auffahrt auf Heidbüel längere Schotterabfahrt und noch einmal Trails zurück zur Talstation der Rothornbahn in Lenzerheide.

TOURSTART

Wir starten zwar an der Talstation der Rothornbahn, fahren aber durch Lenzerheide zur Station des Sessellifts auf den Piz Scalottas.

EINKEHRTIPP

In schönster Panoramalage wartet die **June Hütte (2.214 m)** mit Bündner Spezialitäten auf die hungrigen Biker.
www.acla-grischuna.ch/june-huette.
Eine Kaffeepause in der **Altstadt von Chur** ist fast obligatorisch.

BIKE-VERLEIH

Pesko Rothornbahn, Voa Principala 80, CH-7078 Lenzerheide, Tel. +41 81 3 85 10 60, www.pesko.ch/de/shopuebersicht/sport-verleih/pesko-rothornbahn,
Eine Auswahl an Verleihern unter:
www.bikekingdom.ch/de/Services/Shops-Rental

GEFÜHRTE TOUREN

Bikeschule Lenzerheide
Voa Principala 16, CH-7077 Valbella
Tel. +41 81 3 85 10 80,
www.bikeschulelenzerheide.ch
(Treffpunkt für Touren ist die Talstation der Rothornbahn)

BIKE-HOTELS

Hotel Lenzerhorn Spa & Wellness
Voa Principala 41, CH-7078 Lenzerheide,
Tel. +41 81 385 86 87, www.hotel-lenzerhorn.ch
Weitere Hotels unter:
www.bikekingdom.ch/de/Services/Bike-Hotels

LANDKARTEN

Kostenlose Übersichtskarte **„Bike Kingdom Arosa-Lenzerheide“** bei den Tourismusbüros oder man lädt sich die App **„Bike Kingdom“** (Google Play, App-Store)

BIKE-INFOS

www.arosalenzerheide.swiss/de/Lenzerheide/Sommer/Biken,
www.bikekingdom.ch/de

TOURIST-INFOS

Ferienregion Lenzerheide
Voa Principala 37, CH-7078 Lenzerheide
Tel. +41 81 3 85 57 00,
www.arosalenzerheide.swiss/de/Lenzerheide

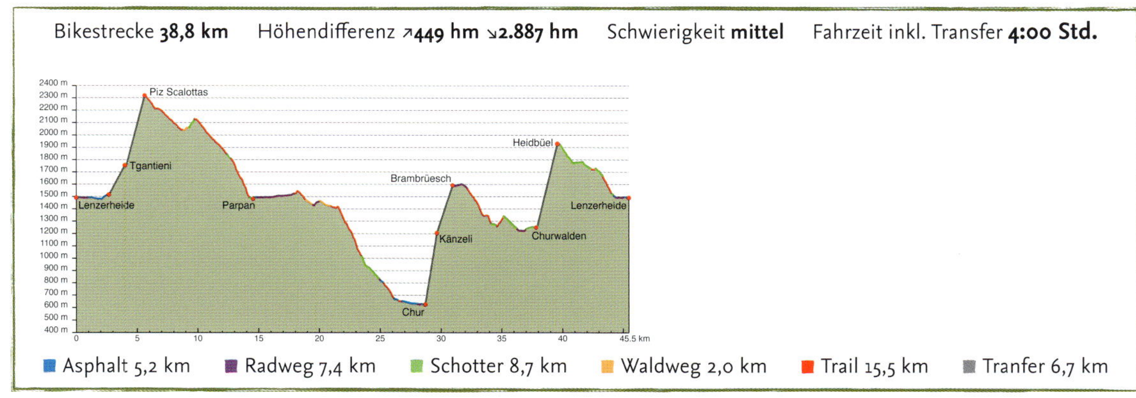

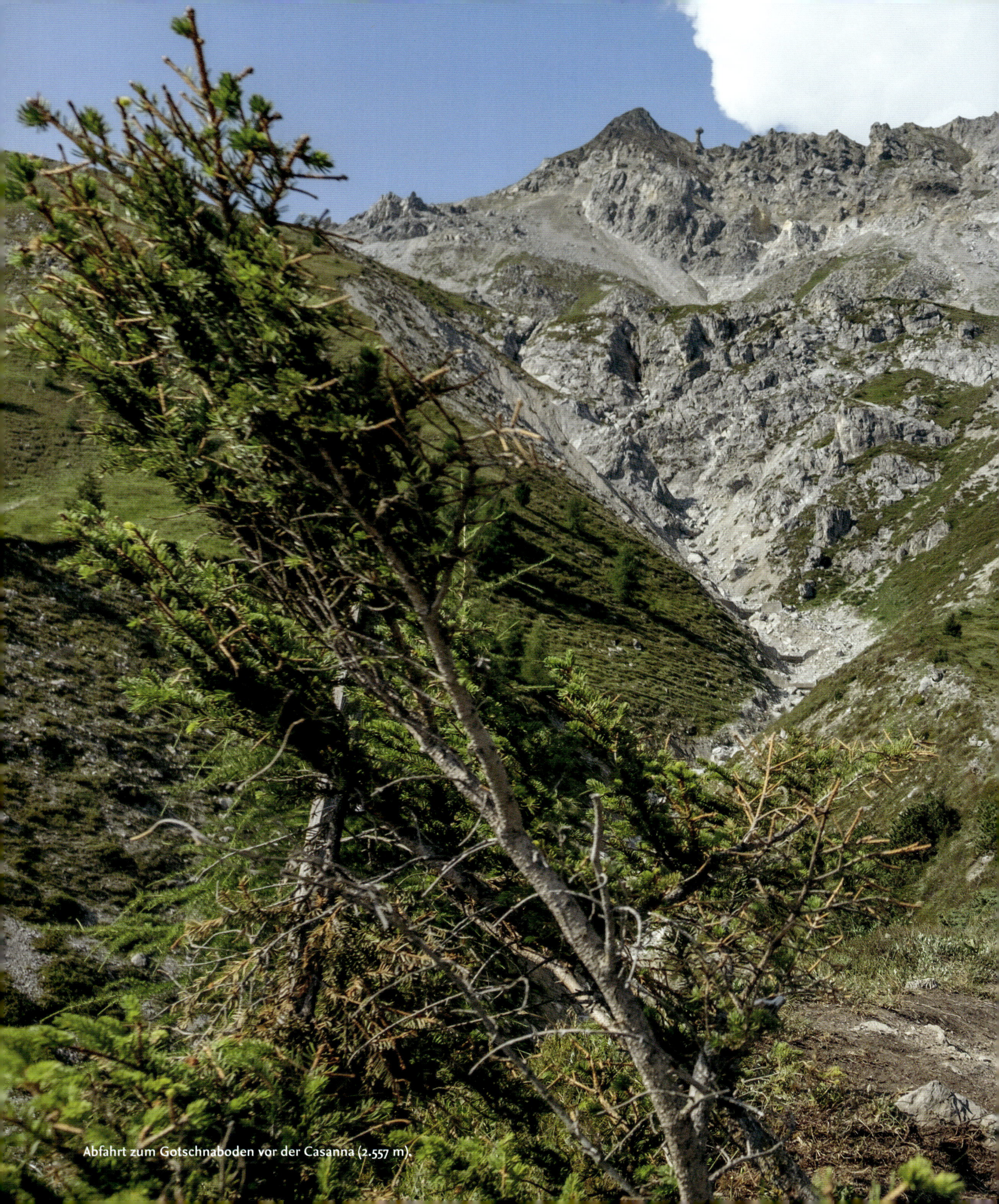

Abfahrt zum Gotschnaboden vor der Casanna (2.557 m).

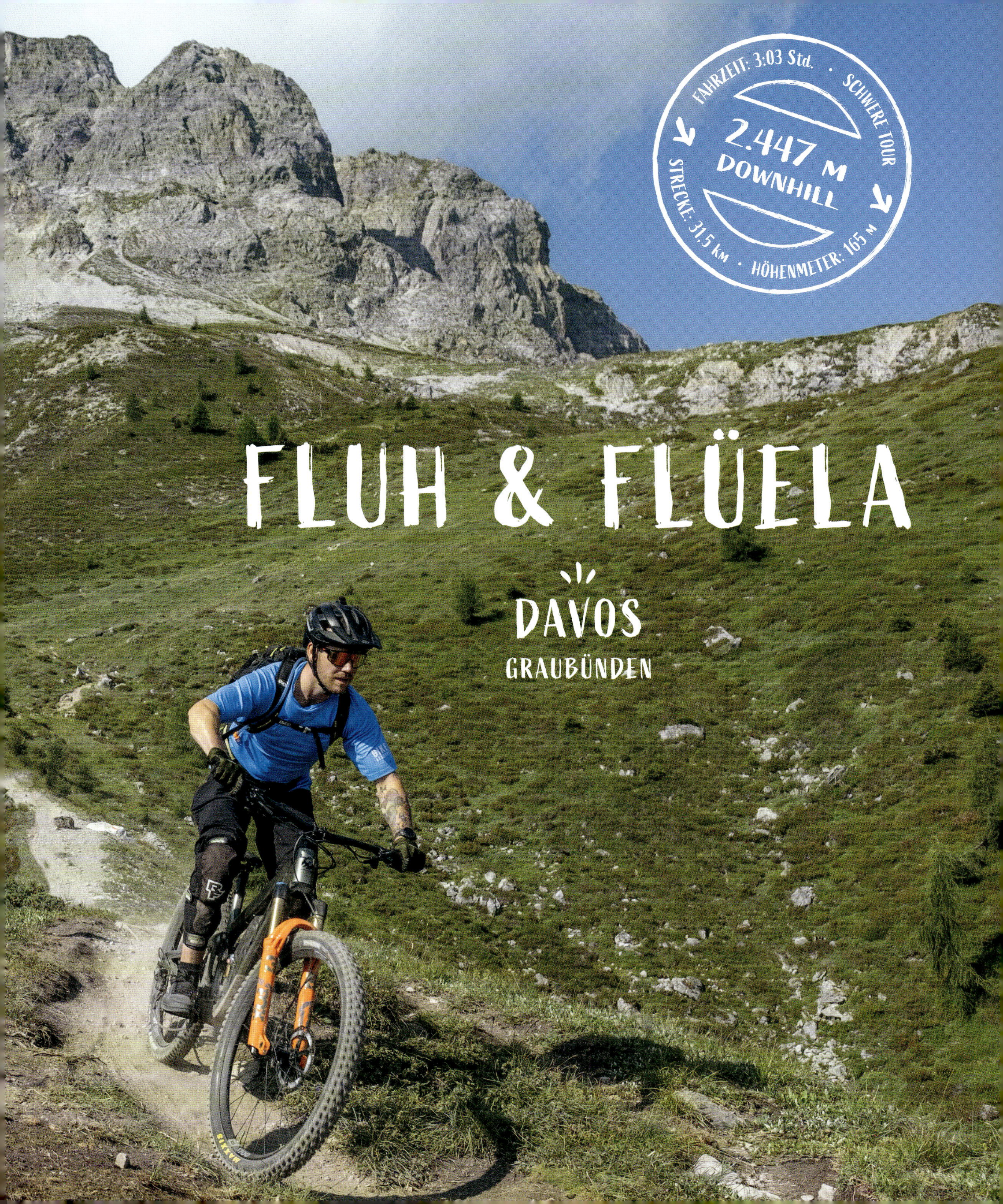
FAHRZEIT: 3:03 Std. • SCHWERE TOUR
2.447 M
DOWNHILL
STRECKE: 31,5 KM • HÖHENMETER: 165 M
FLUH & FLÜELA
DAVOS
GRAUBÜNDEN

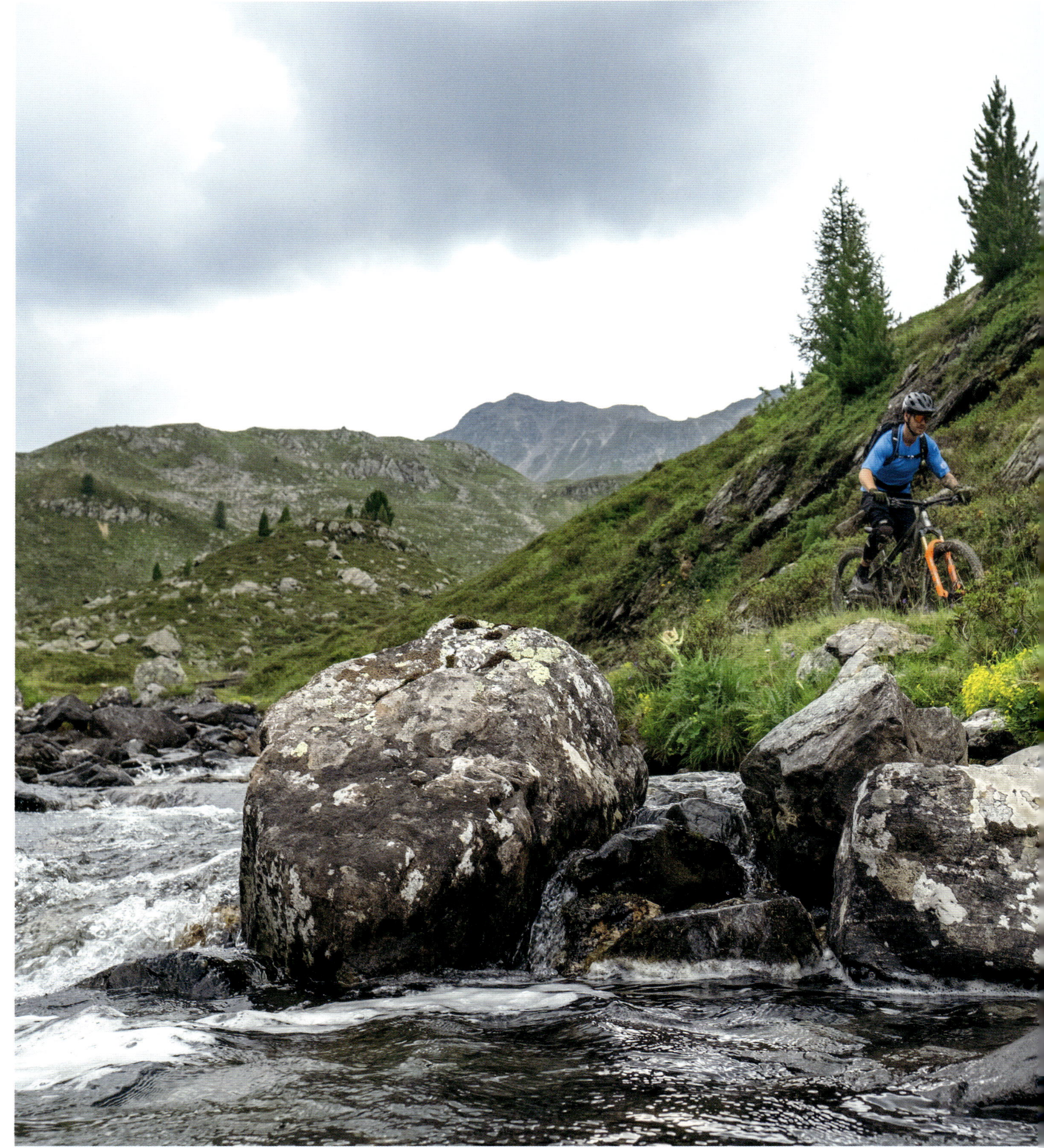

Entlang des Flüealabachs.

DAVOS/GRAUBÜNDEN

BIKESTRECKE: 31,5 km HÖHENDIFFERENZ: ↑165 hm ↓2.447 hm SCHWIERIGKEITSGRAD: schwer FAHRZEIT: 3:03 Std.

Trailtour der Gegensätze

02

Die erste Bergbahn Davos' nahm am 25. Dezember 1899 ihren Betrieb auf. Sie führte von Europas höchstgelegener Stadt zum Sanatorium auf der Schatzalp – bekannt durch Thomas Manns Roman „Der Zauberberg". Die Standseilbahn überwand einen Höhenunterschied von 304 Metern. Beim Bau einer Bergbahn dachte damals noch niemand an Wintersport. Außer vier englischen Touristen, die sich 1895 auf der Weißfluh verirrten und zufällig die Parsenn-Abfahrt entdeckten.

Seither gilt sie als die Wiege des Schweizer Skisports. 1932 wurde die Standseilbahn als Sportbahn auf die Parsenn eröffnet. Seit dieser Zeit nutzen jedes Jahr unzählige Skifahrer – und im Sommer Wanderer – die Bahn vom Stadtzentrum rauf zum Weißfluhjoch.

Als ausgesprochener Bike-Hotspot bietet Davos heute selbstverständlich auch die Mitnahme von Bikes in der Parsenn- und anderen Bergbahnen an.

Davos ist mit über 700 Trailkilometern ein absoluter Bike-Hotspot. Wer möchte, nimmt den längsten Singletrail der Alpen in Angriff oder vernichtet auf 100 Kilometern 10.000 Höhenmeter auf der berüchtigten Bahnentour.

Nach dem Ausstieg auf 2.693 Metern Höhe sehen wir übers Joch nach Norden hinüber auf den Schesaplana (2.964 m) im Rätikon. Von Ost nach West öffnet sich die Aussicht über hunderte Gipfel der Schweizer Bergwelt. Genau im Süden blitzt der höchste Berg der Ostalpen auf, der Piz Bernina mit seinen 4.049 Metern.

Nach den ersten Abfahrtsmetern unterbricht zartes Grün von Moosen und Disteln das Geröllfeld. Das helle Dolomit der Weißfluh wirkt zwischen dem dunklen Hangschutt und dem stahlblauen Himmel fast weiß. Der schottrige Trail zieht in einem weiten Bogen über die Parsennfurgga auf der Gemeindegrenze von Klosters und Davos. Nach einem kurzen Zwischenanstieg von gerade einmal 60 Höhenmetern erreichen wir einen landschaftlich wunderbaren Abschnitt. Hinter uns die zackige Spitze der Casanna (2.557 m) folgen wir einem Hangrücken auf einem Traumtrail in den Drostobel. Wir queren den Abhang der Erosionsschlucht auf einem handtuchschmalen Pfad, da lädt plötzlich ein Bänkchen mitten auf einer Wiese zum Verweilen ein. Kurze Zeit später landen wir am Gotschnaboden (1.779 m). Die Großkabinenbahn bringt uns im Nu auf den Gotschnagrat (2.281 m). Nun folgt ein heißer Ritt direkt auf dem Grat, der aber nie ausgesetzt ist. Hinter ein paar Felszacken versteckt sich die Schlüsselstelle: Ein paar verblockte, steile Kurven, die Mut und Fahrkönnen erfordern. Für einen Blick hinunter nach Klosters bleibt da keine Zeit.

Am kleinen Hüttchen der Schwarzseealp Bar, die auf Höhe der Waldgrenze liegt, amüsiert uns die Aufschrift: „Wir haben eine sehr freundliche Selbstbedienung". Jetzt ist eh die richtige Zeit für eine Rast. Das leckere Brot mit gebackenem, noch heiß-blubberndem Alpkäse mag bei der

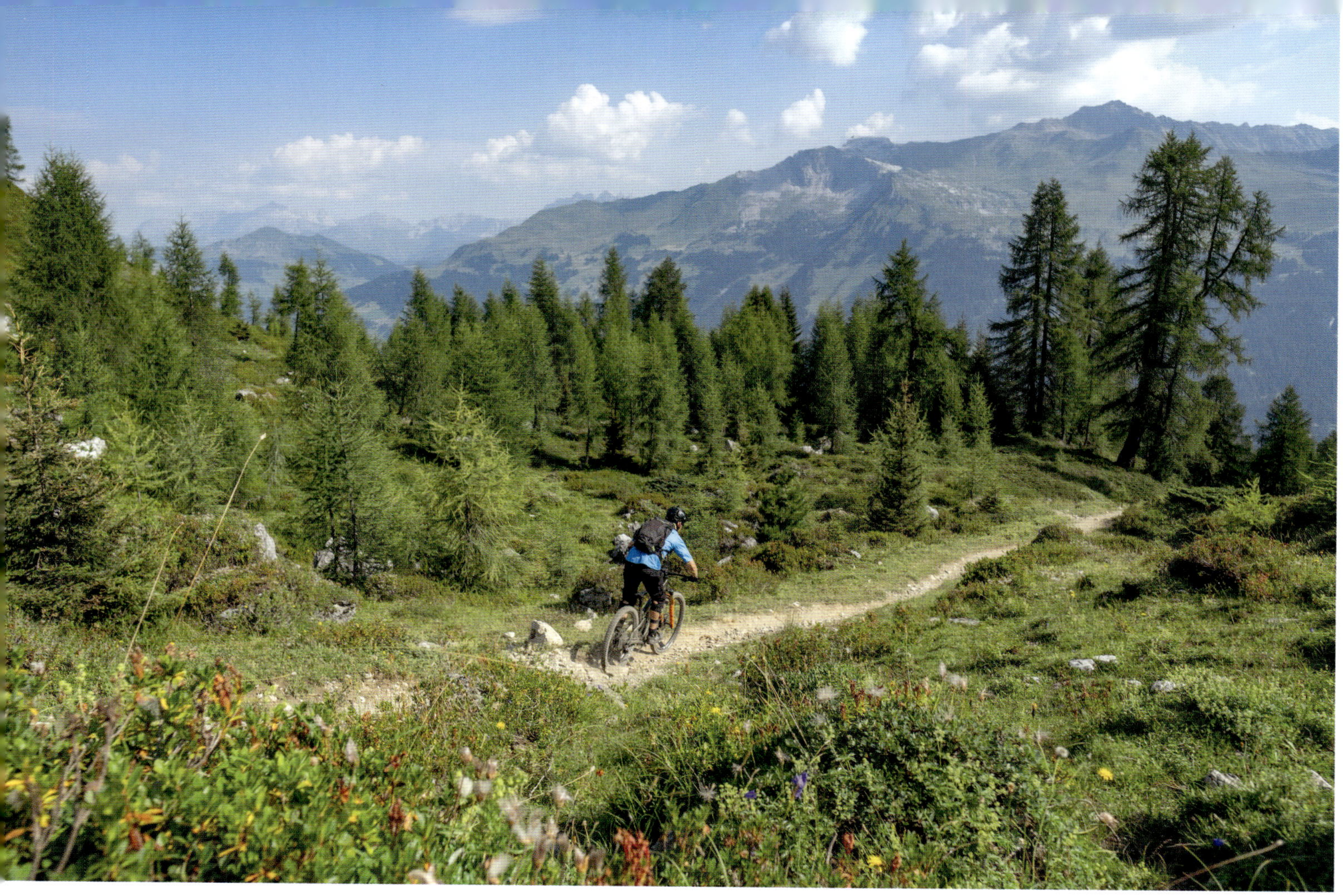

Viele Kilometer Trails auf der Alpweide Parsenn (oben).
Flott hinauf zum Weißfluhjoch: Auf der zweiten Sektion der Parsennbahn (links).
Erstes Grün: Entlang der Weißfluh (unten).

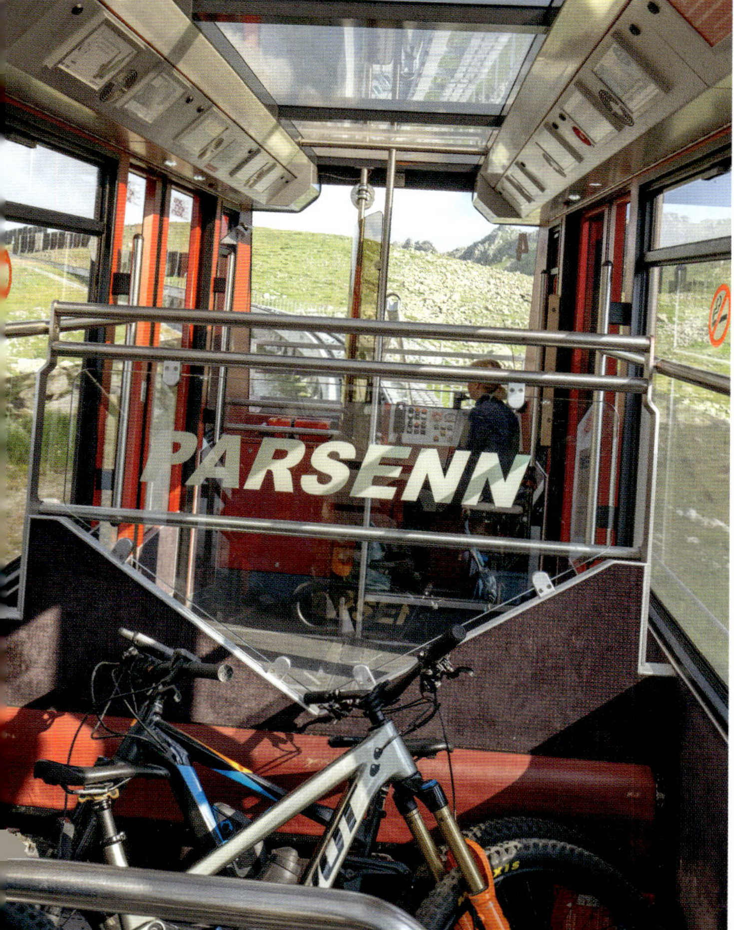

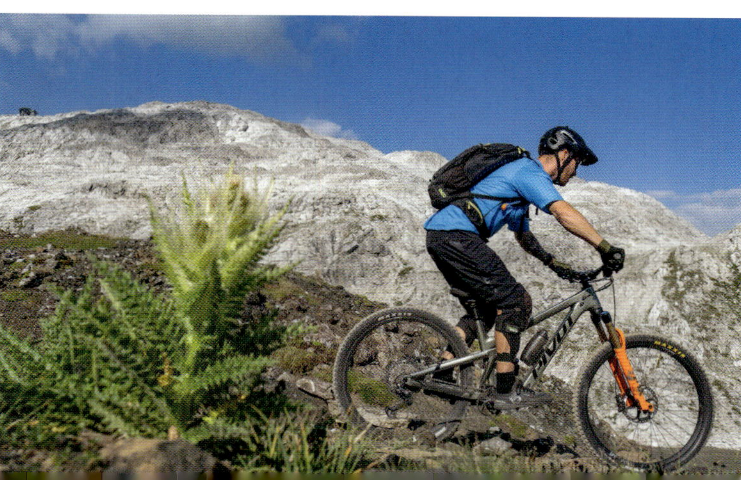

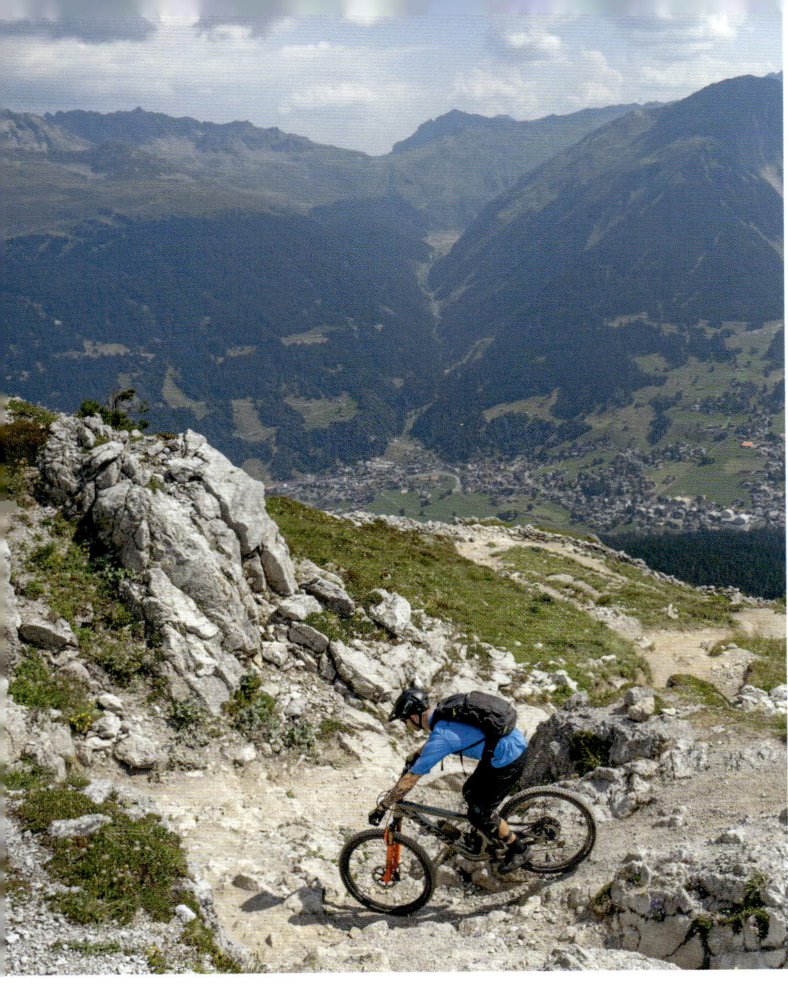

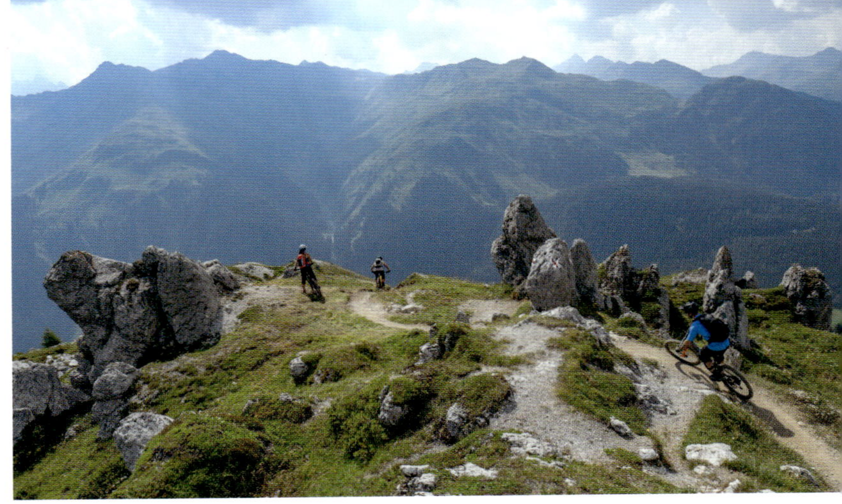

Kurz anhalten für einen Ausblick am Gotschnagrat (oben).
Schlüsselstelle: steil, stufig und durch enge Kehren unterhalb des Gotschna (links).
Schmalspur: Durchquerung des Drostobel (unten).

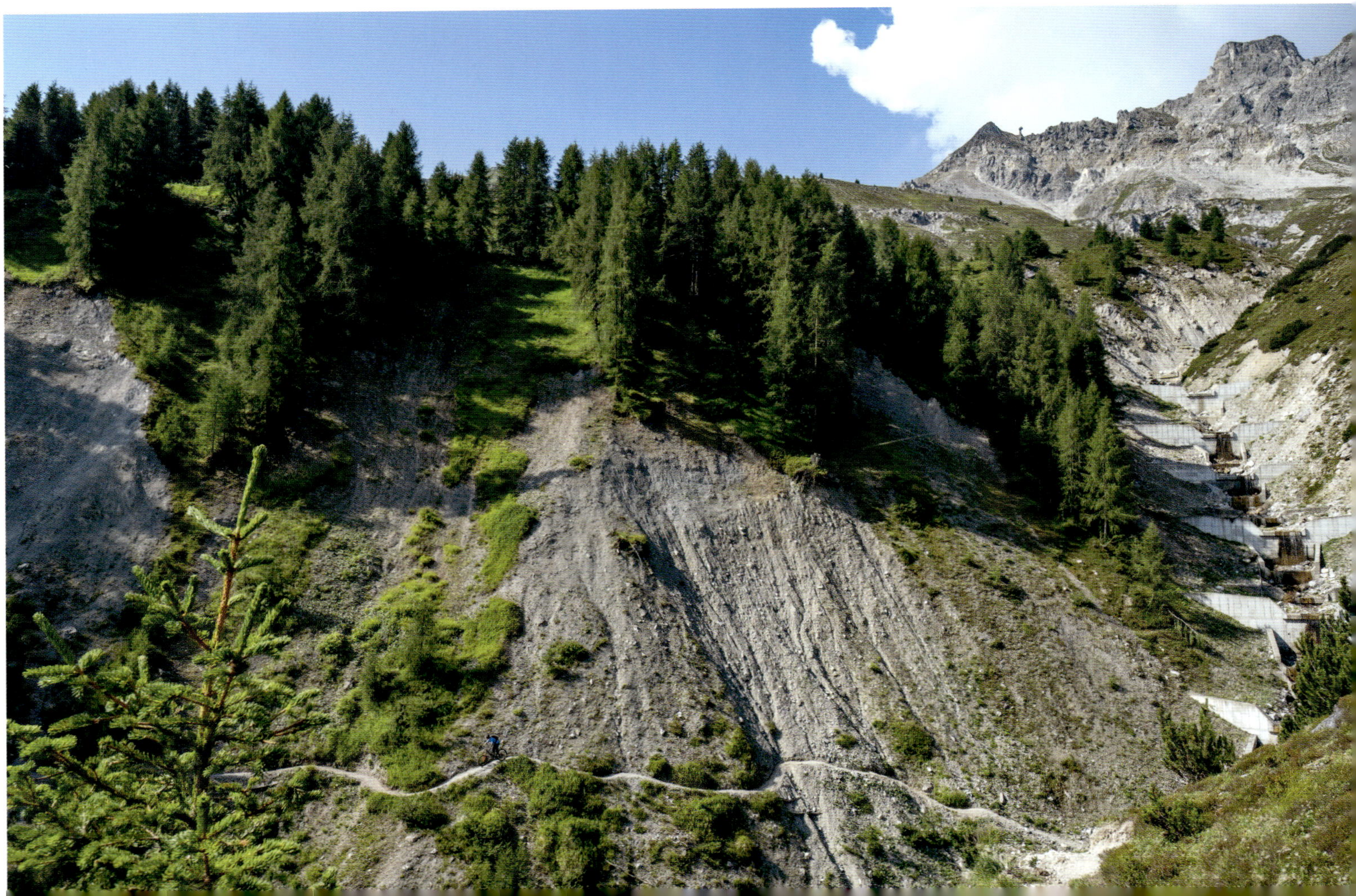

weiteren Abfahrt vielleicht etwas im Magen liegen. Deshalb gönnen wir uns auf der Wiese vor der charmanten Holzhütte eine ausgiebige Pause. Wir haben noch viele Kilometer Trails vor uns.

Vor der Weiterfahrt bestellen wir telefonisch unseren Shuttleservice zum Flüelapass auf der anderen Seite des Landwassertals. Wir erreichen wieder den Gotschnaboden und biegen noch vor der Bahnstation rechts ab. Hier wartet eine feine, nicht sehr schwere Trailabfahrt durch den inneren Zugwald. In Davos Wolfgang steht bereits unser Shuttle an der Tankstelle. Der perfekte Service! Keine halbe Stunde später befinden wir uns in einer vollkommen anderen Landschaft. Am Schottensee unterhalb des Flüelapasses (2.383 m) starten wir wieder direkt auf einen Trail. Der läuft hier oben mitten durch die ersten Rinnsale des jungen Flüelabachs. Die Rinnen vereinen sich allmählich zu einem plätschernden Gebirgsbach. Ab dem Gasthaus Tschuggen lässt der im oberen Teil noch sehr technische Trail jetzt ein recht flottes Tempo zu. Und so wie der Flüelabach 12 Kilometer in leichtem Gefälle lustig nach Davos fließt, lassen wir uns mit Riesenspaß durch die herrliche Graubündner Hochgebirgs-Welt treiben.

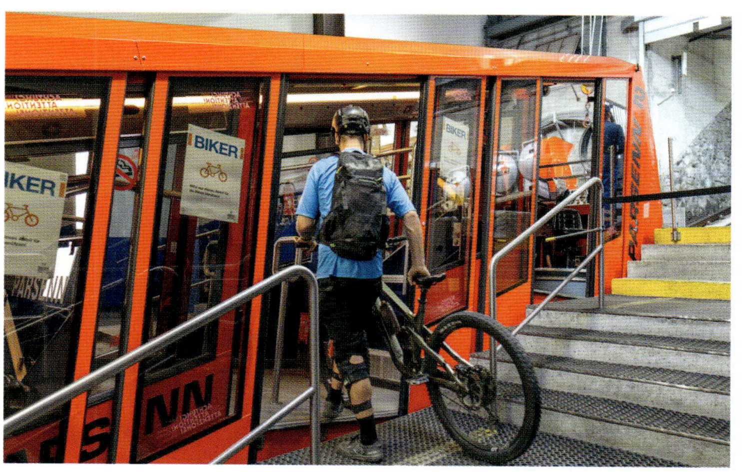

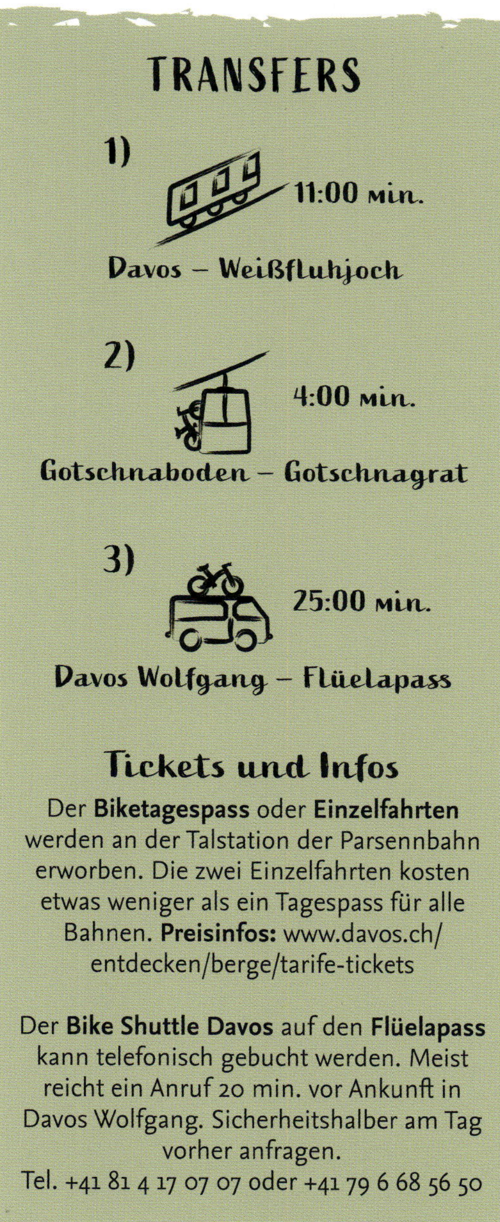

Tickets und Infos

Der **Biketagespass** oder **Einzelfahrten** werden an der Talstation der Parsennbahn erworben. Die zwei Einzelfahrten kosten etwas weniger als ein Tagespass für alle Bahnen. **Preisinfos:** www.davos.ch/entdecken/berge/tarife-tickets

Der **Bike Shuttle Davos** auf den **Flüelapass** kann telefonisch gebucht werden. Meist reicht ein Anruf 20 min. vor Ankunft in Davos Wolfgang. Sicherheitshalber am Tag vorher anfragen.
Tel. +41 81 4 17 07 07 oder +41 79 6 68 56 50

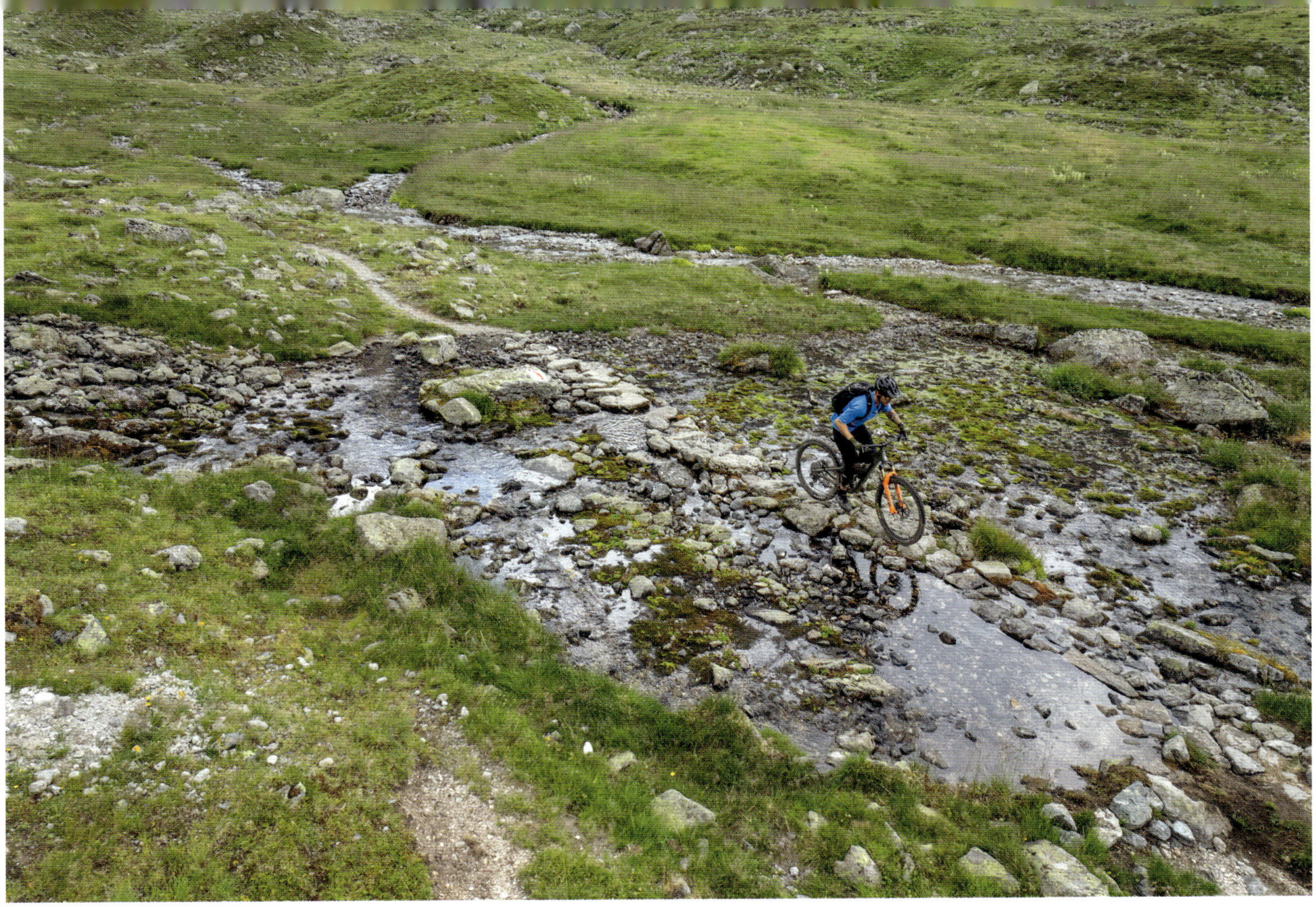

Flüela ist die kleine Fluh, ein felsiges Gebiet. Felsig ist die Abfahrt vom Flüelapass. Aber auch sehr wasserreich und im unteren Teil schön flowig.

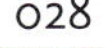

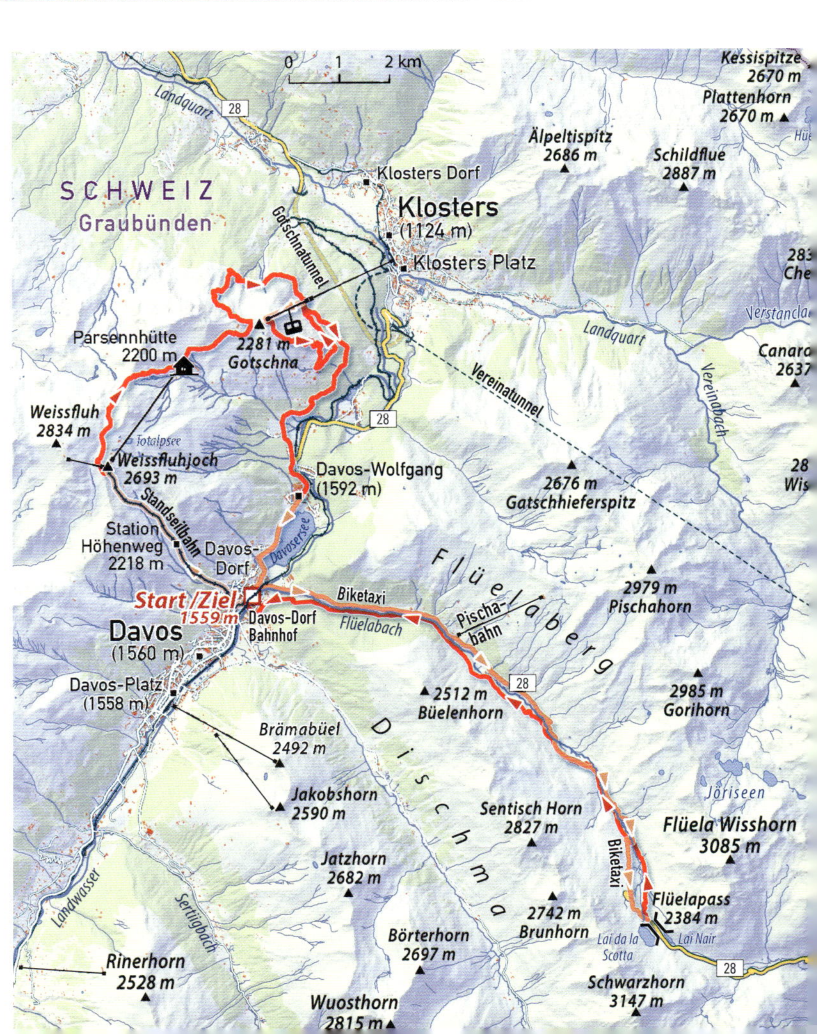

INFOS ZUR TOUR

TOURCHARAKTER
Landschaftlich sehr reizvolle Tour im Hochgebirge, zuerst über teils steile und schwere Abfahrten auf der Parsenn, später auf der gegenüberliegenden Seite von Davos im Flüelatal flacher und leichter. Lange, meist mittelschwere Trails ab dem Weißfluhjoch. Der schwerste, weil sehr verblockte Trailabschnitt mit teils engen Kurven wartet auf dem Gotschnagrat. Ab dem Gotschnaboden hinunter nach Davos Wolfgang wieder leichter. Die Abfahrt vom Flüelapass hat einige verblockte Abschnitte, ist aber nie sehr steil.

TOURSTART
Wir starten direkt am Bahnhof in Davos Dorf und rollen ein kurzes Stück zur Talstation der Parsennbahn.

EINKEHRTIPP
Bergrestaurant Gotschnagrat (2.270 m) an der Bergstation der Gotschnabahn
Schwarzseealp Bar (beide geöffnet von etwa Ende Juni bis Mitte Oktober)
Die einzige Einkehr auf der Abfahrt vom Flüelapass ist das für seine Wildgerichte bekannte **Gasthaus zum Tschuggen** an der Passstraße.

BIKE-VERLEIH
Bike Academy Davos
Bahnhofstrasse 8, CH-7260 Davos Dorf,
Tel. +41 81 4 20 72 20, www.bike-academy.ch

GEFÜHRTE TOUREN
Bike Academy Davos
Bahnhofstrasse 8, CH-7260 Davos Dorf,
Tel. +41 81 4 20 72 20, www.bike-academy.ch

BIKE-HOTELS
In Davos Klosters haben sich zahlreiche Hotels auf die Bedürfnisse von Mountainbikern spezialisiert.
www.davos.ch/bike-hotels
www.klosters.ch/bike-hotels
Ein Tipp: **Hard Rock Hotel** Tobelmühlestrasse 2, CH-7270 Davos, Tel. +41 81 415 16 00, www.hardrockhotels.com/davos/de

LANDKARTEN
Kompass-Karte WK 113
„Davos, Arosa, Prättigau, Klosters", 1:40.000
Swiss Singletrail Map „Davos Klosters", 1:50.000 erhältlich in den Tourismusbüros und an den Talstationen der Bergbahnen.

BIKE-INFOS
www.davos.ch/bike
www.klosters.ch/bike

TOURIST-INFOS
Destination Davos Klosters
Tourismus- und Sportzentrum
Talstrasse 41, CH-7270 Davos Platz,
Tel. +41 81 4 15 21 21, www.davos.ch

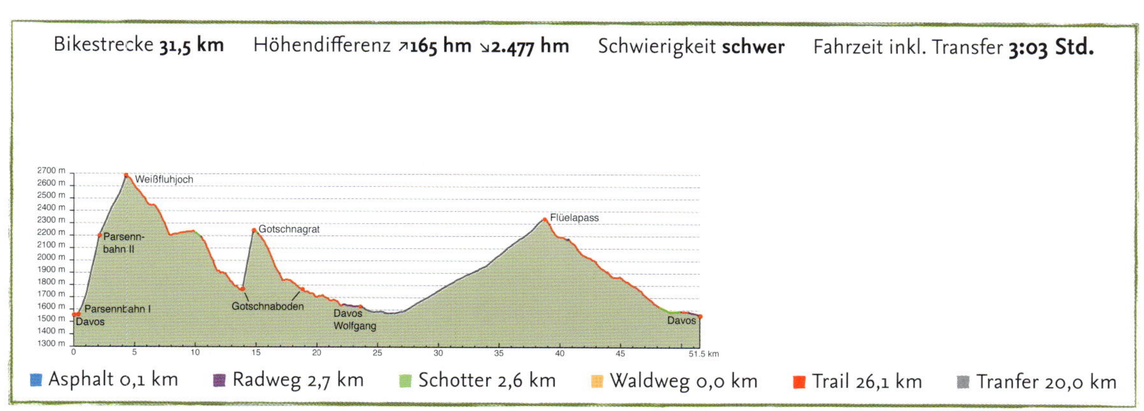

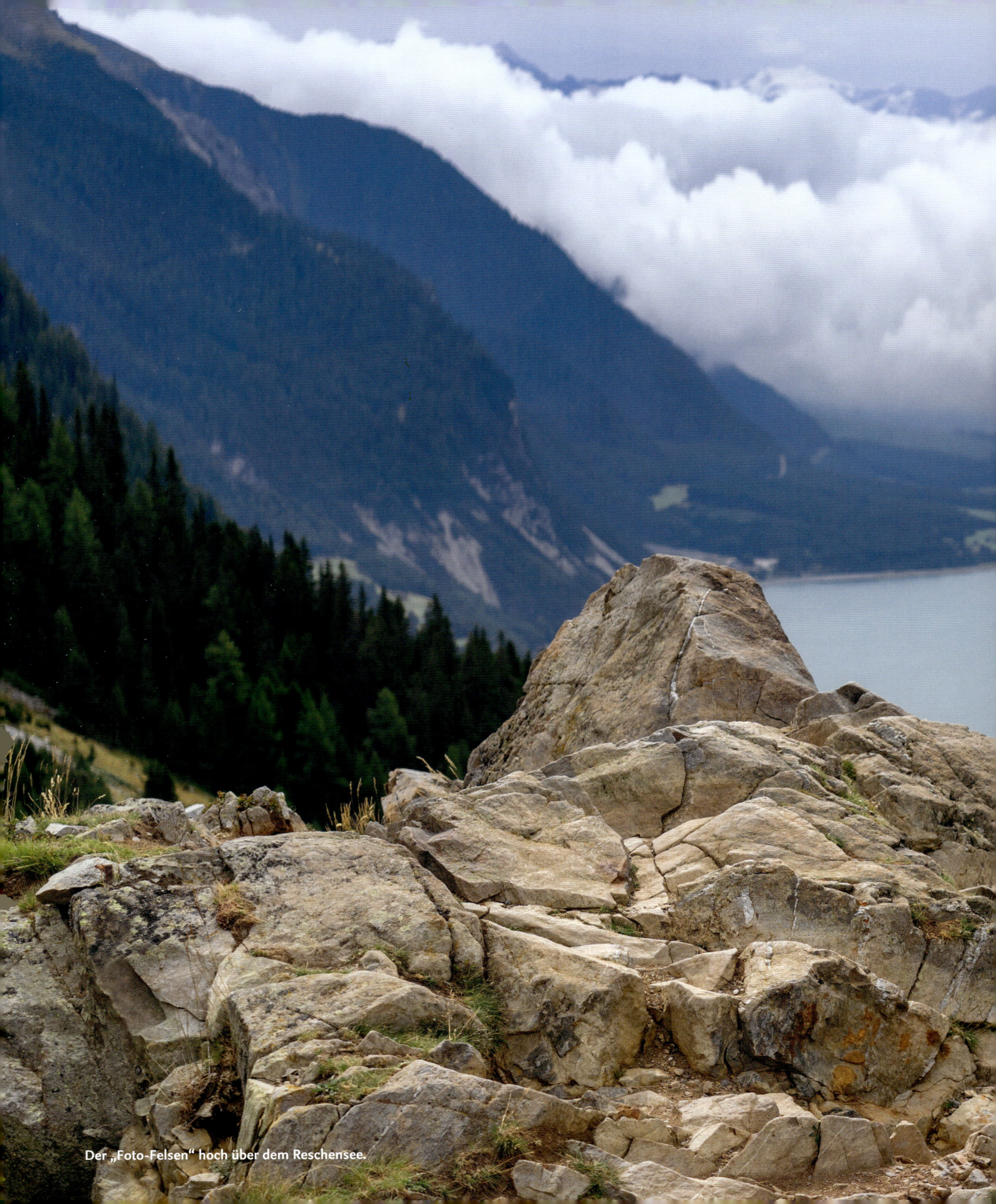

Der „Foto-Felsen“ hoch über dem Reschensee.

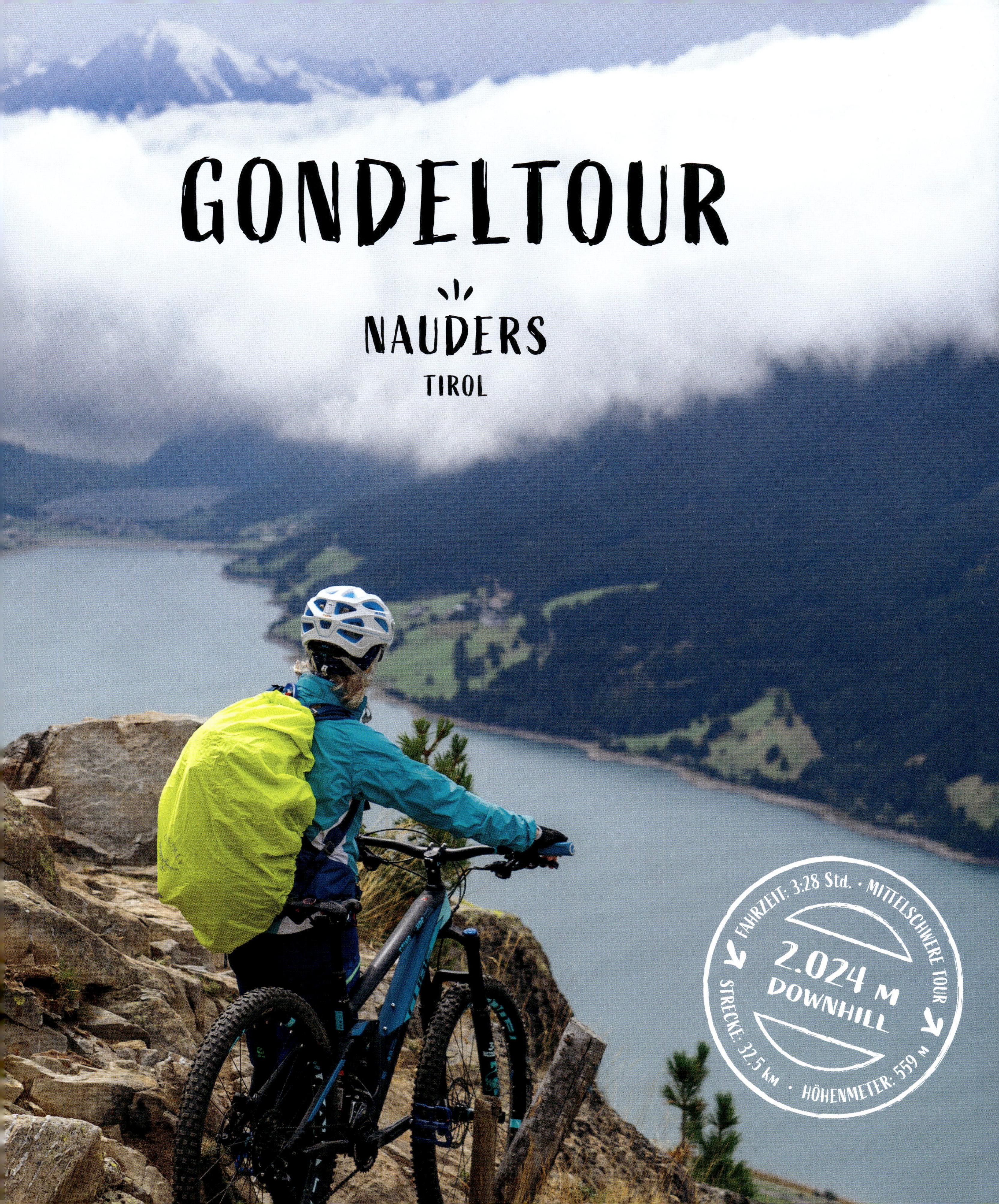

GONDELTOUR

NAUDERS

TIROL

NAUDERS/TIROL

BIKESTRECKE: 32,5 km HÖHENDIFFERENZ: ↑559 hm ↓2.024 hm SCHWIERIGKEITSGRAD: mittel FAHRZEIT: 3:28 Std.

Flowtrail über den Wolken

03

Der Regen kommt waagerecht von vorne, der Wind weht uns fast aus dem Sessellift. Die Bergwelt kann auch selbst im Hochsommer ganz schön ungemütlich sein – vor allem auf 2.500 Meter Höhe. Als wir an der Bergstation der Zirmbahn aus dem Lift steigen, kramen wir erst mal bibbernd eine zusätzliche Jacke aus dem Rucksack. Rundherum nur Wolken, die uns auch noch nass sprühen. Aber plötzlich schiebt der Wind die Wolkendecke auseinander und eine fast mystische Landschaft breitet sich vor uns aus. Und wie von Geisterhand ist auch der Sprühregen abgedreht. Die Sonne scheint zwar nicht, warm ist es auch nicht, aber der flowige Zirmtrail hebt die Laune und den Adrenalinspiegel. Fast sechs Kilometer lang windet sich die Spur durch spärliche alpine Vegetation hinunter nach Bergkastel (2.200 m), wo wir zuvor aus der Gondelbahn in den Sessellift gewechselt haben. Ein paar unerschrockene Bike-Kids kurven über den Pumptrack und lassen sich mit dem Zaubertep-

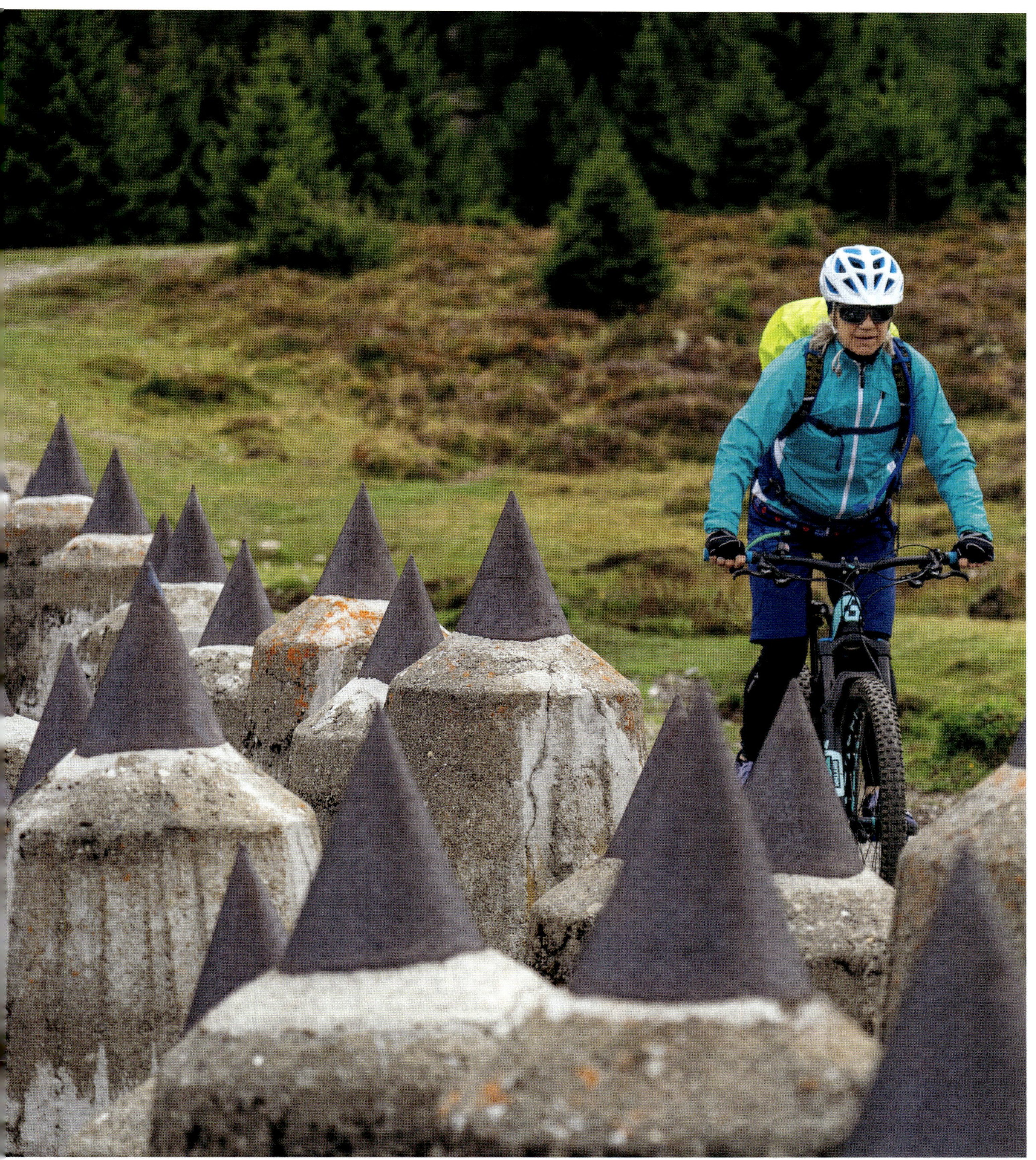

Historisches Hindernis: die alte Panzersperre am Plamort.

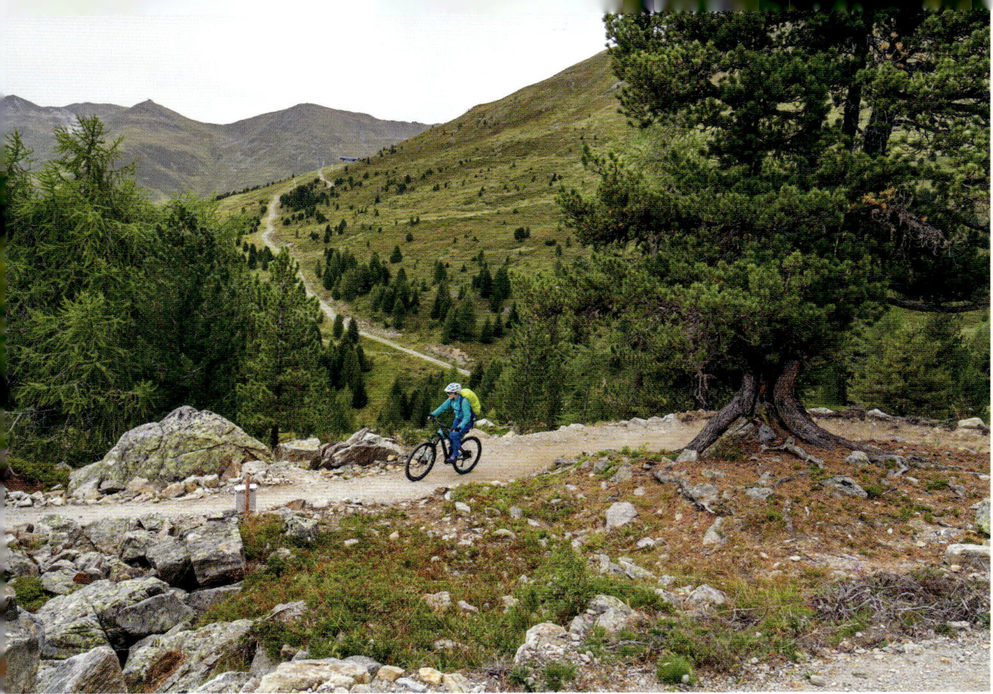

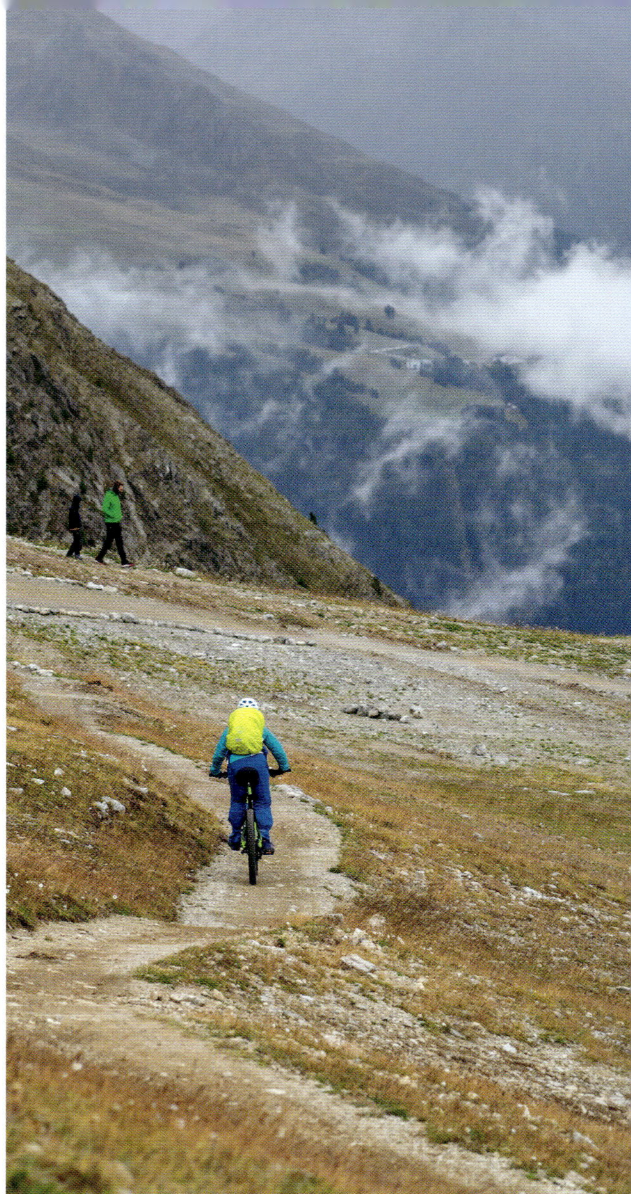

Der Zirmtrail windet sich mehr als fünf Kilometer lang von 2.550 Meter Höhe hinunter zum Bergkastel-Plateau auf rund 2.100 Meter (oben und rechts).
Ein kurzes Stück führt die Gondeltour über den Fernradweg der Via Claudia Augusta (unten).
Im „Landeanflug“ auf Nauders, tief unten kurz vor dem Reschenpass (unten rechts).

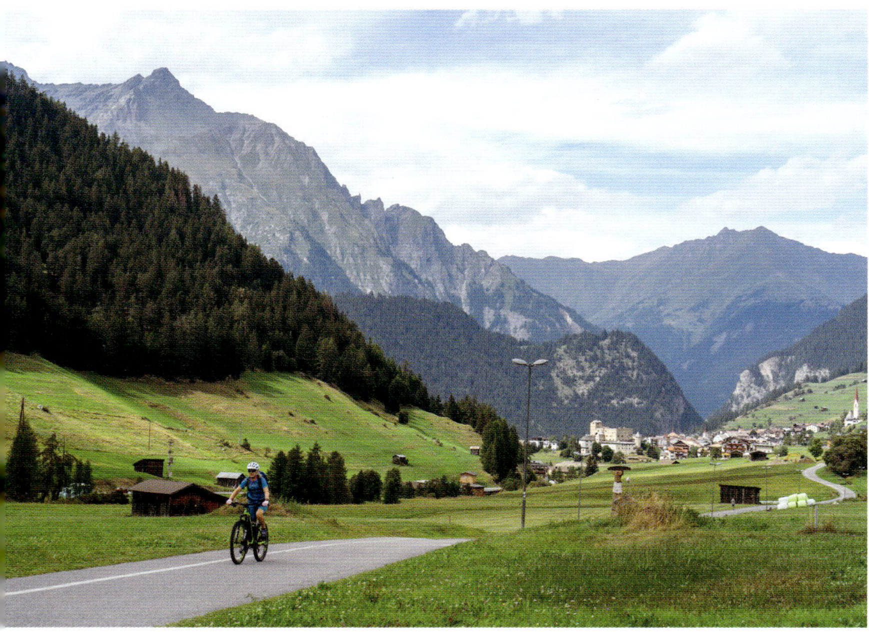

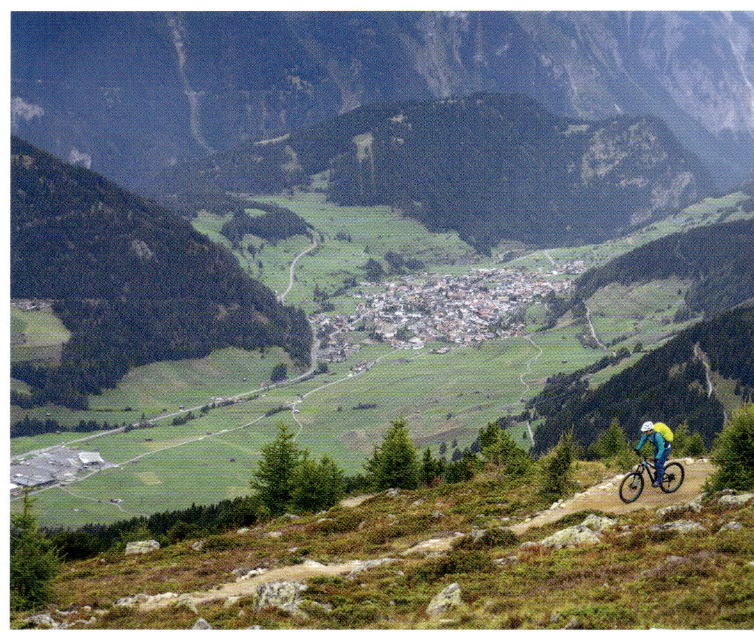

pich wieder nach oben ziehen. Und wir biegen gleich in den nächsten Singletrail ein hinunter zur Stieralm (2.000 m). Der Regen hat die Spur ausgewaschen und anspruchsvoller gemacht. Mittlerweile haben wir uns auch etwas warm gefahren. Aber die Aussicht von der Stieralm-Terrasse kann noch so faszinierend sein, wir ziehen lieber die geheizte Holzstube vor. Ungewohnt leer sind die Tische bei diesem Wetter. Umso ruhiger lässt sich der Milchkaffee und der liebevoll dekorierte Topfenstrudel genießen.

Neben der Stieralm geht's gleich wieder auf den Trail Richtung Plamort. Schön flowig rollt es sich dahin. Aber zum Glück sind die Bretter der Northshore-Passagen mit Kaninchenstall-Gitterdraht überzogen, damit ist bei feuchter Witterung die Rutschgefahr gebannt. Mal eben dahin, mal im leichten Auf und Ab zieht sich die Spur durch den Wald, über Bächlein und dann über ein kleines Plateau. Genussbiken in und über den Wolken!

An Mussolinis Panzersperren aus dem Zweiten Weltkrieg – die aber nie zum Einsatz kamen – ist plötzlich mehr los. Hier muss natürlich jeder Mountainbiker ein Erinnerungsfoto an der Grenze von Nord- zu Südtirol schießen.

Nauders am Reschenpass ist bekannt für seine mehr als 20 meist naturbelassenen Trails. Wer Höhenmeter lieber mit der Seilbahn überwindet, dem stehen 5 Bergbahnen zur Verfügung, um zum Trailstart zu gelangen.

Aber eigentlich ist der Foto-Spot kurz darauf viel spannender, jedoch historisch nicht so bedeutend. Nach einem kurzen Alm-Uphill führt die Route auf einem Wiesentrail zum „Fotofelsen". Schon von Weitem zeigt sich das einmalige Panorama: Ein kleiner Felsen, dahinter weit unten der Reschensee und am Horizont Südtirols höchster Berg, der Ortler (3.905 m). Das ist auch ohne Sonnenschein ziemlich beeindruckend. Danach geht es erst mal lange bergab. Viele steile Forstweg-Serpentinen schlängeln sich kilometerlang hinunter nach Reschen. Kurz oberhalb des Ortes liegt übrigens auf 1.550 Meter die Etschquelle im Wald. Hier entspringt mit 415 km Länge Italiens zweitlängster Fluss.

Am See schütteln wir erst mal die Hände aus bei einem Espresso im Radlercafé am Seeufer. Am Ostufer folgt dann die Auffahrt mit der Schönebenbahn. Und wenn man den Seilbahnmitarbeiter höflich bittet, hilft der einem auch, das Bike außen an die Gondel zu hängen.

An der Schöneben-Bergstation (1.902 m) könnte man gleich in den relativ neuen Schöneben Trail einbiegen, aber bei unserem Besuch ist er gerade in der Ausbesserungsphase. So rollen wir auf dem Bergsträßchen wieder etwas bergab Richtung Rojen und weiter zum Abzweig hinauf zur Rescher Alm (2.000 m). Jetzt heißt es etwas in die Pedale treten, vor allem für die Nicht-E-Biker, aber nicht allzu steil auf gutem Almweg. An der Rescher Alm (2.000 m) ist die Mittagsrast geplant. Ist auch notwendig, denn wir biken jetzt wieder mitten in den Wolken, die immer flüssiger werden. Dafür entschädigt die gemütliche Almhütte mit würzigen Südtiroler Bergnudeln und warmem Ofen.

Die wenigen Höhenmeter nach der Rescher Alm sind schnell überwunden, auch mitten im dichten Wolkennebel. Dann wird's spaßig trailig hinunter zum Grünsee. Aber Vorsicht bei Feuchtigkeit wegen Matsch und glatter Wurzeln! Lieber mal ein paar Meter schieben!

Idyllisch versteckt sich der Grünsee im Bergwald. Kein Mensch weit und breit. Danach rollen wir in Ruhe zurück hinunter nach Nauders – mit der Erkenntnis, dass erfüllendes Biken nicht unbedingt immer Sonnenschein braucht.

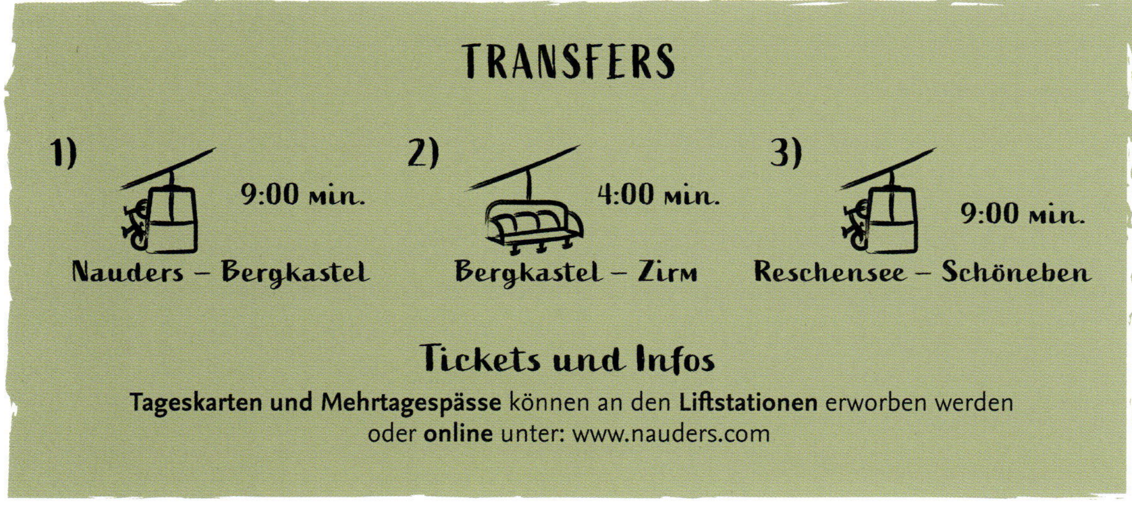

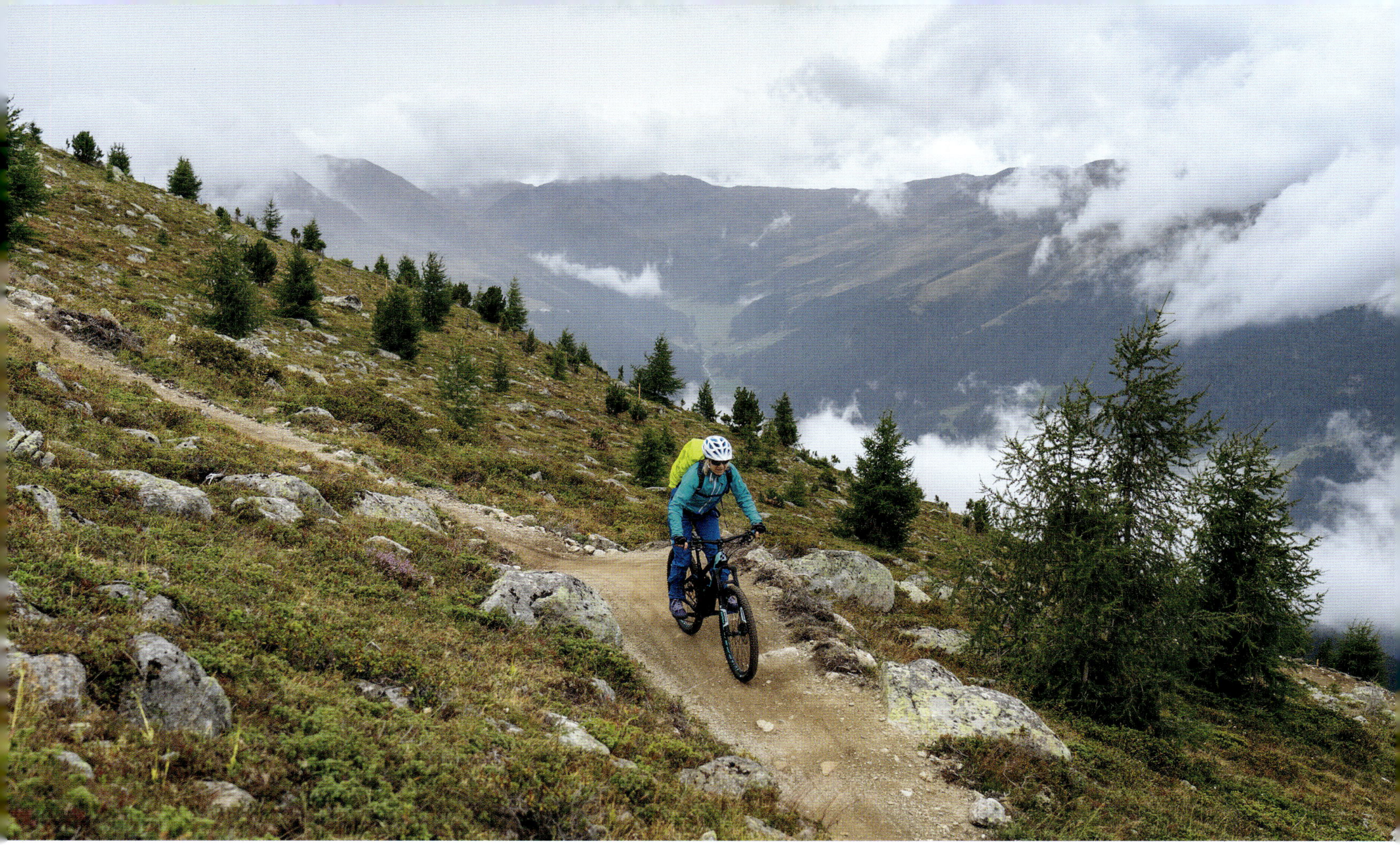

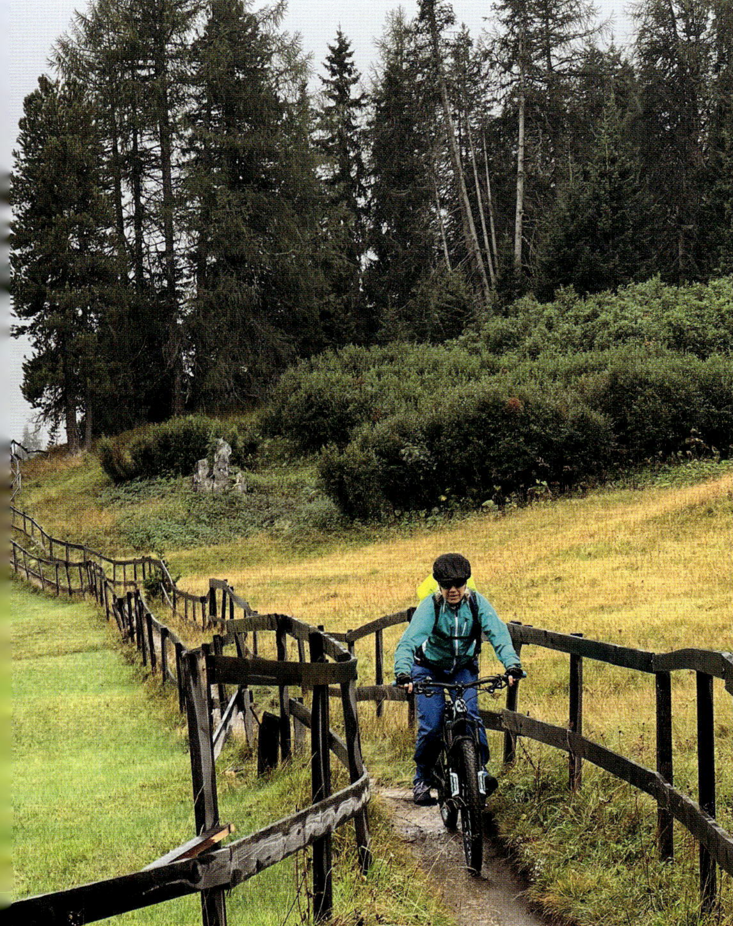

Biken über den Wolken an Bergkastel (oben).
Beim Grünsee schlängelt sich der Trail durch Almwiesen hindurch (links).
Downhill mit grandiosem Tiefblick über den Reschensee bis hin zum Ortler-Massiv (unten).

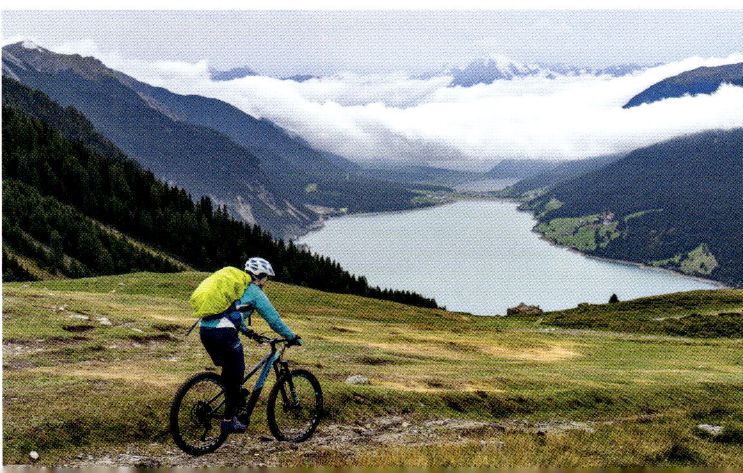

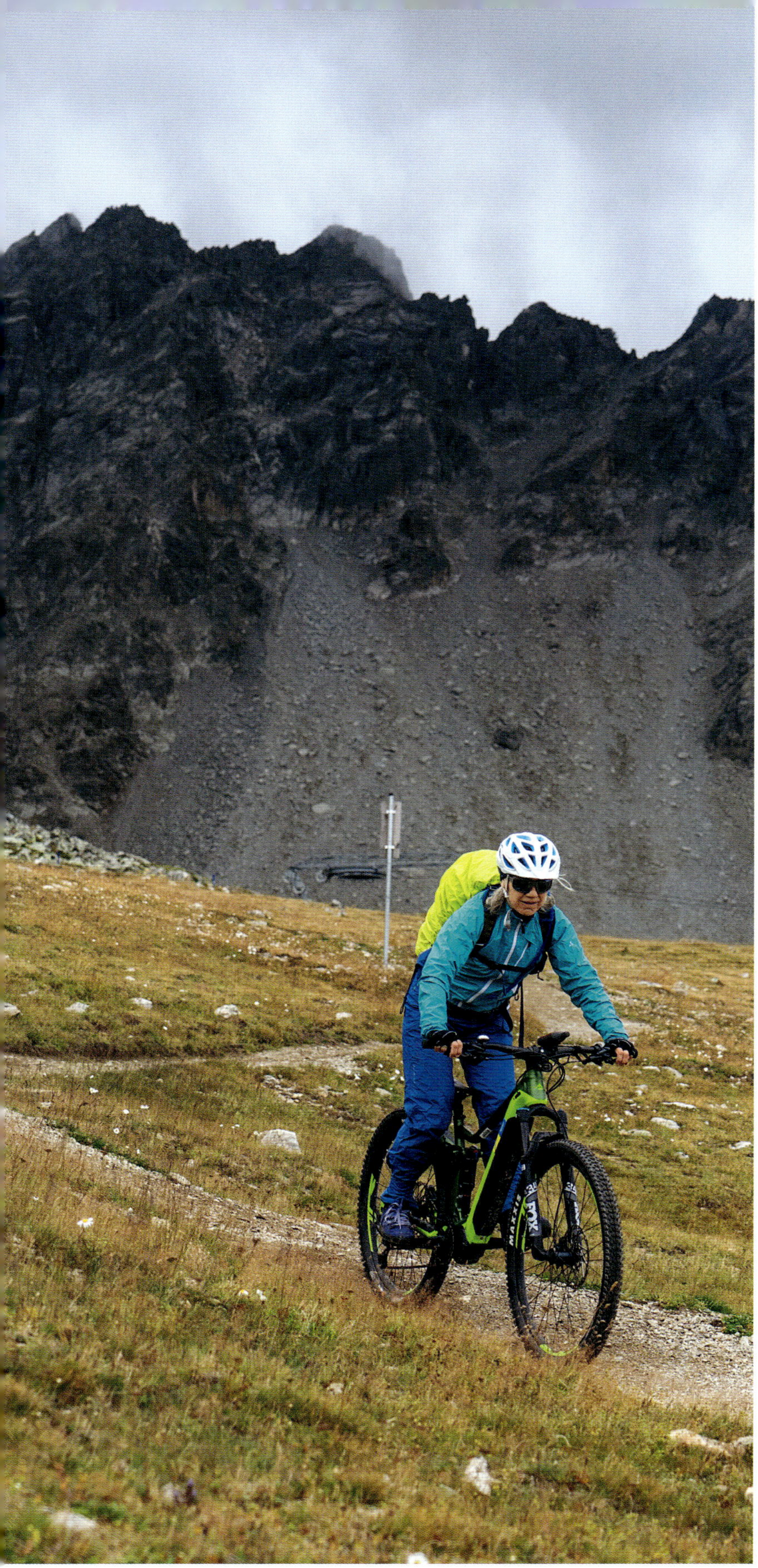

Grandioser Start in den Tag. Die Gondeltour beginnt mit einem Flowtrail, der sich mehr als fünf Kilometer durchs Hochgebirge windet.

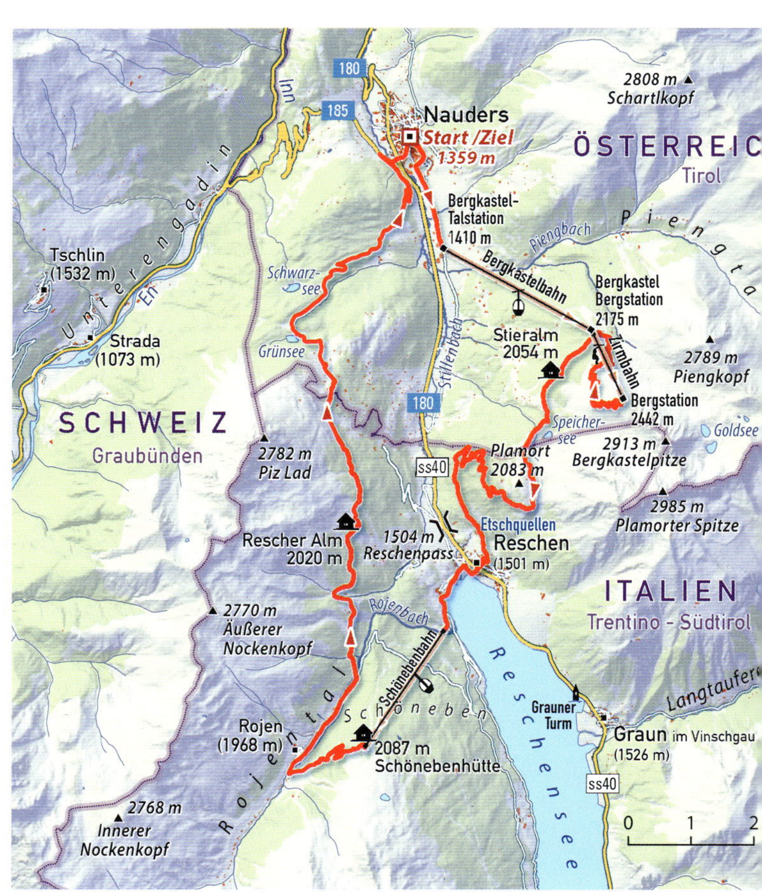

INFOS ZUR TOUR

TOURCHARAKTER

Der einzige längere Anstieg verläuft unproblematisch auf einem Bergweg zur Rescher Alm. Die Downhills und Trails sind leicht und flowig, bis auf ein paar kniffligere Abschnitte bei der Stieralm und am Grünsee. Landschaftlich gibt's einiges zu sehen.

TOURSTART

Wir starten entweder mitten in Nauders oder an der Bergkastelbahn. Großer Parkplatz an der Talstation.

EINKEHRTIPPS

Stieralm (2.000 m) Berggasthof aus altem Almhüttenholz mit guter Küche. Toller Ausblick. Beliebter Treffpunkt.
Rescher Alm (2.000 m) Urige Alm mit deftig-leckerer südtiroler Kost. Schöner Tiefblick zum Reschensee.

BIKE-VERLEIH

Biwak Nauders, Dr. Tschiggfrey-Str. 32, A-6543 Nauders und Talstation Bergkastelbahn, www.biwak-nauders.at
Sport Nauders Spöttl, Dr. Tschiggfrey-Str. 28, A-6543 Nauders, Tel. +43 54 73 87 489, www.sport-nauders.at

GEFÜHRTE TOUREN

Biwak Nauders, Dr. Tschiggfrey-Str. 32, A-6543 Nauders und Talstation Bergkastelbahn, www.biwak-nauders.at

BIKE-HOTELS

Hotel Central
Unterdorfstr. 196, A-6543 Nauders,
Tel. +43 54 73 87 22 10, www.hotel-central.at
Hotel Post
Dr. Tschiggfrey-Str. 37, A-6543 Nauders,
Tel. +43 54 73 87 202, www.post-nauders.at
Hotel Naudererhof
Dr. Tschiggfrey-Str. 160, A-6543 Nauders,
Tel. +43 54 73 87 704, www.naudererhof.at

LANDKARTEN

Kompass-Karte Nr. 42
„Landeck, Nauders, Samnaungruppe", 1:50.000
Karte „3-Länder Rad- und Mountainbiketouren"
von Nauders Tourismus

BIKE-INFOS

www.nauders.com/de/Ihr-Nauders/Im-Sommer/Rad-Bike
www.vinschgau.net/de/obervinschgau/aktivurlaub/rad-bike/mountainbiken.html
www.tiroler-oberland.com/de/Ihr-Tiroler-Oberland/im-Sommer/Rad-Bike/Mountainbike

TOURIST-INFOS

Nauders Tourismus
Dr. Tschiggfreystr. 66, A-6543 Nauders,
Tel. +43 50 22 54 00, www.nauders.com
Tiroler Oberland
Kirchplatz 48, A-6531 Ried im Oberinntal,
Tel. +43 50 22 51 00, www.tiroler-oberland.com

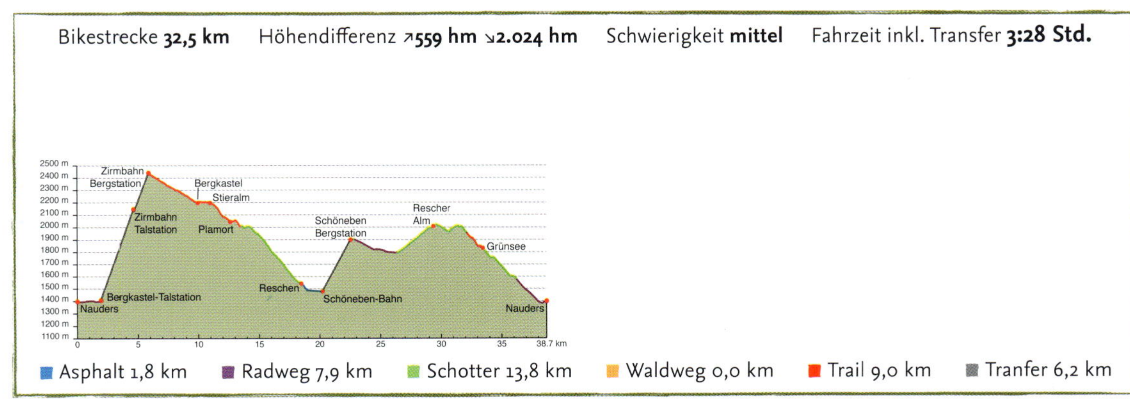

ÜBER DEN PENKEN

MAYRHOFEN
ZILLERTAL

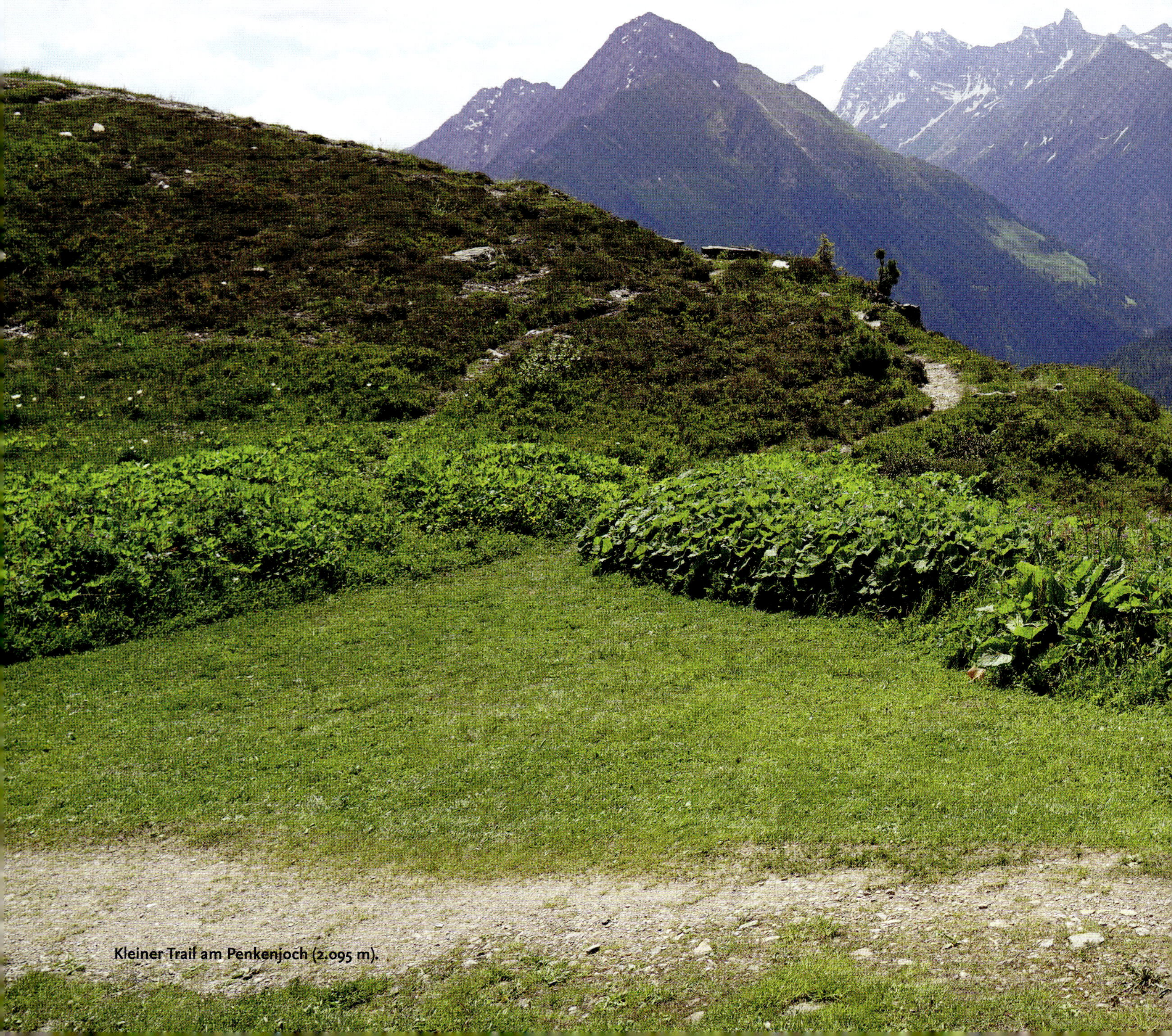

Kleiner Trail am Penkenjoch (2.095 m).

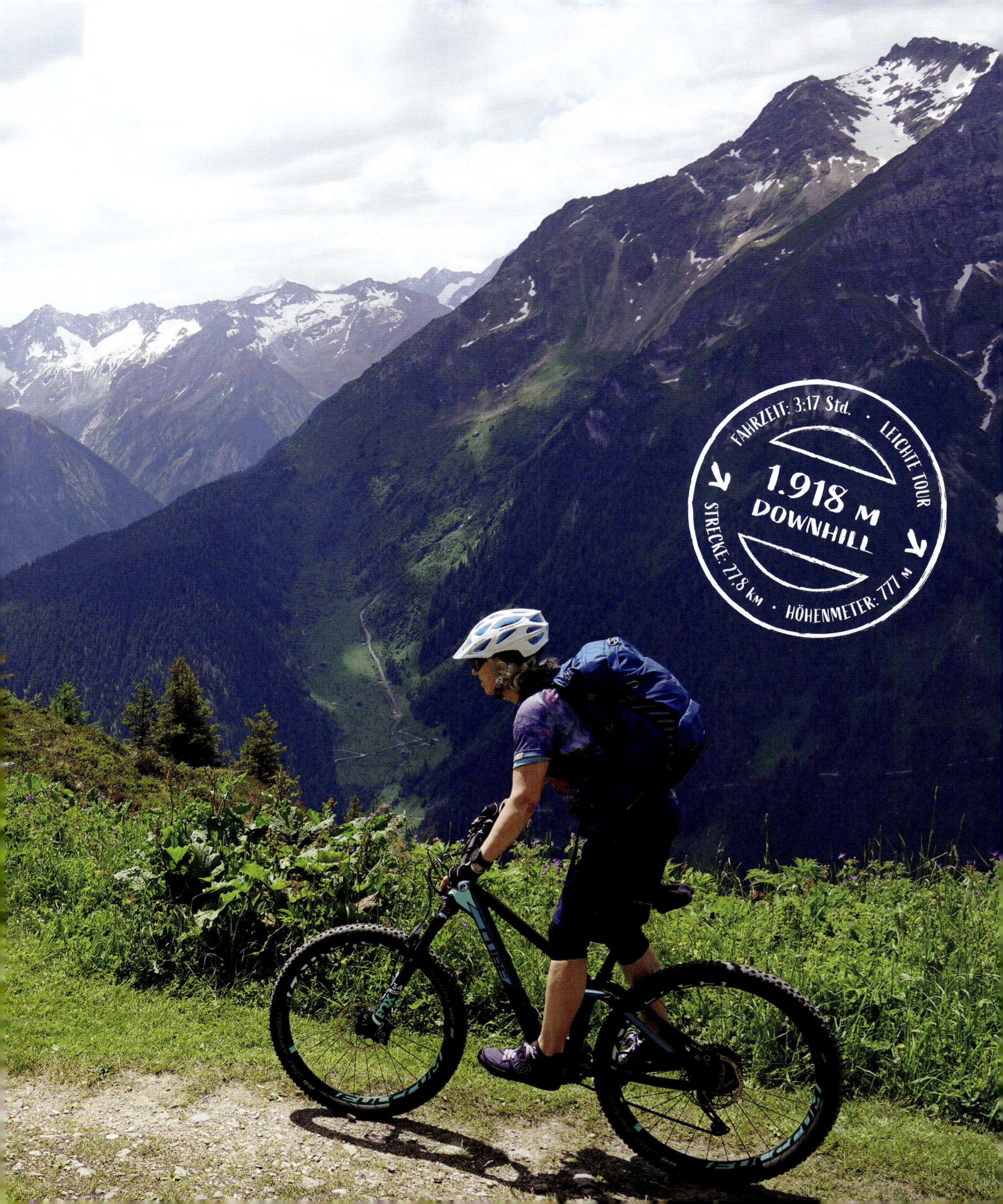
FAHRZEIT: 3:17 Std. · LEICHTE TOUR
1.918 M
DOWNHILL
STRECKE: 27,8 km · HÖHENMETER: 777 m

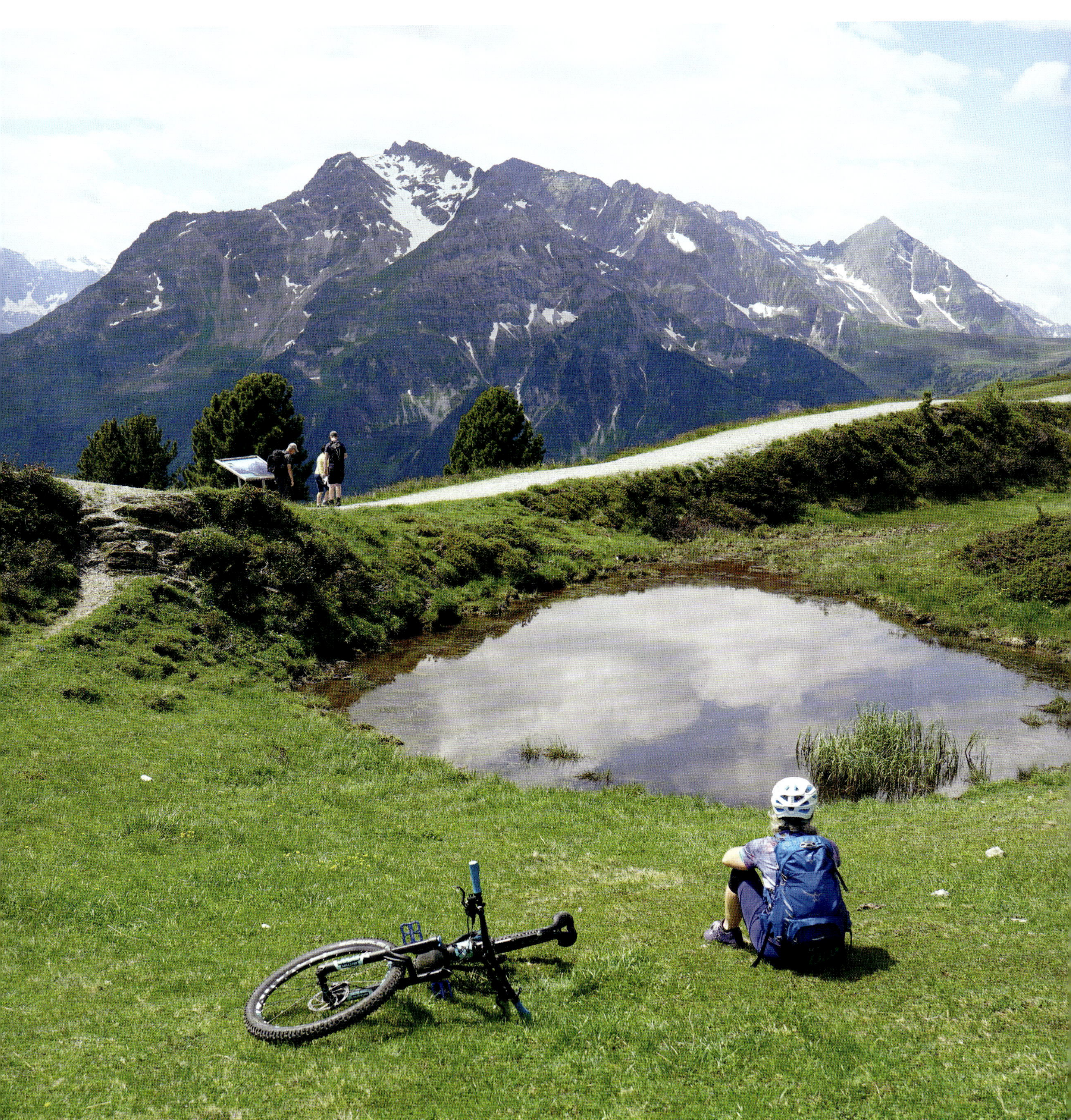

Pause mit Dreitausender-Blick beim Kaser Mandl.

BIKESTRECKE: 27,8 km HÖHENDIFFERENZ: ↑777 hm ↓1.918 hm SCHWIERIGKEITSGRAD: leicht FAHRZEIT: 3:17 Std.

Einmal über den Erlebnisberg

04

Mayrhofen zeigt sich am Morgen schon recht lebendig. Auf der verkehrsberuhigten Hauptstraße tummeln sich schon jede Menge Wanderer, Souvenir-Shopper und Kaffeehausbesucher.

Das südliche Zillertal mit Zentrum Mayrhofen ist auch eine Art Verkehrsknotenpunkt für Mountainbiker. Hier führen nicht nur mehrere Transalp-Routen durch, wie etwa übers Pfitscherjoch und Tuxer Joch Richtung Südtirol, sondern hier am Alpenhauptkamm starten auch attraktive Tagestouren in die langen Hochtäler und hinauf in die Zweitausender-Regionen. Und in puncto Bike-Service bleiben ebenso kaum Wünsche offen. (E-)MTB-Verleihe und Bike-Shops sind im Ort mehrfach vorhanden. Wer lange Auffahrten selbst mit Elektrobike scheut, kann das Rad sogar in der Bergbahn mitnehmen. Genau das machen wir auch und schieben unsere Bikes in die geräumige Kabine der Penkenbahn, die quasi mitten im Ort in die Höhe startet. Apropos geräumig: Die meisten Mountainbiker zeigen sich positiv überrascht. Zwei Mountainbikes, auch welche mit Motor, lassen sich problemlos in die Gondel schieben und drumherum haben noch bequem drei bis vier Mitfahrer einen Sitzplatz für die knapp zehnminütige Seilbahnfahrt.

Das südliche Zillertal mit seinem Hauptort Mayrhofen ist ein Hotspot für Mountainbiker. Neben Tagestouren hinauf zum Alpenhauptkamm treffen dort mehrere Fernrouten, wie die Bikeschaukel Tirol und diverse Transalp-Routen aufeinander.

Auf 1.790 Meter Höhe steigen wir an der Bergstation der Penkenbahn aus. Es gäbe zwar noch eine weitere Seilbahn-Sektion bis hinauf auf rund 2.000 Meter. Doch irgendwie zieht es uns auch raus an die frische Bergluft. Hier sind wir schon mittendrin am Mountopolis, am Erlebnis- bzw. Actionberg, wie der Penken im Marketing gerne beworben wird. Tatsächlich ist für Nicht-Mountainbiker neben klassischen Bergwanderstrecken einiges geboten: Von der Adlerbühne mit Falknervorführungen über Führungen zur Seilbahntechnik bis hin zum großen BergSpielPlatz für Kinder mit Kletterturm, Baumhaus, Schaukeln, Rutschen, einem Wasserspielplatz und vielem mehr. Bergeinsamkeit findet man am Penken eher selten.

Wir kurbeln ein paar sanfte Serpentinen hinauf zum Speicherteich Gschössberg, wo schon am Vormittag „der Bär steppt“: Johlende Zeitgenossen kommen uns auf ihren ausgeliehenen Bergrollern entgegen. Aus der Kaser-Mandl-Hütte ist Tiroler Live-Musik zu hören. Bei einer Runde um den Teich schauen wir uns die lohnende Aussicht an. Dann geht's weiter hinauf über die Zweitausender-Marke. Ein kleiner Trail an einem Naturteich lädt zum spaßigen Abstecher. Nächster Stopp ist die Granatkapelle am Speicherteich Hasenmulde. Der Schweizer Stararchitekt Mario Botta hat hier ein sehenswertes Stück moderner Architektur in die Bergwelt gezaubert.

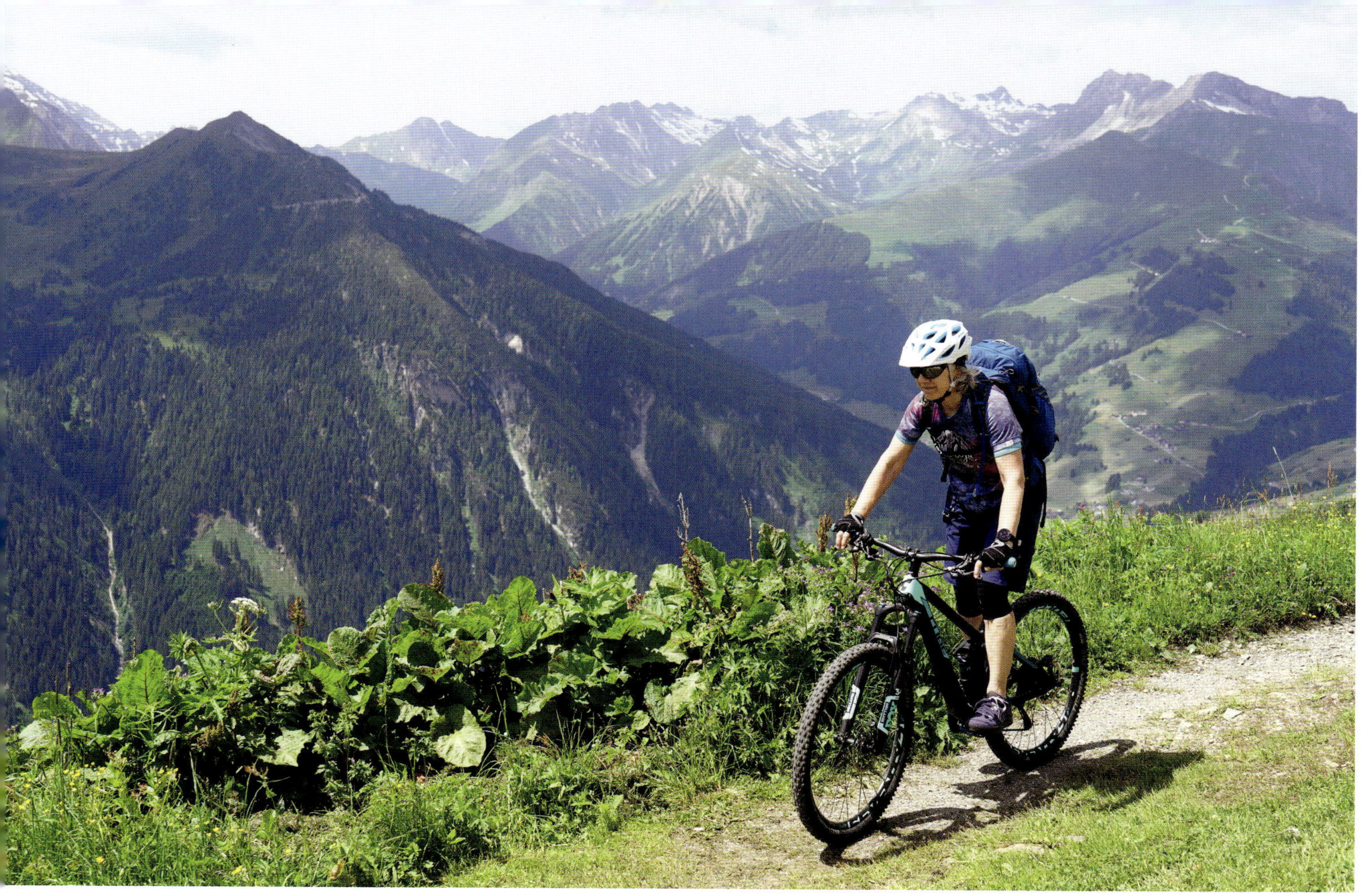

Am Penkenjoch: Kleiner Trail mit Tiefblick Richtung Lanersbach (oben).
Es grüßt der Bronze-Steinbock: Statue im Zentrum von Mayrhofen (links).
Penkenbahn-Bergstation: Ab hier geht es auf dem Bike weiter (unten).

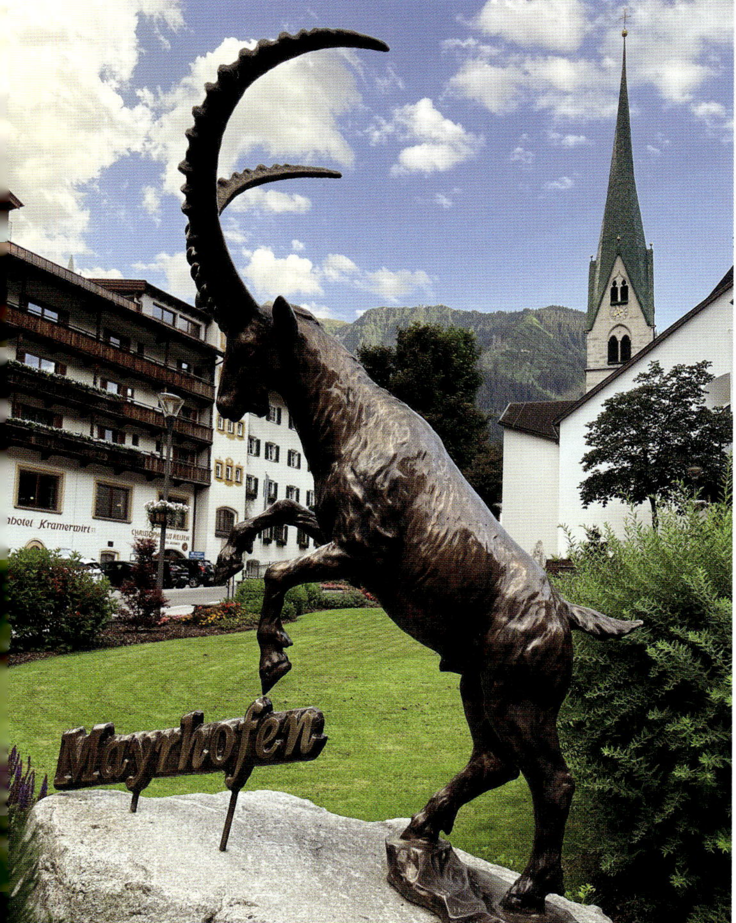

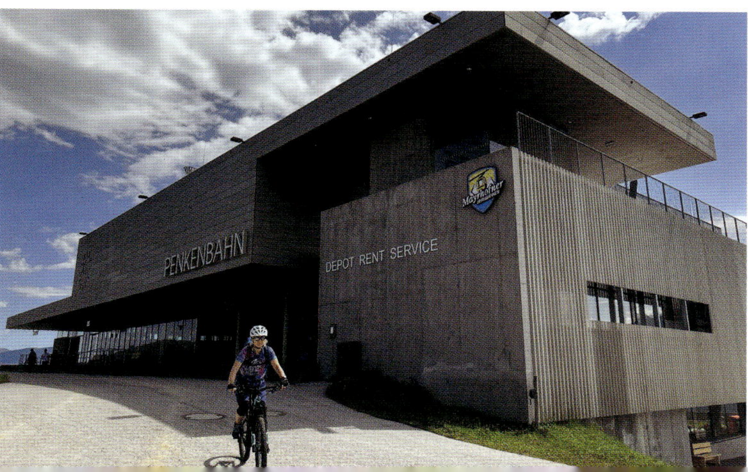

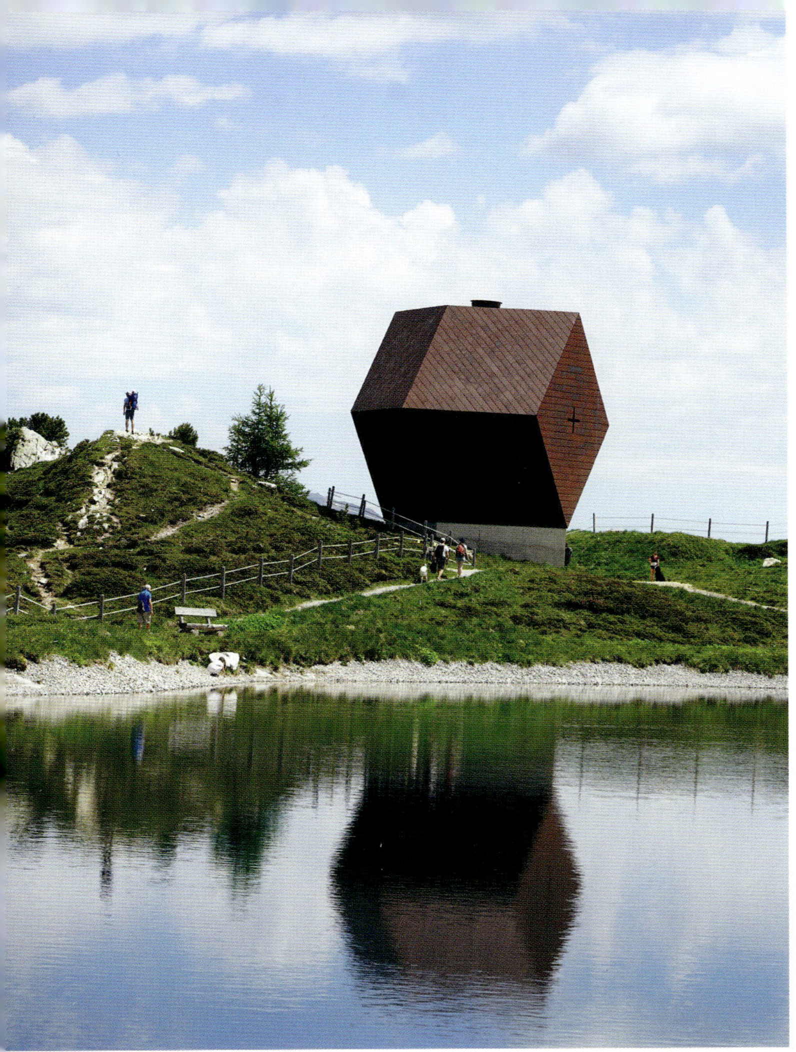

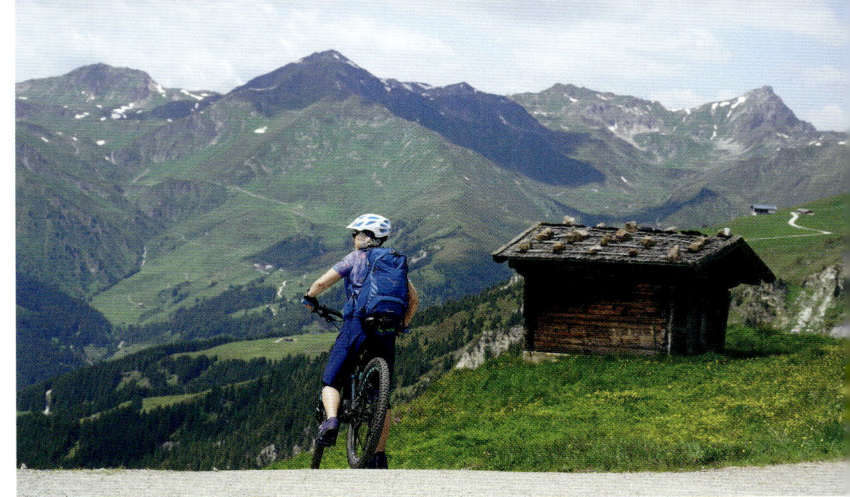

Ab hier geht es kilometerlang bergab. Downhill-Start an der Wanglalm (oben).
Moderne Architektur im Hochgebirge: Granatkapelle von Mario Botta unterhalb des Penkenjochs (links).
Bis die Bremsen glühen: Lange Abfahrt hinunter nach Vorderlanersbach (unten).

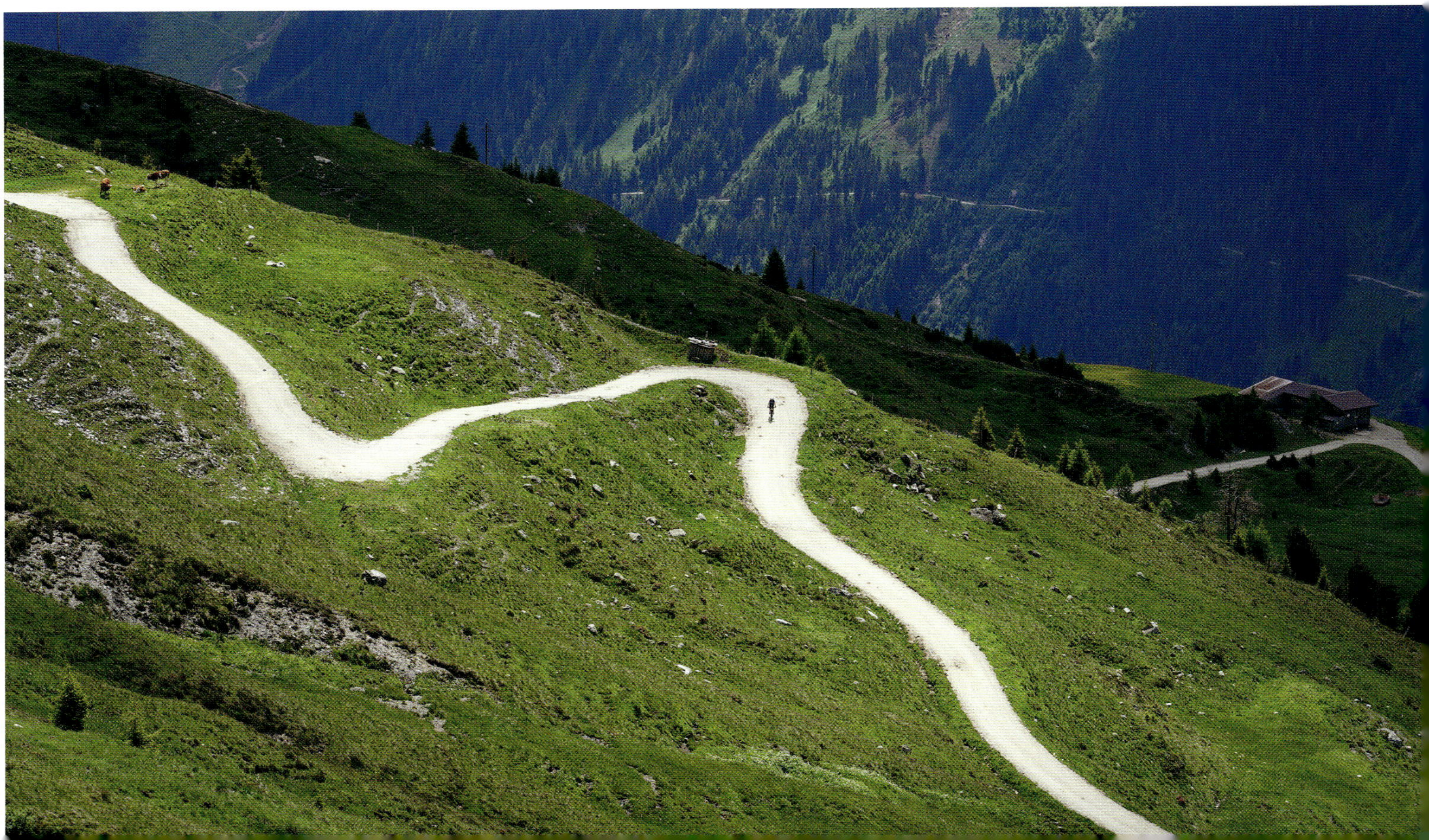

Noch ein paar Pedalumdrehungen und wir sind am Penkenjoch (2.095 m) angekommen. Der 360°-Rundblick ist hier wirklich sehenswert, vor allem der Tiefblick ins Tuxertal. Auch am Joch ist nochmals Action und Fun angesagt, insbesondere für Kinder. Aber zwei Kurven weiter wird es merklich stiller. Auf einem Bergweg mit losem Schotter weist die Route bergab Richtung Süden, um kurz darauf ordentlich steil wieder nach oben zu führen. Ganz ehrlich: Ohne Motor stellt die Rampe zur Wanglalm auch für durchtrainierte Oberschenkel eine Herausforderung dar. Zumal auch der Untergrund nicht ganz einfach zu fahren ist. An der Wanglalm haben wir schließlich den höchsten Punkt erreicht. Schade nur, dass die Alm nur für Kühe etwas zu bieten, aber keinen Ausschank für zweibeinige Besucher im Angebot hat.

Von nun an geht's bergab – und zwar lange. Wie eine Riesenschlange schmiegt sich der Bergweg in die steilen Almwiesen. Hin und wieder heißt es auf dem Downhill anhalten, um die Bremsfinger zu lockern – und den Ausblick zu den Dreitausendern gegenüber zu bestaunen.

In Lanersbach holen wir uns erst mal eine Brotzeit in der Bäckerei – zur Stärkung für die restlichen Höhenmeter über den Weiler Hoser nach Finkenberg. Der finale Uphill – ein Abschnitt des Bike Trails Tirol – muss sein, sonst müssten wir auf die Talstraße ausweichen. Nach ein paar Almwegkilometern und einem Wiesentrail rollen wir schließlich steil hinunter nach Persal, einem Ortsteil von Finkenberg.

Noch ein Tipp, bevor es auf Asphaltserpentinen zurück nach Mayrhofen geht. Es lohnt sich ein Blick in die Teufelsschlucht, über die die Teufelsbrücke, auch Teufelssteg genannt, führt. Sie ist eine gedeckte Holzbrücke, die über die Klamm des Tuxbachs führt. Die 1876 erbaute Brücke steht unter Denkmalschutz und verbindet die Weiler Persal und Dornau.

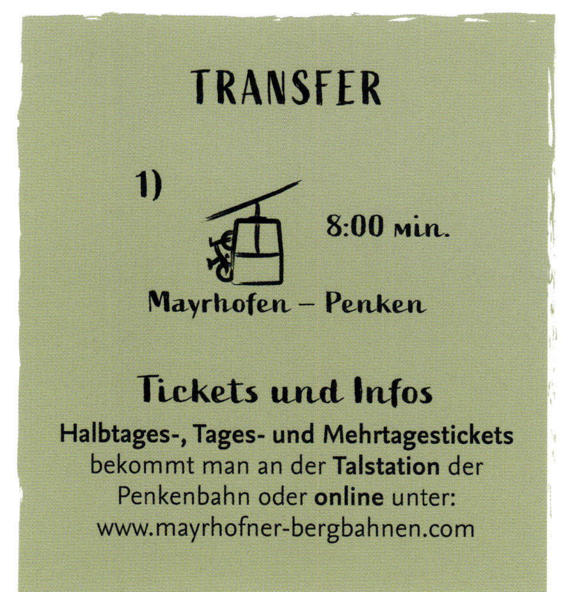

Nicht nur der einsame, alte Baum hat einen Stopp verdient, sondern vor allem der grandiose Ausblick über das gesamte Zillertal.

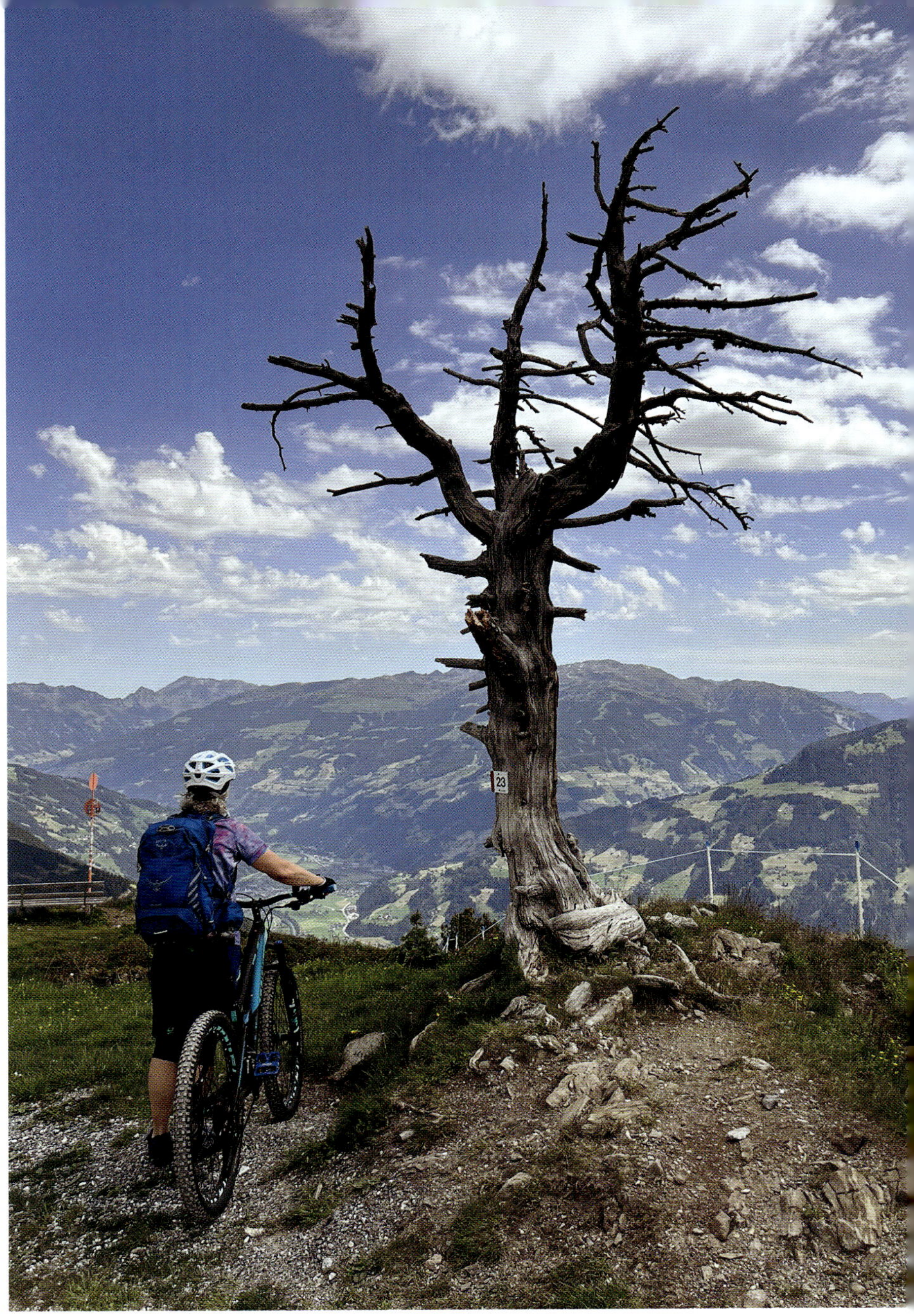

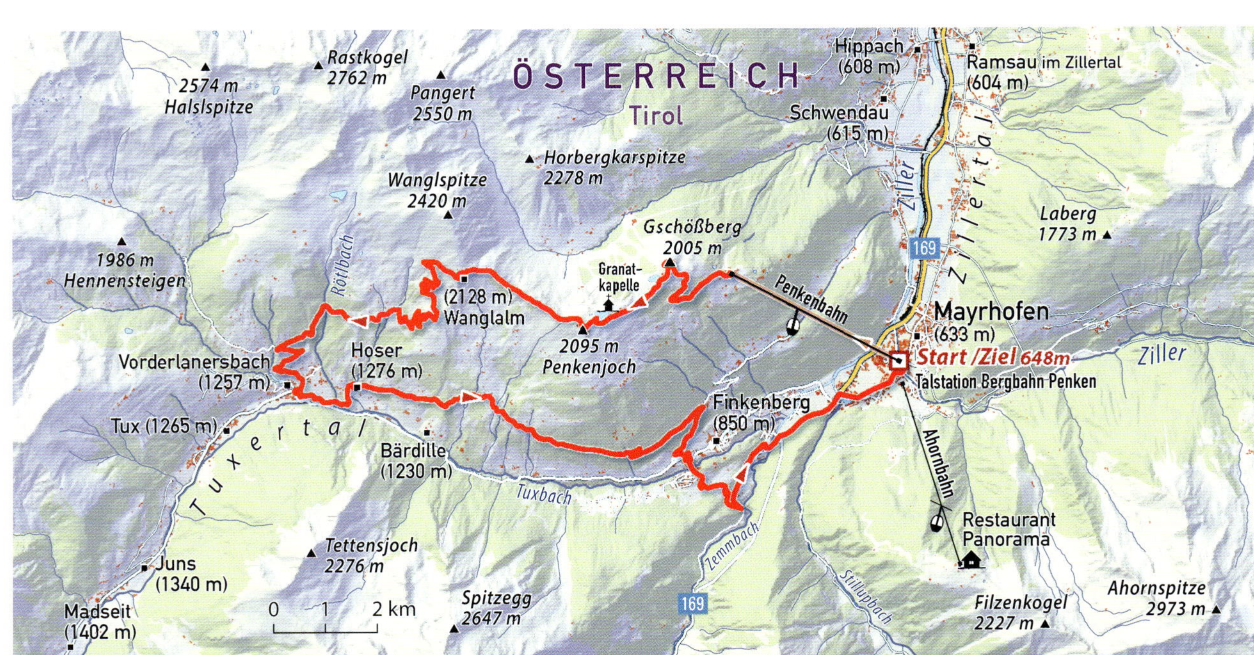

INFOS ZUR TOUR

TOURCHARAKTER

Die Penken-Panoramarunde zählt zu den leichtesten Touren in diesem Buch. Die Fahrbahnen auf Schotter, Asphalt und kleinen Trails sind alle relativ problemlos zu meistern. Nur die Schotter-Steilauffahrt zur Wanglalm kostet etwas Körner, vor allem für die motorlosen Mountainbiker. Alles in allem eine Tour mit Aussicht für Genussbiker.

TOURSTART

Los geht's an der Talstation der Penkenbahn.

EINKEHRTIPP

Kaser Mandl (1.999 m) Die „Musikanten-Alm" am Penken. Hier ist immer etwas los, oft mit Zillertaler Live-Musik. Internationale sowie bodenständige Tiroler Kost. www.kasermandl-penken.at

BIKE-VERLEIH

Bründl Sports Talstation Penkenbahn, A-6290 Mayrhofen, Tel. +43 52 83 62 233, www.bruendl.at/de/standorte/mayrhofen
Bike Servicestation Eisenbacher
Umfahrungsstr. 635, A-6290 Mayrhofen,
Tel. +43 52 85 62 448, www.eisenbacher.com

GEFÜHRTE TOUREN

Bikeguide Zillertal
Dornau 313, A-6292 Finkenberg,
Tel. +43 66 02 02 23 33, info@bikeguidezillertal.at
Actionclub Zillertal
Hauptstr. 458, A-6290 Mayrhofen,
Tel. +43 66 44 41 30 74, www.actionclub-zillertal.at

BIKE-HOTELS

Hotel Berghof
Dursterstr. 220, A-6290 Mayrhofen,
Tel. +43 52 85 62 254, www.berghof.cc/de
Sport & Spa Hotel Strass
Hauptstr. 470, A-6290 Mayrhofen,
Tel. +43 52 85 63 477, www.hotelstrass.com
Hotel Garni Magdalena
Hauptstr. 406, A-6290 Mayrhofen,
Tel. +43 52 85 63 72 50, www.hotel-magdalena.at
Huber's Hotel
Dornaustr. 612, A-6290 Mayrhofen,
Tel. +43 52 85 62 569, www.hbhotel.at

LANDKARTEN

Kompass-Karte WK037
„Mayrhofen, Tuxer Tal, Zillergrund", 1:25.000

BIKE-INFOS

www.mayrhofen.at/de/stories/biken
www.tux.at/mountainbiken
www.zillertal.at/sommer/aktivitaeten/biken.html
www.tirol.at/regionen/a-zillertal/mountainbiken

TOURIST-INFOS

Ferienregion Mayrhofen-Hippach
Dursterstr. 225, A-6290 Mayrhofen,
Tel. +43 52 85 67 60, www.mayrhofen.at

Tourismusverband Tux – Finkenberg
Informationsbüro Finkenberg, Dorf 140,
A-6292 Finkenberg, Tel. +43 52 87 85 06,
www.tux.at

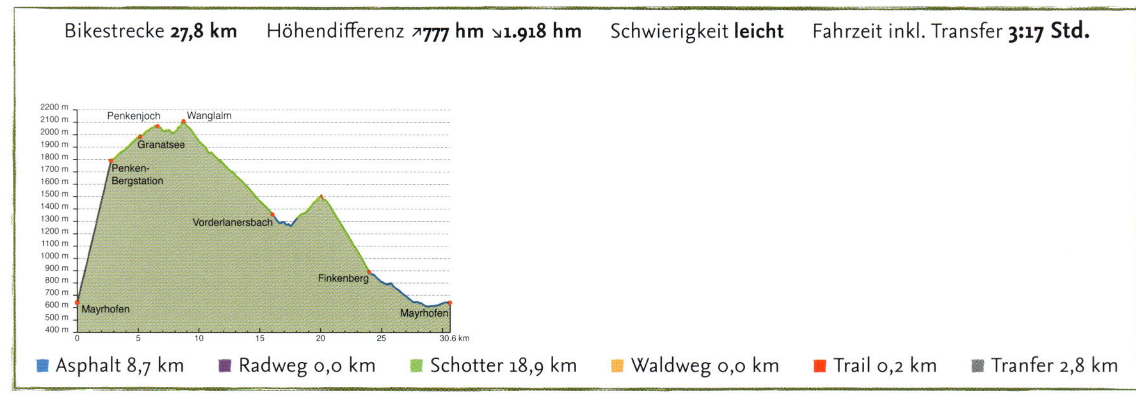

PIZ NAIR TRAILS

ST. MORITZ

ENGADIN

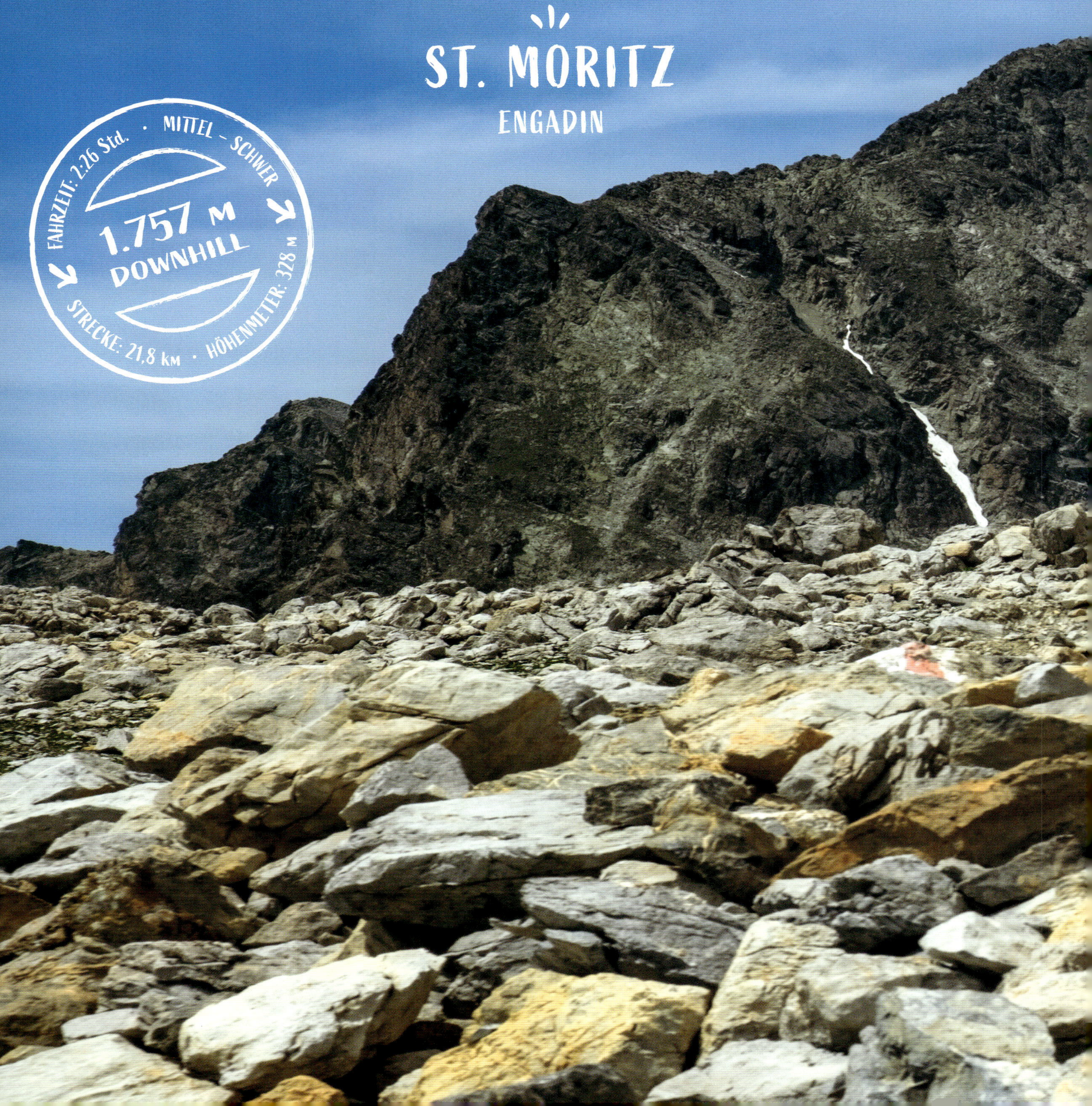

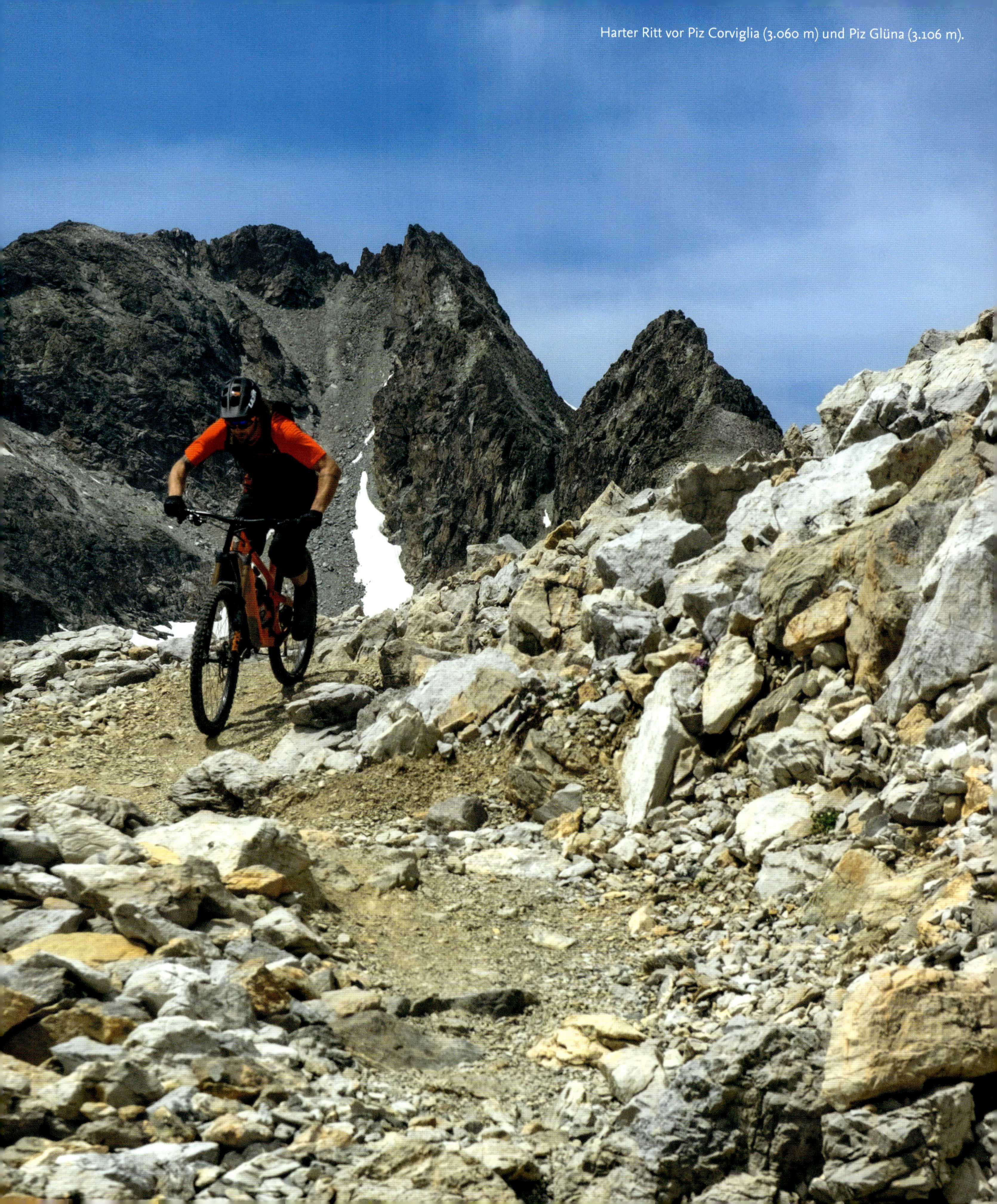

Harter Ritt vor Piz Corviglia (3.060 m) und Piz Glüna (3.106 m).

ST. MORITZ/ENGADIN

BIKESTRECKE: 21,8 km HÖHENDIFFERENZ: ↑328 hm ↓1.757 hm SCHWIERIGKEITSGRAD: mittel – schwer FAHRZEIT: 2:26 Std.

Vom Gipfel eines 3000ers ins Tal

05

Auf der letzten Etappe unserer etwa 30-minütigen Gondel- und Standseilbahnfahrt vom mondänen St. Moritz in die Engadiner Gipfelwelt, die nur durch eine kurze Schotterabfahrt zwischen zwei Stationen unterbrochen wurde, bietet sich ein herrlicher Panoramablick in die Graubündener Bergwelt. Doch kurz bevor die Gondel in die futuristische Bergstation auf über 3.000 Meter Höhe einschwebt, mutet die Szenerie skurril an. Nur noch vereinzelte hellgrüne Moose und bräunliche Flechten zwischen schiefergrauen Felsplatten zeugen von der nivalen, der höchsten Gebirgszone. Einen fahrbaren Weg aus dieser steilen, steinigen Mondlandschaft hinunter ins Tal können wir nicht entdecken. Egal, erst mal gönnen wir uns einen leckeren „Schümli" im Aussichtsrestaurant und studieren auf Schautafeln die schneebedeckten Gipfel, die sich hinter dem breiten Inntal auftürmen. Über allen thront der Bernina, der mit 4.049 Metern höchste Berg der Ostalpen.

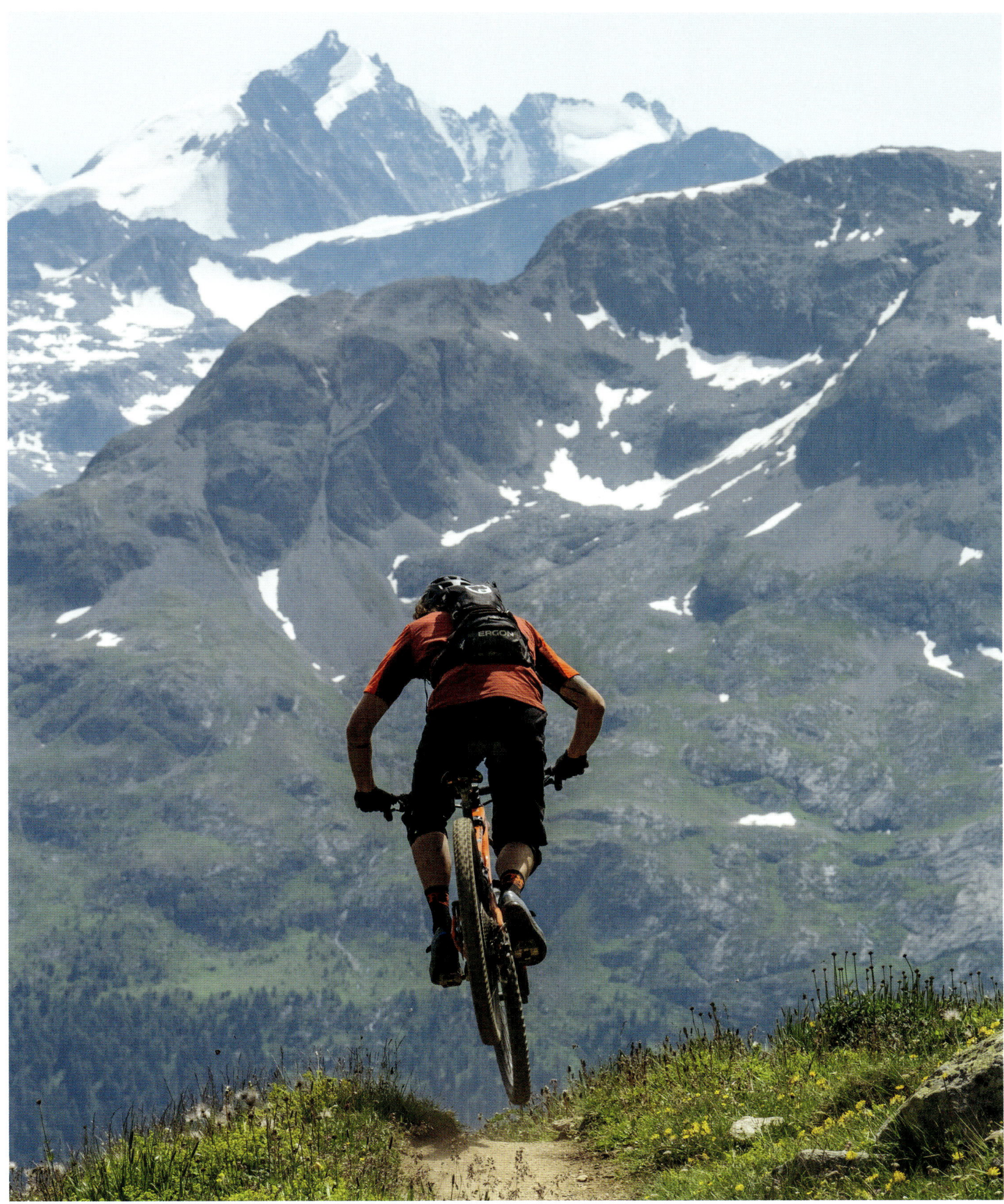

Abgehoben und erhaben – Sprung vor der Kulisse des Piz Bernina (4.049 m).

Nun sind wir aber neugierig auf die über 1.700 Abfahrtsmeter der Corviglia, des Hausbergs von St. Moritz. Auf den ersten Metern entlang eines steilen Geröllfeldes unterhalb des Piz Nair sind etwas Mut und Können gefragt, aber die Schlüsselstelle

Über 400 Kilometer ausgeschilderte Mountainbike-Routen führen durchs Engadin. Auf Corviglia, dem Hausberg von St. Moritz, verlaufen einige der schönsten Trails. Mit Seilbahn-Unterstützung ein purer Genuss.

der Tour ist gut fahrbar und schnell überwunden. Gleich zu Beginn sorgt das Adrenalin dafür, dass wir voll auf die Strecke fokussiert sind. Wir queren zwei Schneefelder, die auch Ende Juli noch zum Absteigen zwingen. Die Bike-Saison hier ist kurz, zumindest, wenn man von ganz oben starten will.

Vor uns liegt eine weitere Geröllhalde auf dem Weg zum Lej Alv. Anfangs ist kaum ein Durchkommen zu erkennen, der Pfad ist aber gut zwischen den Felsbrocken angelegt. Ordentlich durchgeschüttelt landen wir bei dem kleinen, in die Hochfläche eingebetteten Bergsee. Wir gönnen uns eine Pause. Ein leichter Wind kräuselt das Wasser und lässt die Gipfel in der Spiegelung verschwimmen.

Danach müssen wir kräftig in die Pedalen treten. Zwar nur wenig mehr als 300 Höhenmeter, aber die haben es auf dem felsigen Trail wirklich in sich. Zwischendurch ein paar Meter zu schieben ist hier keine Schande. Auf der Hälfte des Uphills füllen wir unsere Wasserflaschen bei der Chamanna Saluver (2.650 m). Das urige Hüttchen ist nicht bewirtschaftet, aber gerade deshalb lohnt sich in der Einsamkeit eine kurze Rast. Die letzten Höhenmeter zum Hochplateau mit den drei markanten Felszacken fordern nochmal ordentlich Power.

Ab den „Drei Blumen“, wie die Übersetzung des schönen rätoromanischen Namens „Las Trais Fluors“ (2.955 m) lautet, geht es dann nur noch hinab. Anfangs noch felsig, dann auf immer flowiger zu fahrenden Trails.

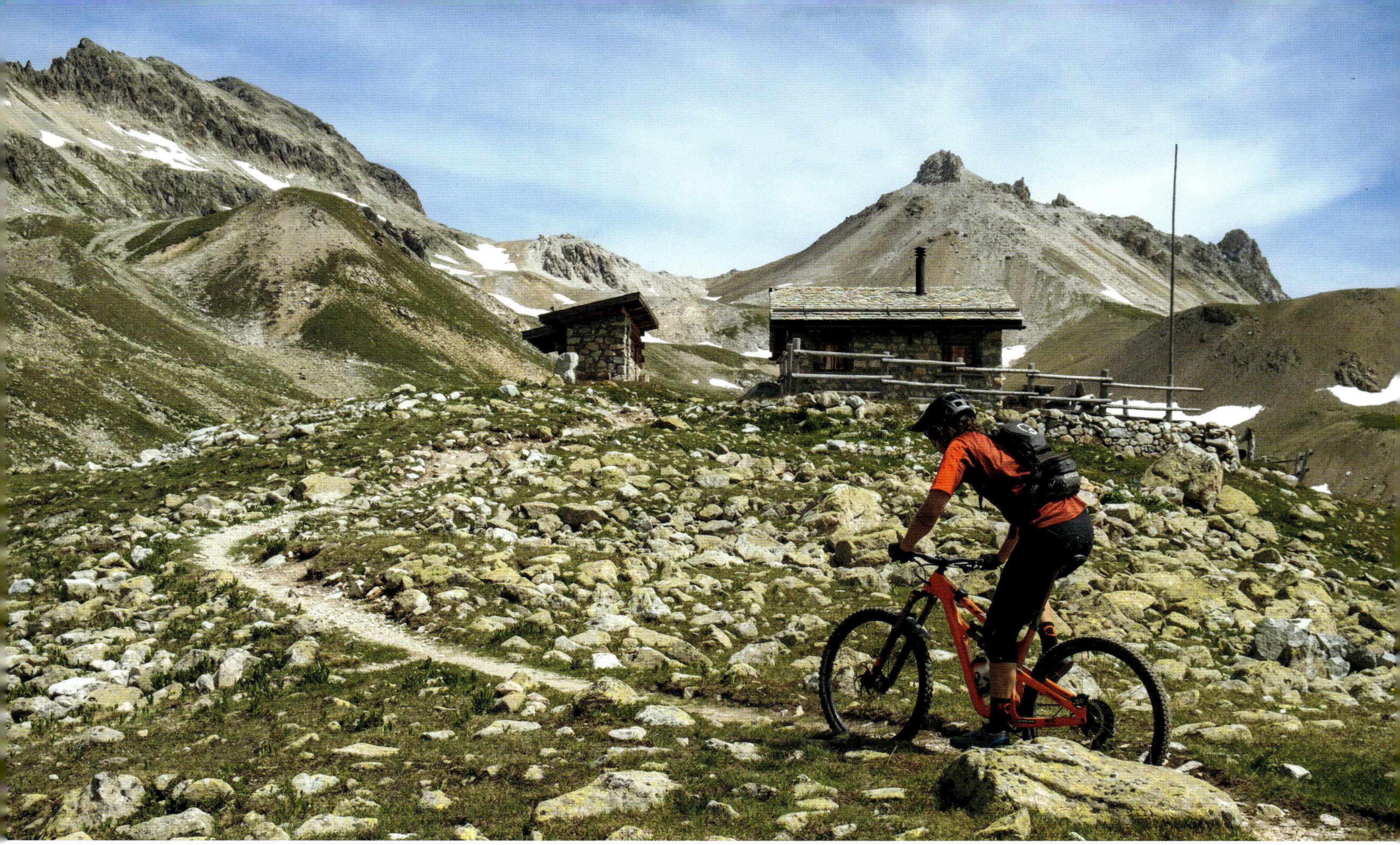

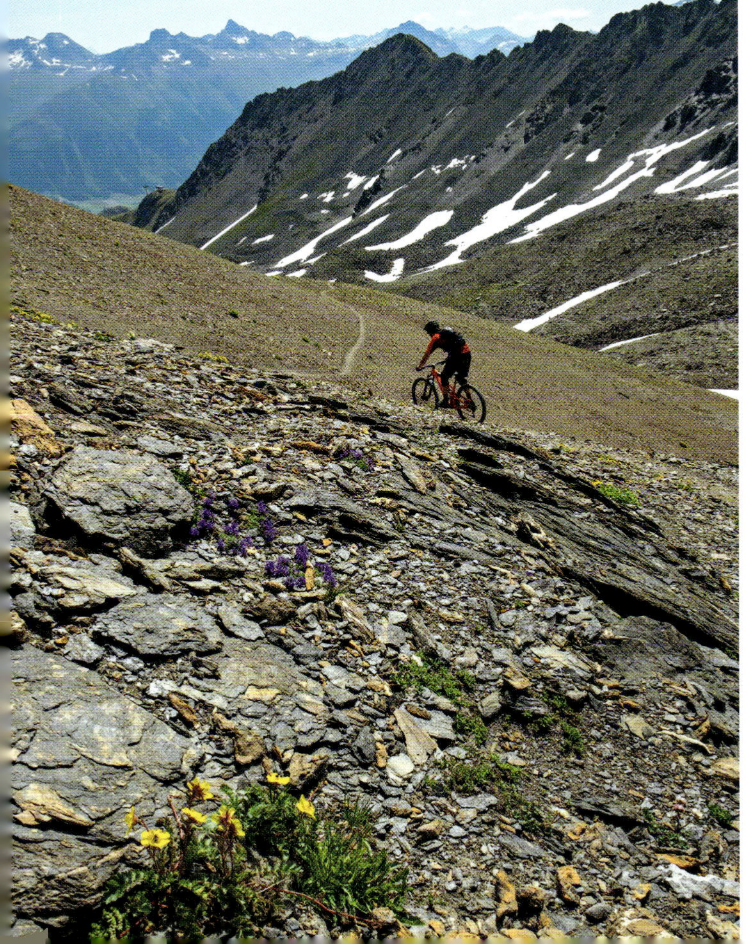

Der einzige, aber harte Anstieg zur Chamanna Saluver (oben).
Erstes zartes Blühen auf 2.870 Meter – Fourcla Schlattain (links).
Treffpunkt der Locals: Alto-Bar an der Chantarella-Talstation (unten).

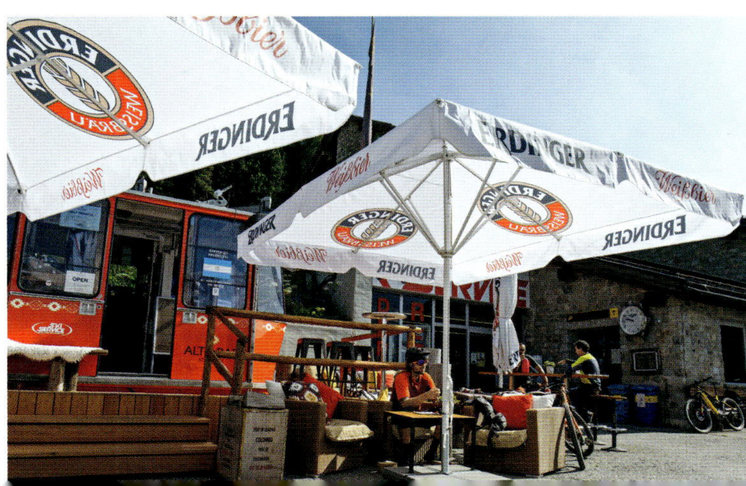

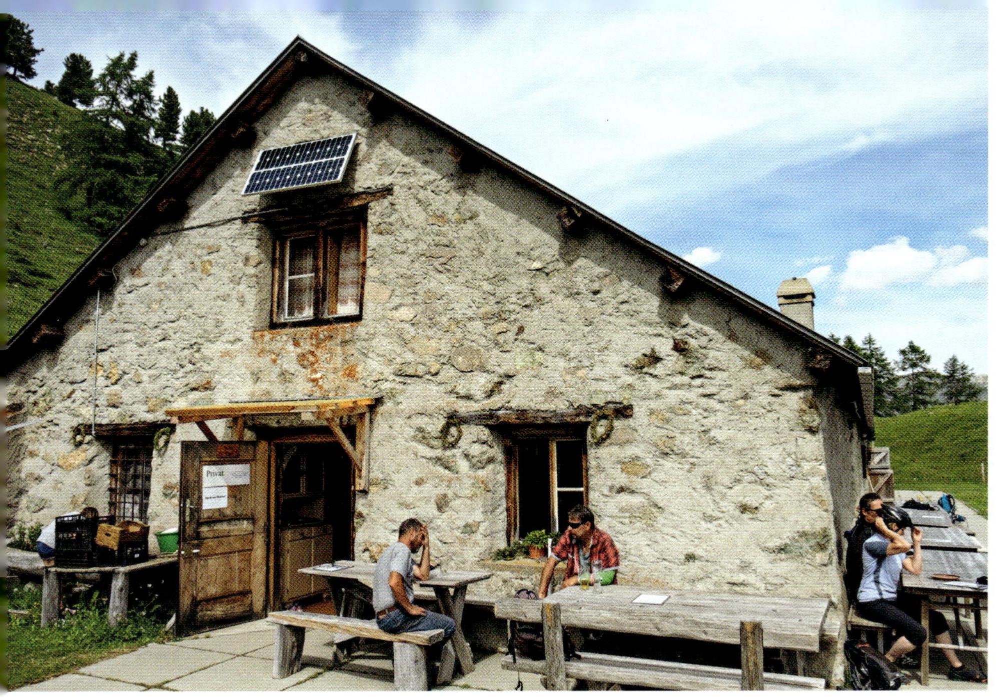

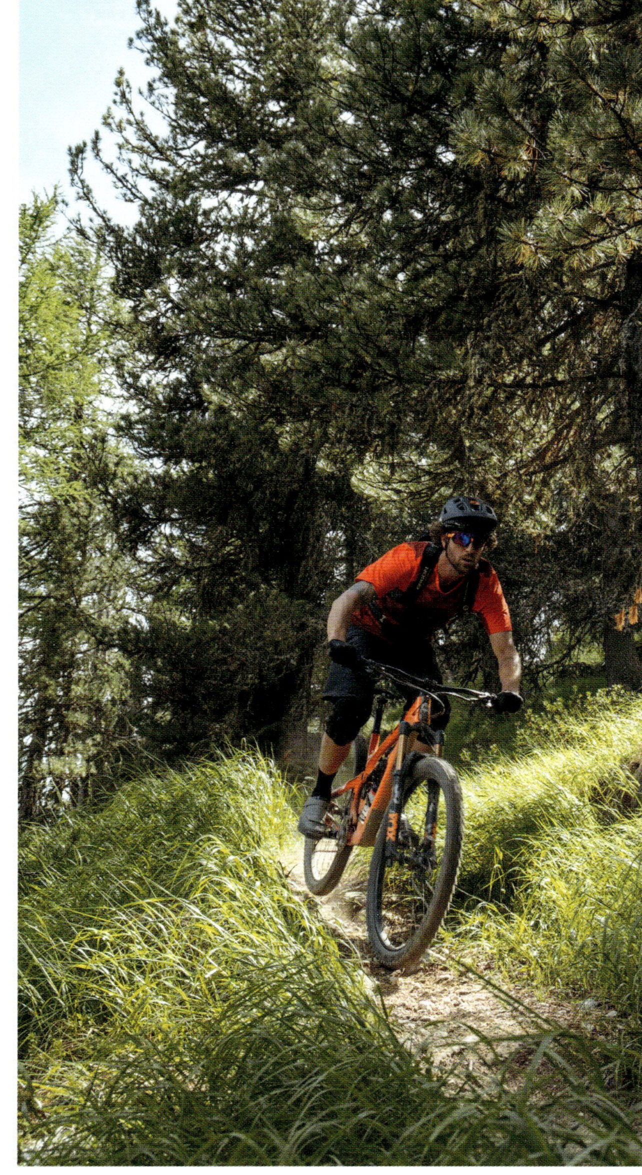

Erholung an der sonnenbeschienenen Steinwand der Alp Muntatsch (oben).
Auf der Trailabfahrt von der Alp Muntatsch oberhalb von Bever (rechts).
Blick vom Piz Nair auf den St. Moritzsee und den Piz Bernina (unten links).
Die ersten Abfahrtsmeter durchs Geröll vom Gipfel des Piz Nair (unten rechts).

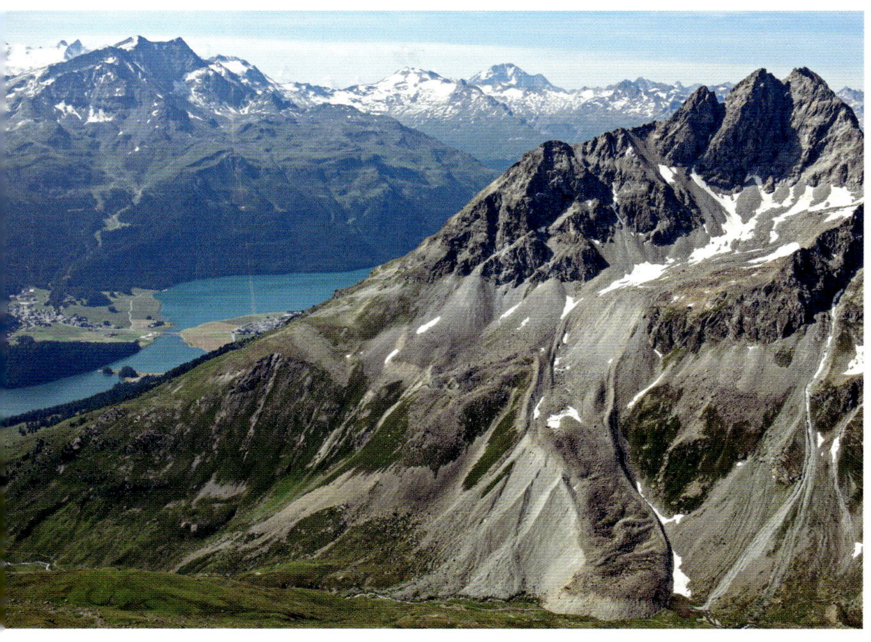

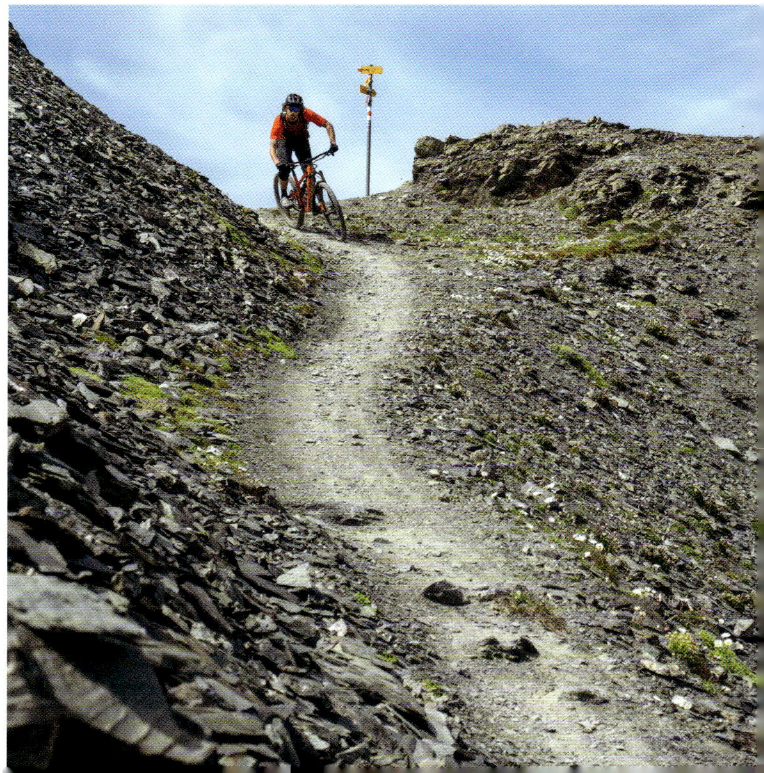

Hinter den Bergrücken der Munt da la Bescha ragen kurz die Bausünden von St. Moritz hinter den Kuppen hervor. Ab der Alp Clavadatsch zieht sich der Pfad immer leicht abfallend entlang der nun grüner werdenden Berghänge. Die Alp Muntatsch (2.188 m) mit ihrem langen Stalltrakt ist eine Ruheinsel. Wir sitzen lange in der Sonne. Durch einen Lärchen- und Zirbelkieferwald führt dann noch einmal ein Traum-Singletrail durch kniehohes hellgrünes Gras hinunter nach Samedan. Locker ausrollen nach Celerina können wir nicht, da St. Moritz ein wenig höher liegt. Wem die zusätzlichen Höhenmeter nach dieser Traumtour zu langweilig erscheinen, der steigt mitsamt seinem Bike in die Rhätische Bahn und ist ein paar Minuten später bereits wieder im mondänsten Schweizer Bergort angekommen.

Die Engadiner schwärmen von ihrer Hausrunde: „95 Prozent Singletrails, gebaut und natürlich, wild und flowig. Mit toller Rast auf einer wunderschön gelegenen Alphütte. Nicht zu schwer, aber auch nicht zu leicht. Unglaubliche Aussichten. Eine Hochgebirgstour par excellence durch verschiedenste Landschaften.“ Wir können all das bestätigen und dem nur hinzufügen: „Diese Tour muss man gefahren haben!“

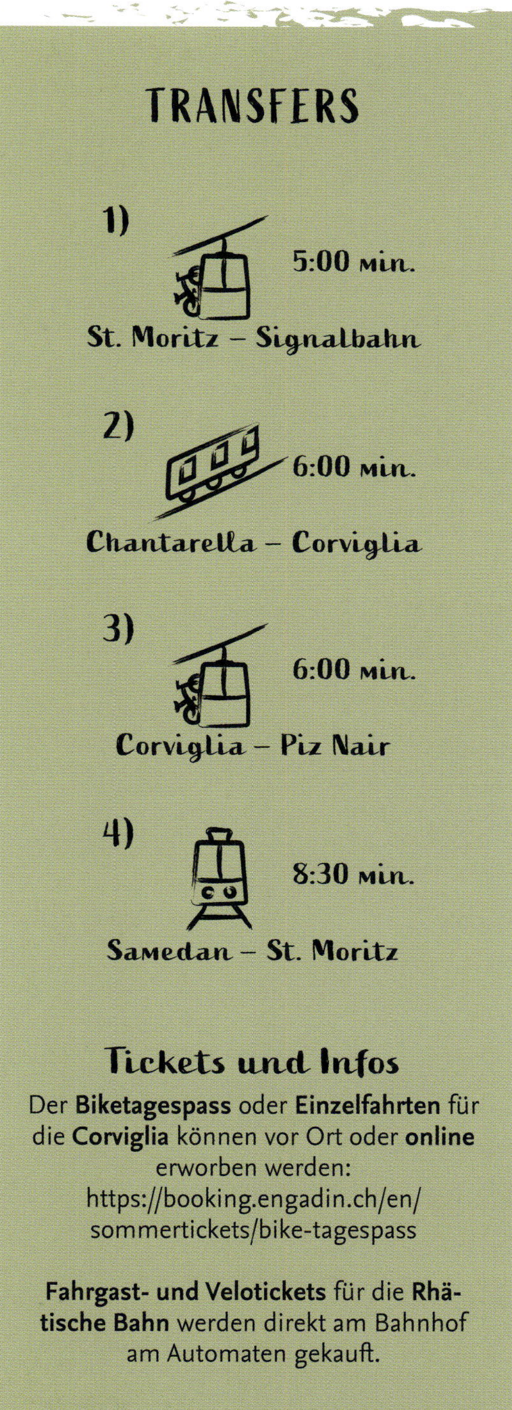

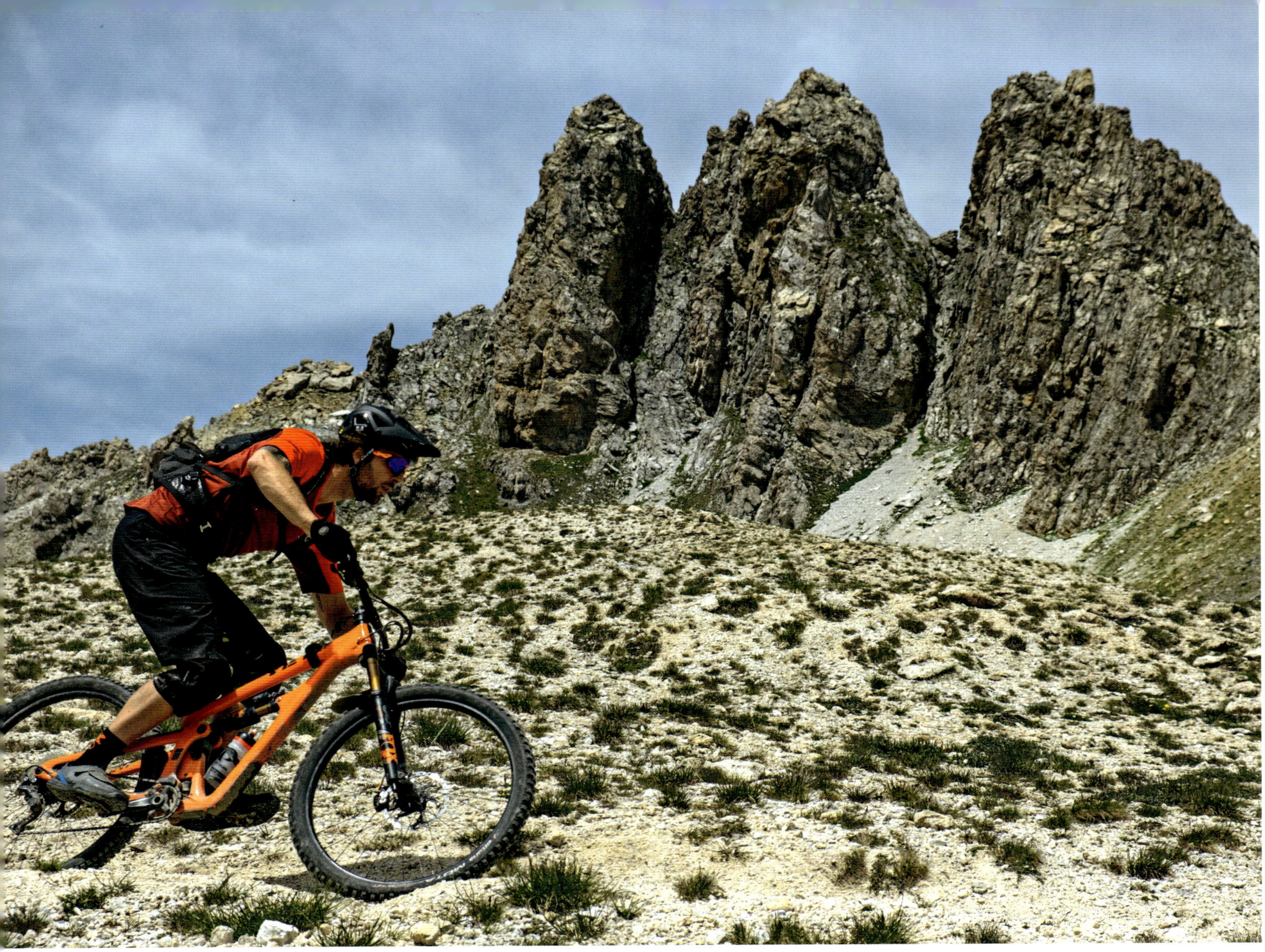

Wie ein Wahrzeichen ragen „Las Trais Fluors“, die Drei Blumen, in den Himmel. Ein feiner Trail zieht unterhalb der markanten Felszacken entlang.

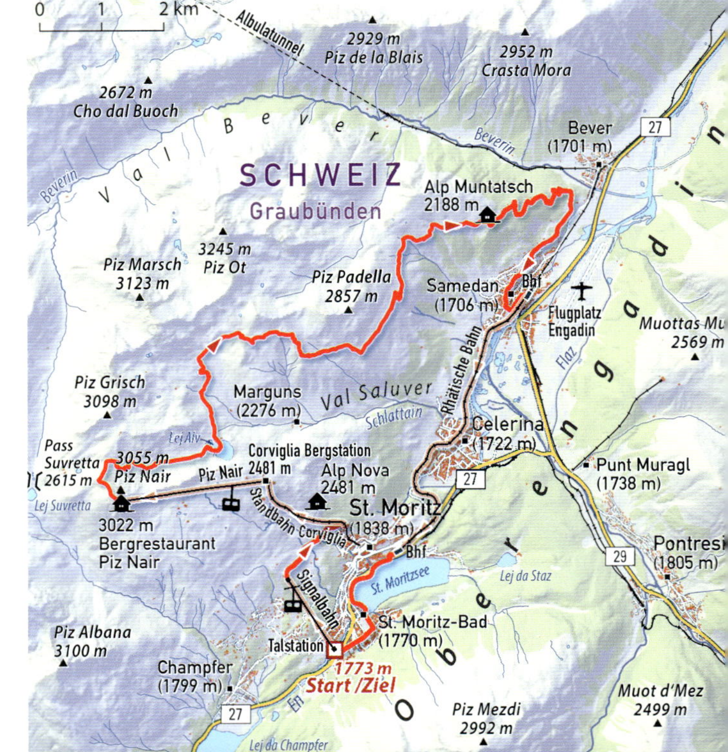

INFOS ZUR TOUR

TOURCHARAKTER
Der einzige Anstieg auf einem steinigen Pfad hat zwar nur 300 Höhenmeter, ist aber anspruchsvoll. Die gesamte Abfahrt verläuft über Naturtrails. Gute Touren-Biker können alles fahren, trotzdem ist im hochalpinen Gelände immer Vorsicht geboten. Landschaftlich ist die Tour ein absolutes Highlight.

TOURSTART
Wir starten mit der Fahrt der Signalbahn in St. Moritz. Großer Parkplatz an der Talstation.

EINKEHRTIPP
Alp Muntatsch (2.188 m) Bewirtschaftete Alm mit einfacher, aber guter Küche.
(ca. Mitte Juni bis Mitte September geöffnet)

BIKE-VERLEIH
Ski Service Corvatsch mehrere Standorte im Engadin. Auch direkt an der Talstation der Signalbahn in St. Moritz, Tel. +41 81 8 38 77 77, www.skiservice-corvatsch.com
Fähndrich Sport Via Maistra 169, CH-7504 Pontresina, Tel. +41 81 8 42 71 55, www.faehndrich-sport.ch

GEFÜHRTE TOUREN
Bike School Engadin GmbH
Quadrellas 59, CH-7503 Samedan,
Tel. +41 7 64 71 47 53, www.bikeschool-engadin.ch

BIKE-HOTELS
Hotel Hauser
Via Traunter Plazzas 7, CH-7500 St. Moritz,
Tel. +41 81 8 37 50 50, www.hotelhauser.ch
Sporthotel Pontresina
Via Maistra 145, CH-7504 Pontresina,
Tel. +41 81 8 38 94 00, www.sporthotel.ch
Conrad's Mountain Lodge
Via dal Farrer 1, CH-7513 Silvaplana,
Tel. +41 81 8 28 83 83, www.cm-lodge.com
Bever Lodge Via Maistra 32, CH-7502 Bever,
Tel. +41 81 8 52 40 04, www.beverlodge.ch
weitere Bike-Hotels unter: www.graubuenden.ch/de/ferien-buchen/mountainbike-hotels

LANDKARTEN
Kompass-Karte WK 99
„Oberengadin, Alta Engadina", 1:40.000

BIKE-INFOS
www.engadin.ch/de/bike
www.graubuenden.ch/de/biken-engadin-st-moritz

TOURIST-INFOS
Engadin St. Moritz Tourismus AG
Via San Gian 30, CH-7500 St. Moritz,
Tel. +41 81 8 30 00 01, www.engadin.ch
Graubünden Ferien
Alexanderstrasse 24, CH-7001 Chur,
Tel. +41 81 2 54 24 24, www.graubuenden.ch

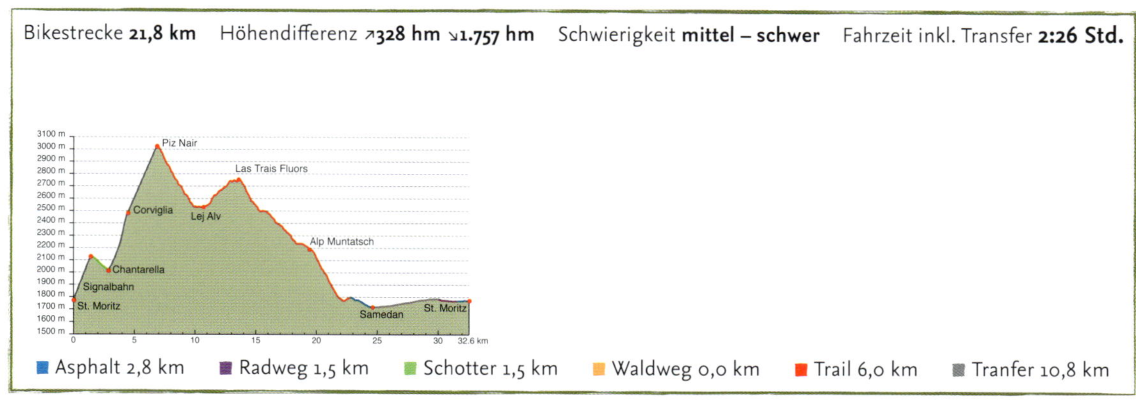

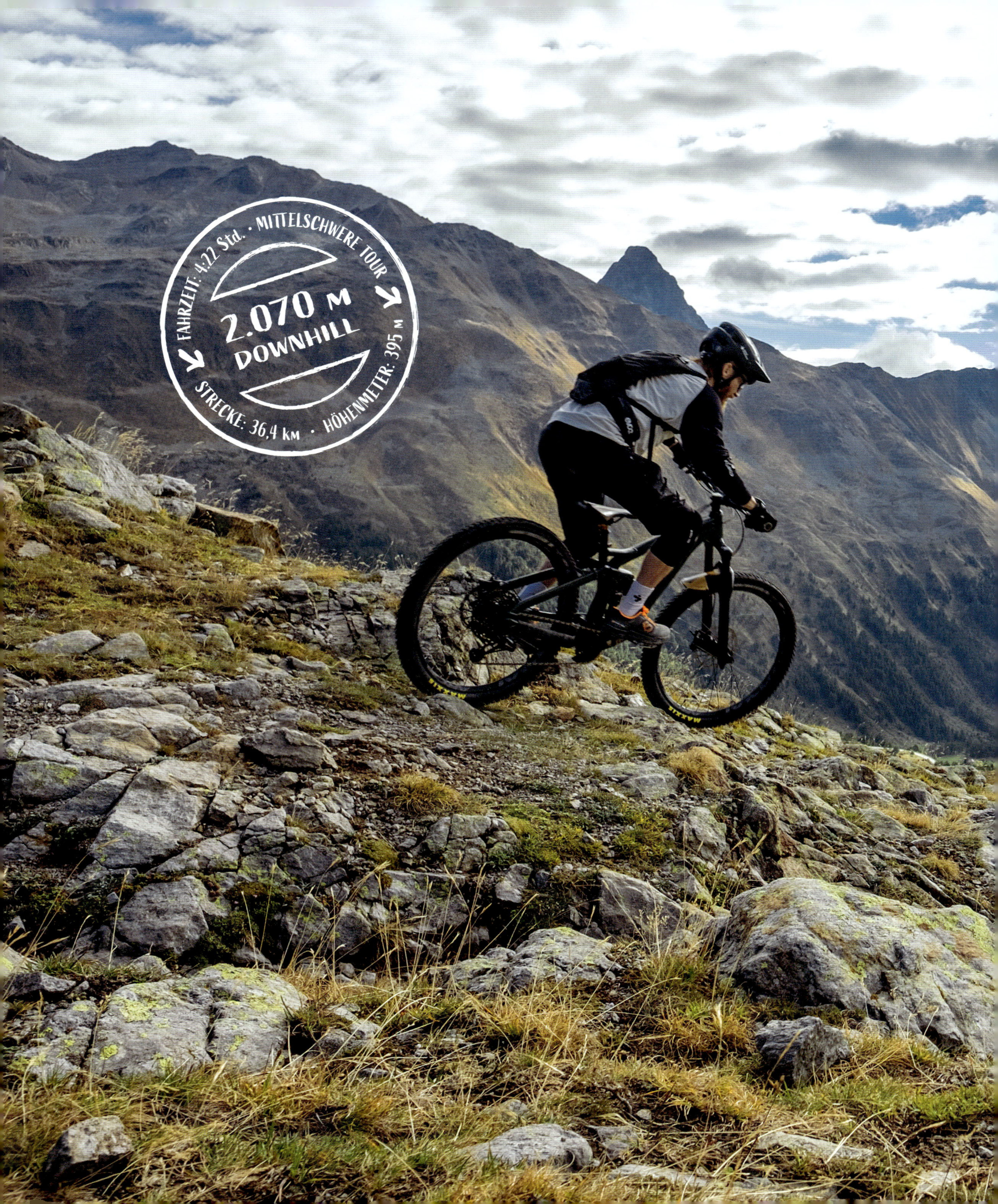
FAHRZEIT: 4:22 Std. · MITTELSCHWERE TOUR
2.070 M
DOWNHILL
STRECKE: 36,4 KM · HÖHENMETER: 395 M

BERNINA-EXPRESS

PONTRESINA – POSCHIAVO

ENGADIN und PUSCHLAV

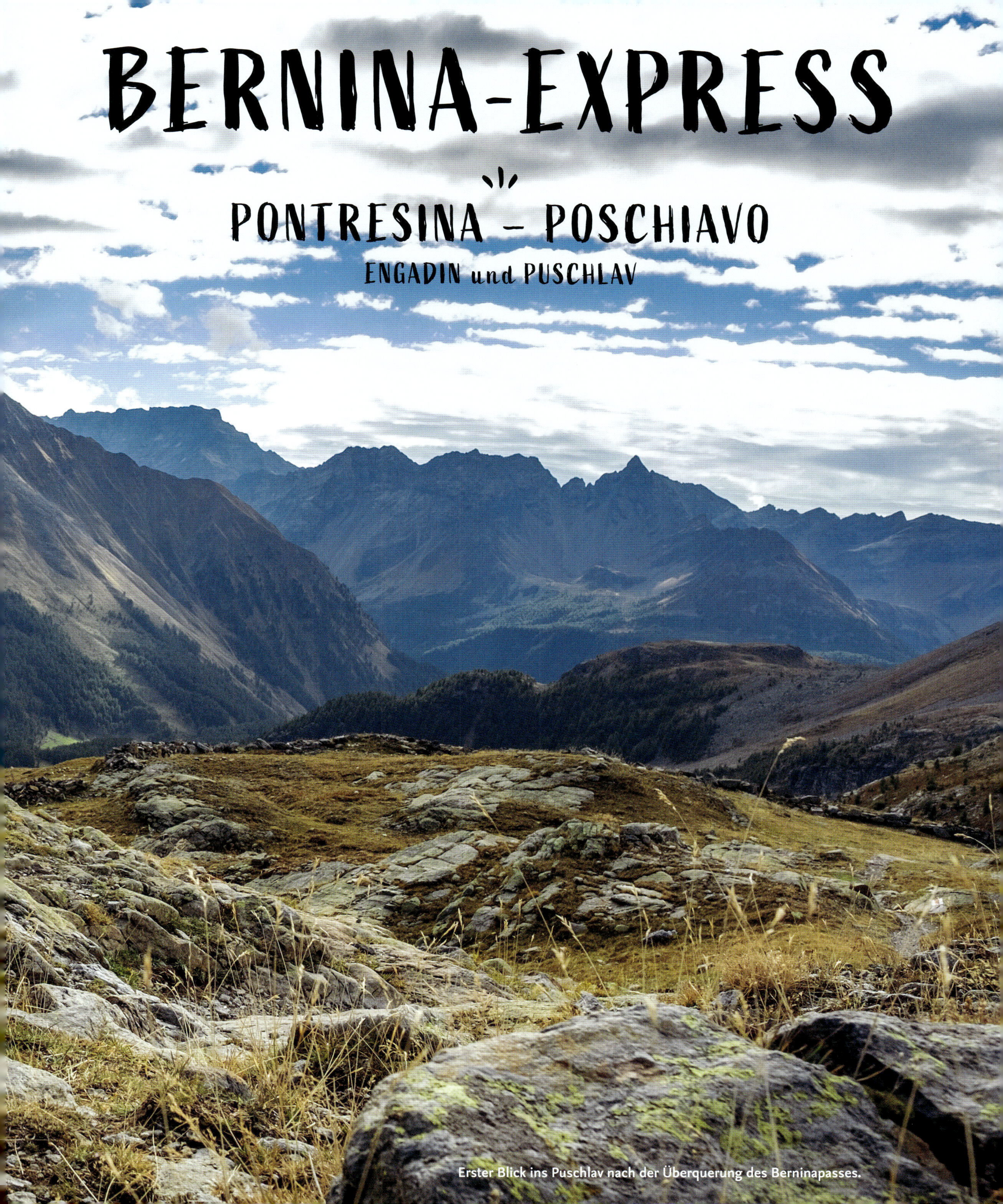

Erster Blick ins Puschlav nach der Überquerung des Berninapasses.

PONTRESINA – POSCHIAVO

BIKESTRECKE: 36,4 km HÖHENDIFFERENZ: 395 hm ↓2.070 hm SCHWIERIGKEITSGRAD: mittel FAHRZEIT: 4:22 Std.

Highlight-Tour mit Bahn und Bike

06

Wie bitte? Der Bernina-Express nimmt keine Bikes mit! Ich stehe völlig perplex am Bahnhof von Pontresina und kann es nicht glauben. Seit Jahren schon möchte ich endlich mal die spektakulärste Zugstrecke über die Alpen erleben und jetzt das! Der Schreck währt nur kurz und ich werde aufgeklärt: Selbstverständlich dürfe ich mein Velo in der Rhätischen Bahn mitnehmen, nur eben nicht im Bernina-Express. Der gläserne Panoramazug hat nämlich keine Fahrradabteile. Er fährt stündlich abwechselnd mit der Bernina-Bahn auf den Pass. Ich habe also nur den Namen missverstanden. Wäre auch zu komisch gewesen. Ich bin nämlich mit David verabredet. Der Engadiner kommt aus Samedan und sitzt schon im Zug – hoffentlich mit Bike. Ein paar Minuten später rattern wir schon durch die Montebello-Kurve. Ein oft fotografiertes Postkartenmotiv mit der berühmten Bahn und dem nicht minder berühmten Morteratschgletscher zu Füßen des Piz Bernina (4.049 m).

Klare Gumpe, milchiges Wasser im See. Der Cambrena-Gletscher speist den Lago Bianco.

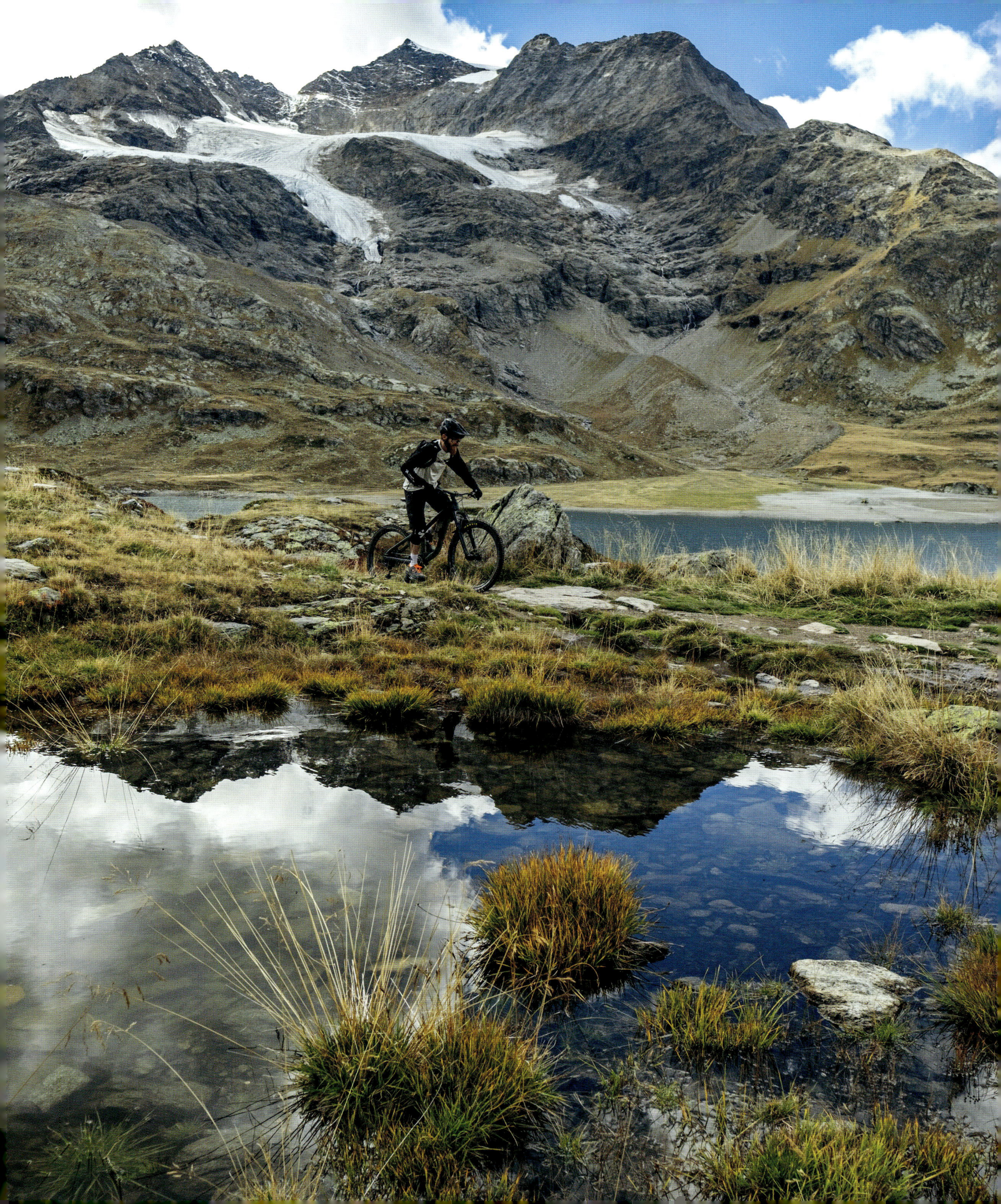

Verschiedene Sprachen, anderes Klima, unterschiedliche Vegetation. Das Val Bernina und das Val Poschiavo verbinden aber die prächtige Schönheit der Engadiner Bergwelt und eine der schönsten Eisenbahn-Routen der Alpen.

Viel zu kurz währte die spektakuläre Zugfahrt und wir schwingen uns am Ospizio Bernina, mit 2.253 Meter Höhe das Dach der Rhätischen Bahn, in den Sattel. Bis zum höchsten Punkt unserer Tour sind es nur ein paar Minuten. Nach Erreichen des Passo del Bernina (2.330 m) beginnt der Trail, auf dem wir nie zu schwer durch teilweise matschige Hochweiden ins Puschlav oder, hier korrekter ins Val Poschiavo hinabfahren. Die deutsch/italienische Sprachgrenze hatten wir bereits am Lago Bianco vor Einfahrt in den Bahnhof passiert.

Kurz vor dem schweizerischen Zollhaus überqueren wir die Straße und machen einen Schlenker Richtung der Passhöhe Forcola di Livigno, die die Grenze zu Italien markiert. Nach der kurzen Uphill-Passage wechseln wir wieder die Richtung und folgen nun dem Poschiavino, der kurz über uns den kargen, kalkhaltigen Bergen entspringt. Den Weg haben wir Säumern, aber auch Schmugglern zu verdanken, die früher ihre Waren heimlich von der zollfreien Zone Livigno in die Schweiz transportierten. Sehr abwechslungsreich, mal flott, dann wieder technisch anspruchsvoll geht's auf dem Poschiavino Trail talauswärts. David warnt: „Jetzt wird's richtig ruppig, der Nierenschüttler wartet." So nennen die einheimischen Biker den Abschnitt im Bosco di Vallenascia. Bei Pedecosta sind die fetten Wackersteine überwunden und wir lockern unsere Handgelenke.

Die Belohnung wartet in Form einer gemütlichen Mittagspause in der Hostaria del Borgo im Zentrum von Poschiavo. David erzählt, dass er und seine Freunde schon bei so mancher Tour in der Hostaria hängengeblieben und dann abends mit dem letzten Zug zurück nach Pontresina gefahren seien. Ein verführerischer Gedanke, aber wir wählen Wasser statt Wein zur kalten Platte mit köstlichen Puschlaver Spezialitäten. Wir wollen ja auch noch die Trails auf der Nordseite des Berninapasses in Angriff nehmen.

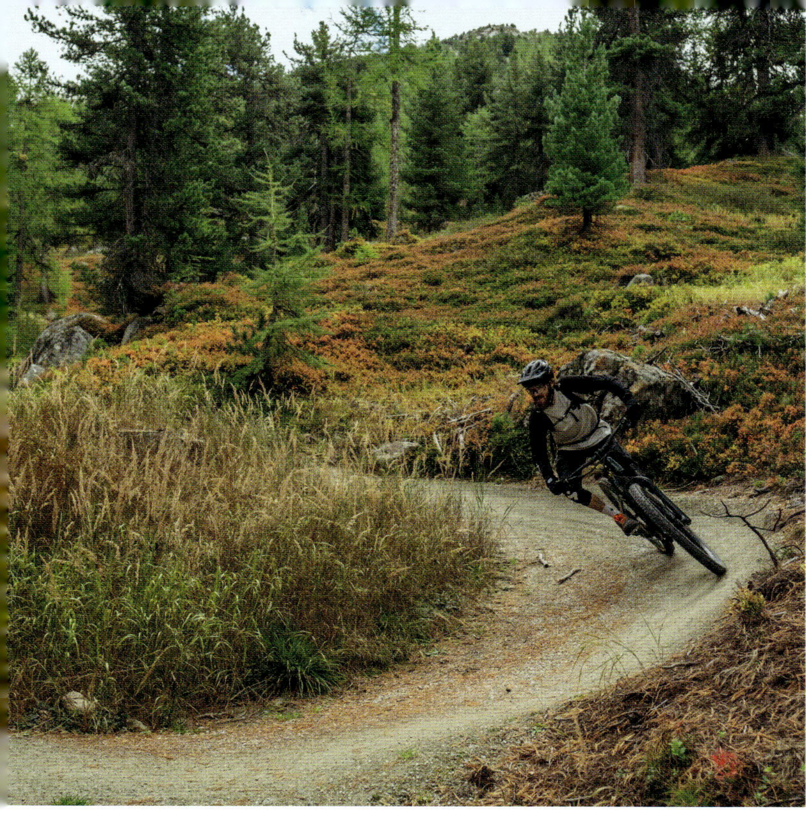

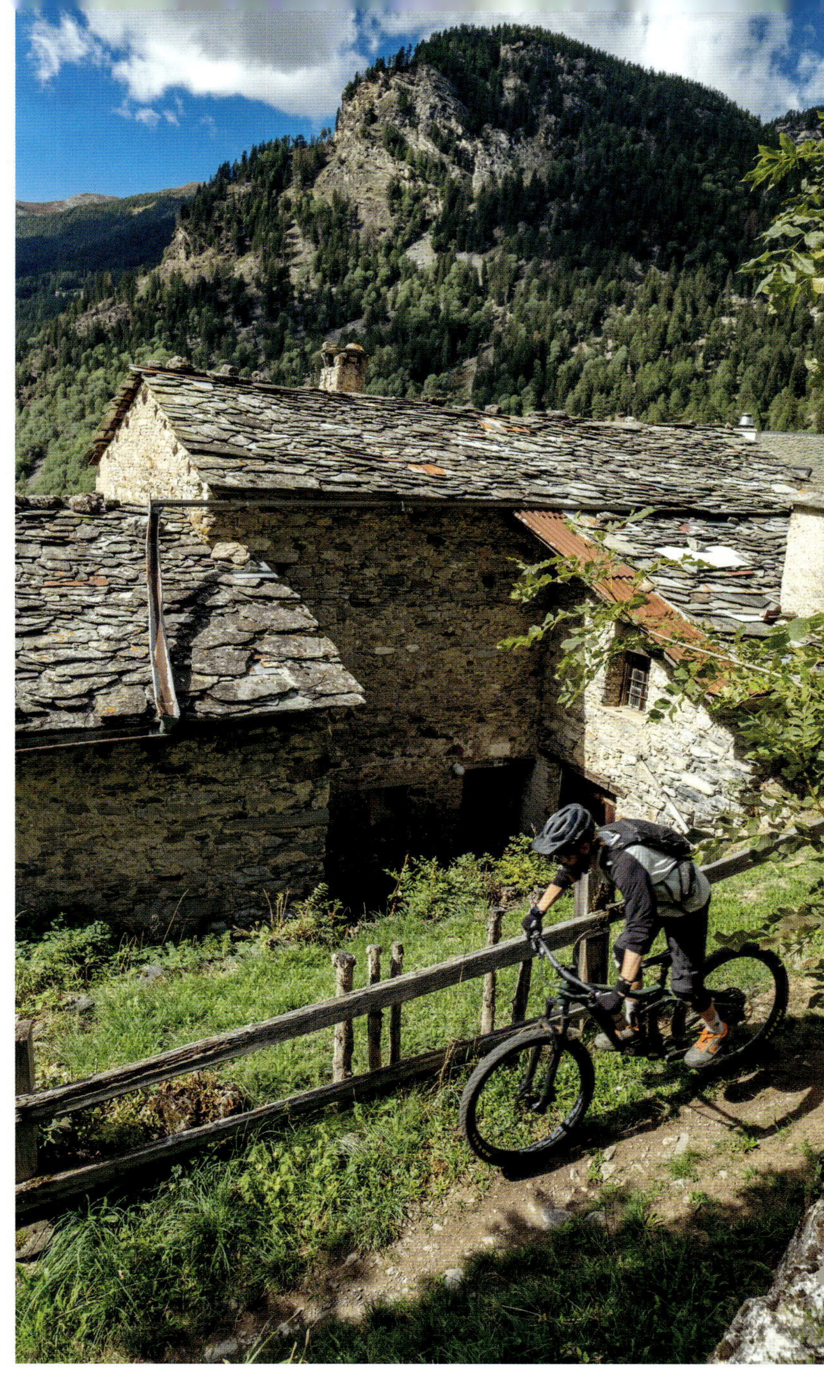

Spaßig: kurvenreicher Trail im God Chapütschöl (oben).
Das alte Bauernhaus im Puschlav liegt direkt am Weg (rechts).
Italienisch beeinflußt. Zentrum von Poschiavo (unten links).
Hochweide unterhalb des Passo del Bernina (unten rechts).

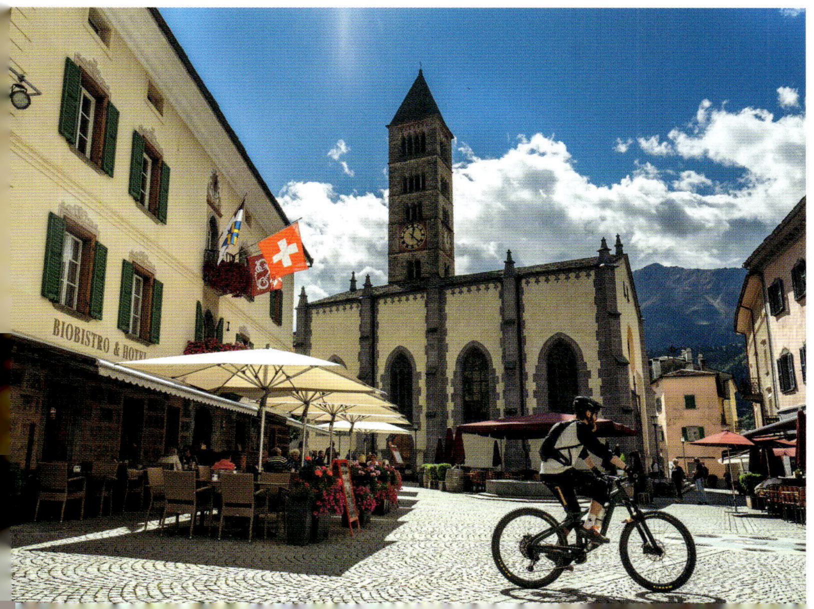

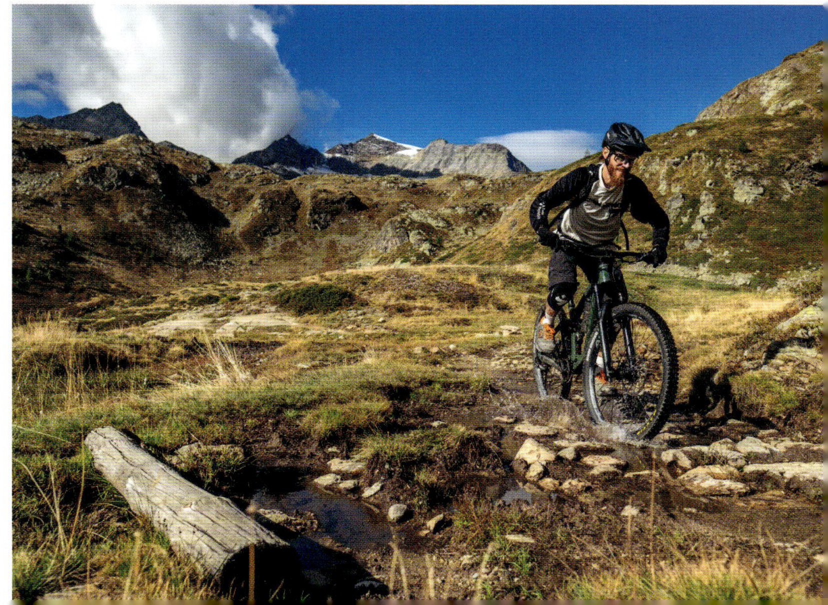

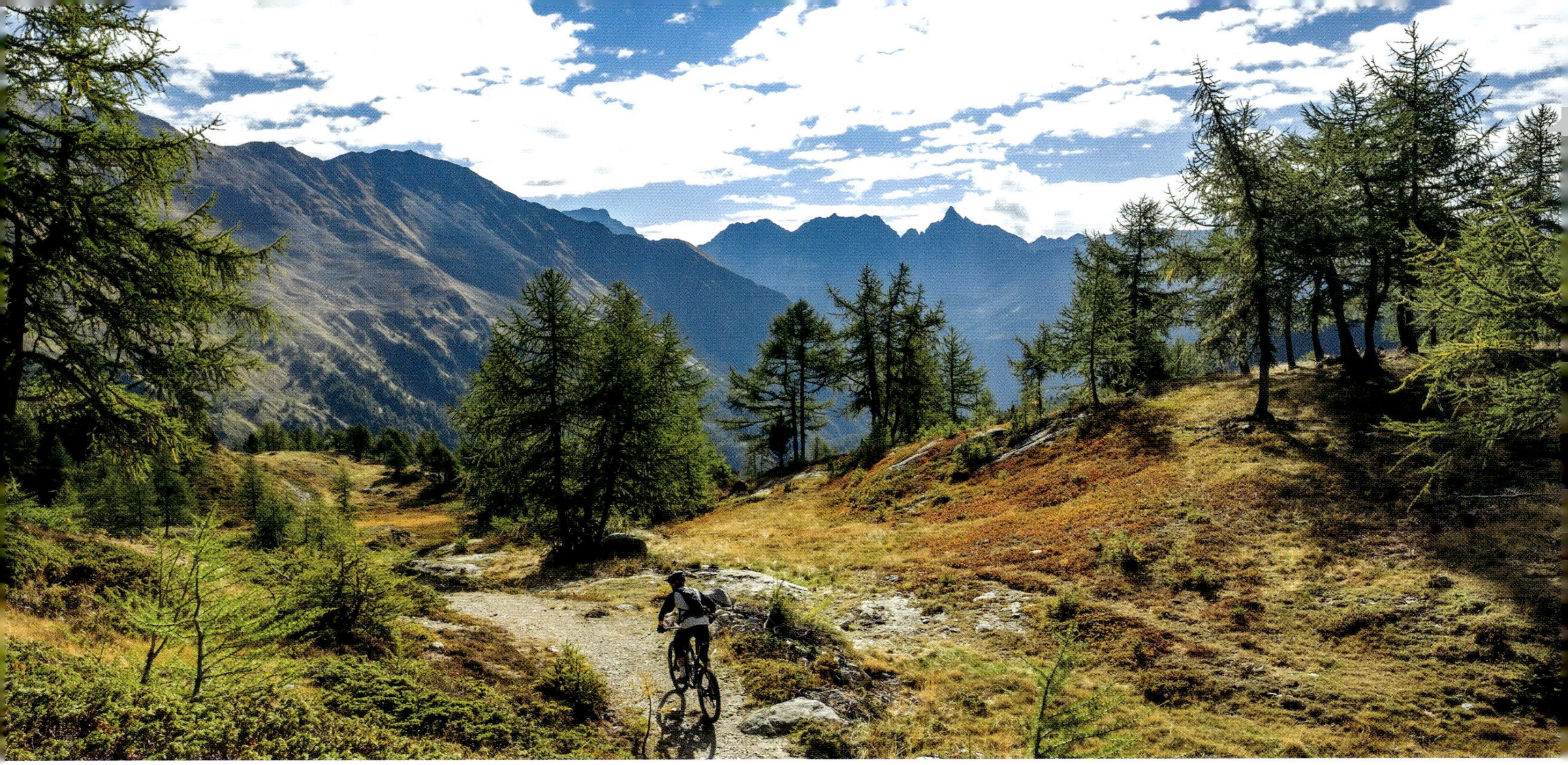

Geduckte Lärchen: Fahrt ins Val Laguné (oben).
Auf dem „Nierenschüttler“ im Bosco di Vallenascia (rechts).
Wer ist schneller? Abfahrt vor dem Piz Alv (unten).
Almwirtschaft bei Lareit (unten rechts).

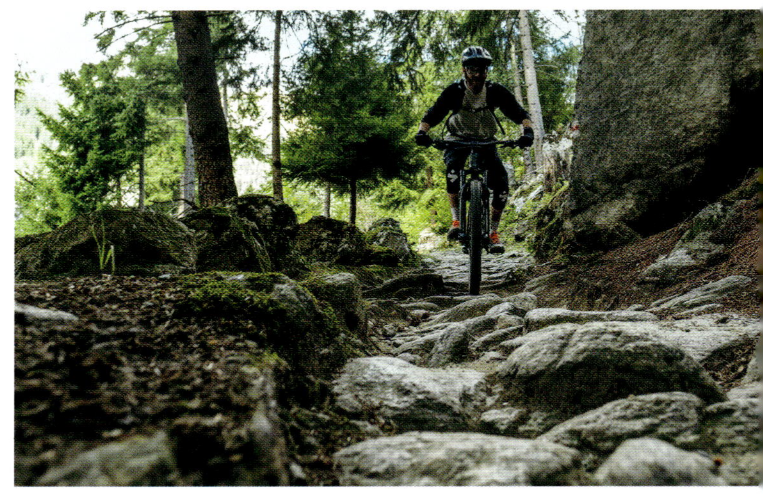

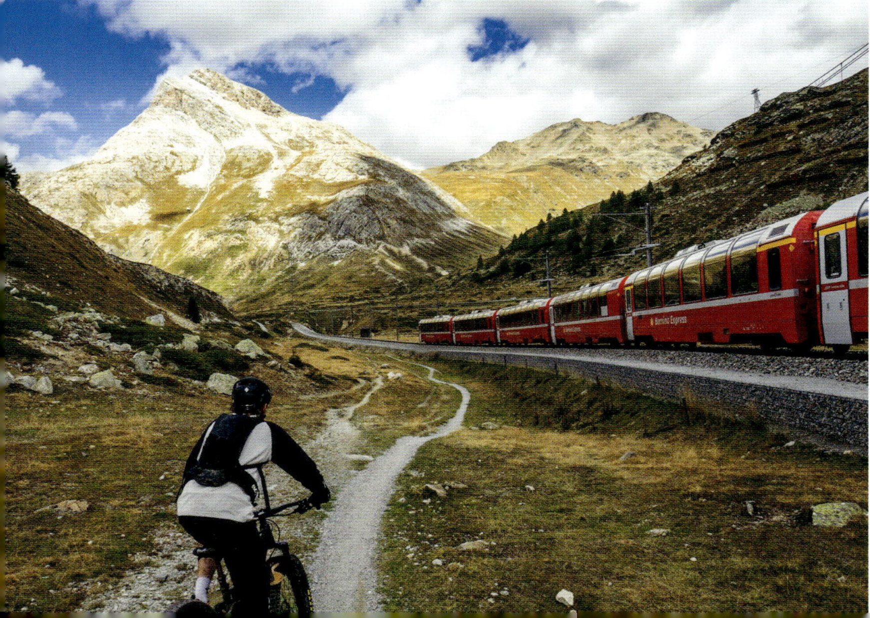

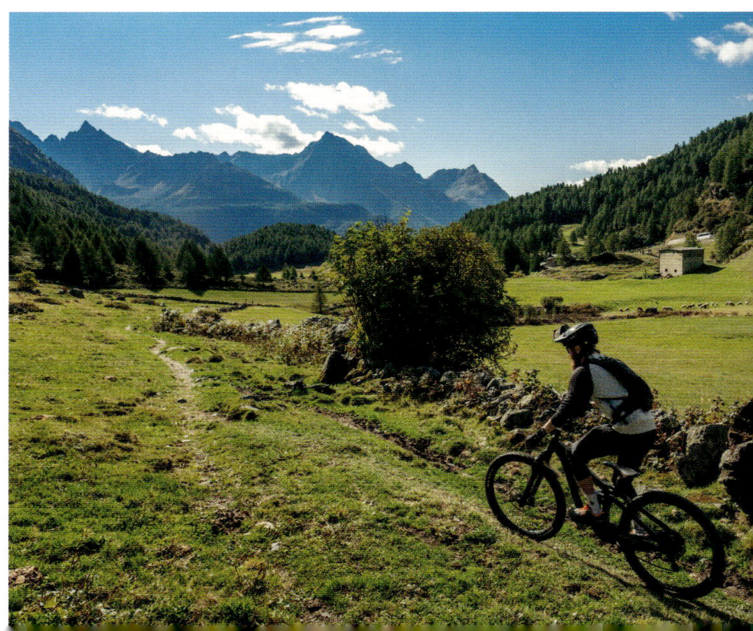

Die Zugfahrt am Morgen war schon ein Erlebnis, aber wie sich die Bernina-Bahn in langsamer Fahrt das Tal hinaufschraubt, ist atemberaubend. Immer wieder schiebt sich das eigene Zugende in den engen Kurven vor das Panorama mit dem Lago di Poschiavo. In den stockdunklen Tunneln hat man das Gefühl, der Zug drehe sich wie ein Korkenzieher in den Berg hinein. In den Spitzkehren der Alpgrüm müssen wir zweimal die Wagonseite wechseln, um den kleinen Lagh da Palü und den gleichnamigen Gletscher dahinter bestaunen zu können.

Auf dem Bahnsteig am Ospizio Bernina steigen wir wieder auf die Bikes. Die Fahrt ins Val Bernina verläuft oft direkt entlang der Bahnstrecke. Bei geringem Gefälle geht's auf guten Naturpfaden mit einer Menge Flow und viel Speed zur Sache. Die Bernina-Bahn ist dennoch einen Tick schneller und verschwindet bald vor dem markanten Piz Alv (2.975 m) in einer großen Kehre.

Wir verlassen die Hochebene und tauchen ein in den God Chapütschöl. In schwungvollen Kurven zieht ein gebauter Flowtrail durch den Bergwald. Vorbei am Camping Morteratsch, einem der schönsten Campingplätze der Ostschweiz, rollen wir zuletzt oberhalb des Bachbetts der Ova da Bernina durch lichten Wald. Der neobarocke Bau des Hotel Kronenhof und das Hotel Saratz lugen über die Wipfel und zeigen ein Stück vom Glanz unseres noblen Zielortes. Am Bahnhof angekommen, schaue ich sehnsüchtig dem Zug hinterher, der gerade Richtung Poschiavo abfährt. Aber es ist der Bernina-Express, der nimmt ja unsere Bikes nicht mit und für einen weiteren Downhill ist es heute auch schon zu spät.

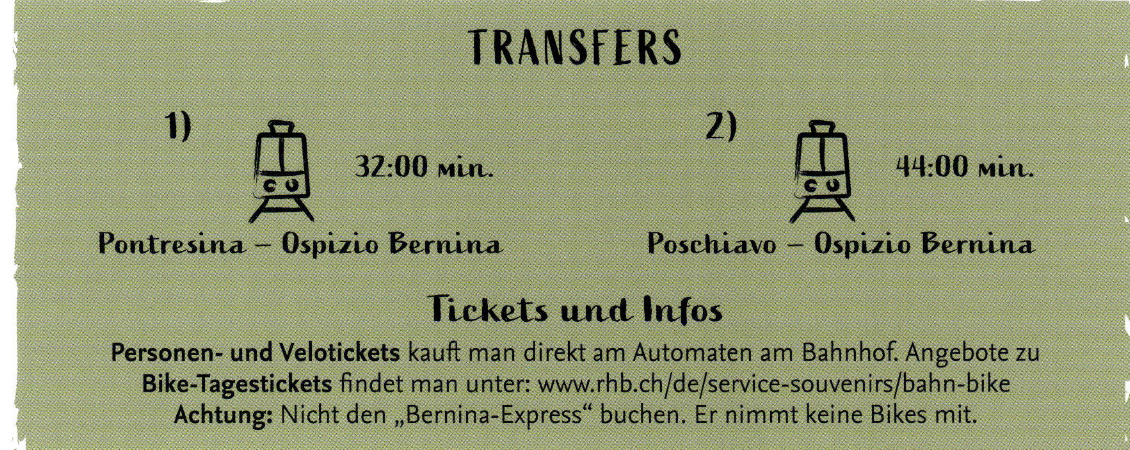

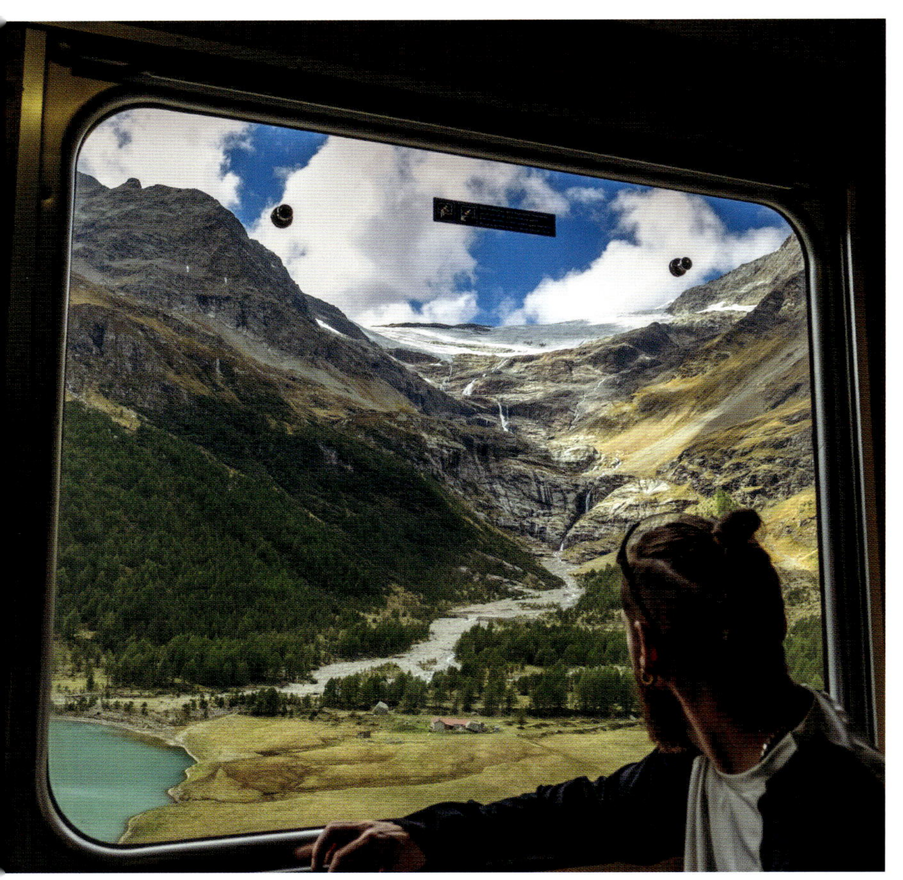

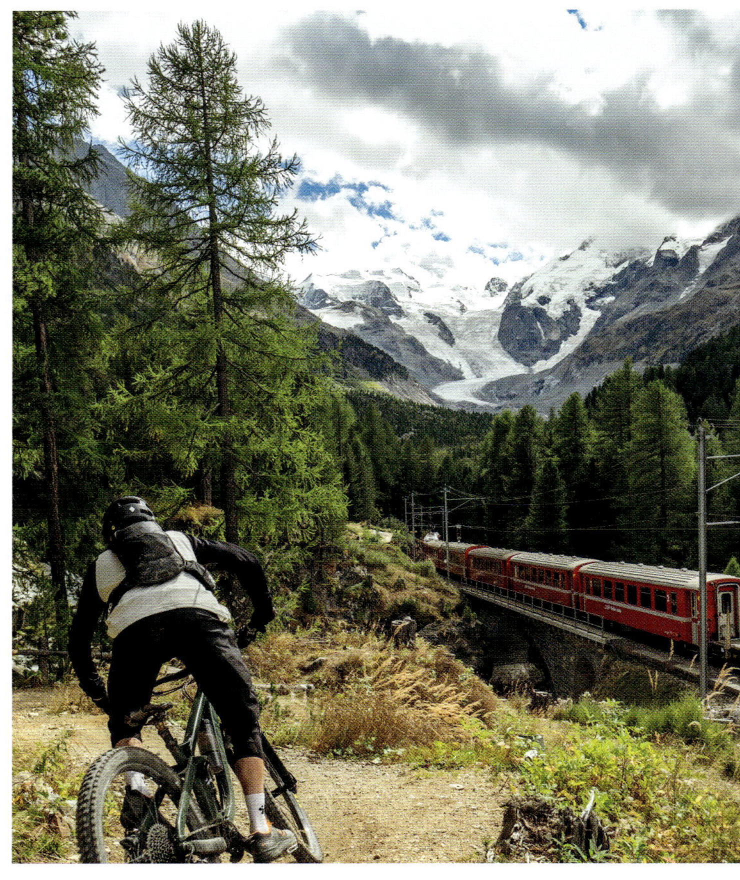

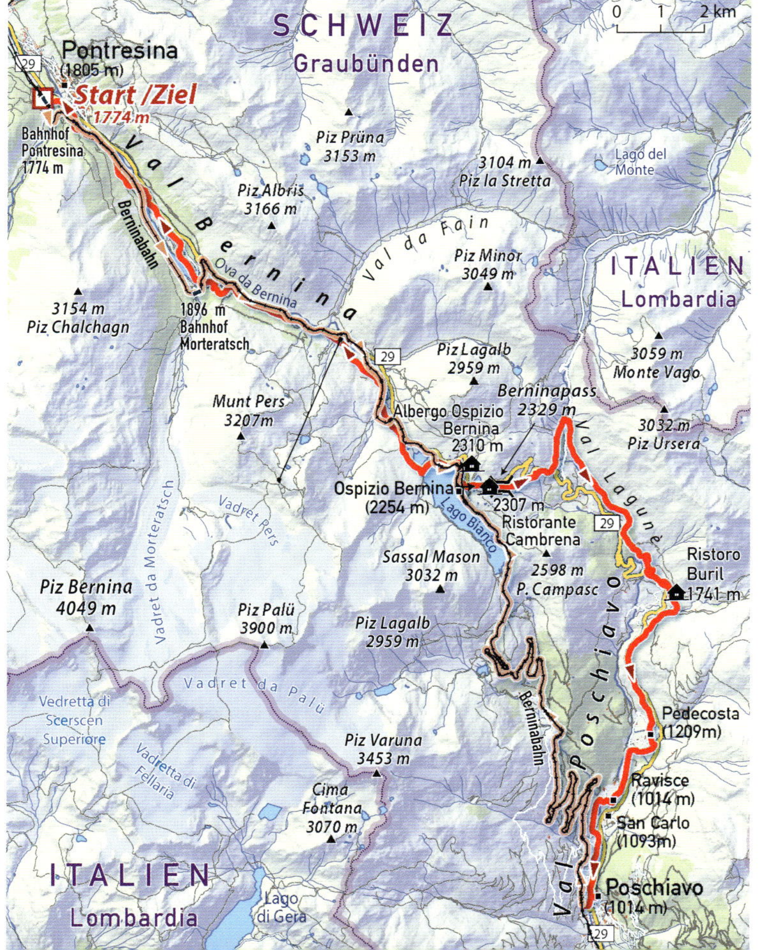

Die Panoramafahrt über den Berninapass ist die höchste Alpenüberquerung einer Eisenbahn ohne Scheiteltunnel. Die Bernina-Bahn gehört zum UNESCO-Weltkulturerbe.

INFOS ZUR TOUR

TOURCHARAKTER
Die sehr abwechslungsreiche Trailabfahrt vom Passo del Bernina (2.330 m) ins Puschlav ist meist mittelschwer mit einigen recht holprigen Passagen und zwei Gegenanstiegen. Eine sehr kurze Passage ist etwas ausgesetzt. Ab Pedecosta geht's dann sehr bequem die letzten Kilometer nach Poschiavo. Die Abfahrt auf der Nordseite zurück nach Pontresina auf Trails, Waldwegen und zuletzt auf Schotter ist durchweg einfach. Die Zugfahrten mit der Rhätischen Bahn sind genauso spannend wie die Biketour.

TOURSTART
Wir beginnen unsere Tour am Bahnhof Pontresina mit der Fahrt der Bernina-Bahn zum Ospizio Bernina.

EINKEHRTIPP
Hostaria del Borgo ausnahmsweise keine Hütte am Berg, sondern ein kleines Stadtrestaurant mit feinen Spezialitäten.
Via da Mezz, CH-7742 Poschiavo,
Tel. +41 81 8 44 00 79, www.hostariadelborgo.ch
Ristoro Buril ruhig gelegenes Berghaus am Beginn des Val di Campo,
Tel. +41 78 6 19 61 00, www.buril.ch

BIKE-VERLEIH
Fähndrich Sport
Via Maistra 169, CH-7504 Pontresina
Tel. +41 81 8 42 71 55, www.faehndrich-sport.ch

GEFÜHRTE TOUREN
Bike School Engadin Quadrellas 59,
CH-7503 Samedan, Tel. +41 76 4 71 47 53,
www.bikeschool-engadin.ch

BIKE-HOTELS
Hotel Palü Via da Bernina 17, CH-7504 Pontresina
Tel. +41 81 8 38 95 95, www.palue.ch
Sporthotel Pontresina Via Maistra 145,
CH-7504 Pontresina, Tel. +41 81 8 38 94 00,
www.sporthotel.ch

LANDKARTEN
Kompass-Karte WK 9
„Bernina, Valmalenco, Sondrio", inkl. offline-Verwendung in der Kompass-App, 1:50.000

BIKE-INFOS
www.pontresina.ch/aktivitaeten/
outdoor-bergsport/mountainbike
www.valposchiavo.ch/de/erleben/bewegen/bike
www.valposchiavo.ch/de/vivabike-trails

TOURIST-INFOS
Engadin St. Moritz Tourismus
Via Maistra 1, CH-7500 St. Moritz,
Tel. +41 81 8 30 00 01, www.engadin.ch
Pontresina Tourist Information
Via Maistra 133, CH-7504 Pontresina,
Tel. +41 81 8 38 83 00, www.pontresina.ch
Valposchiavo Turismo CH-7742 Poschiavo,
Tel. +41 81 839 00 60, www.valposchiavo.ch

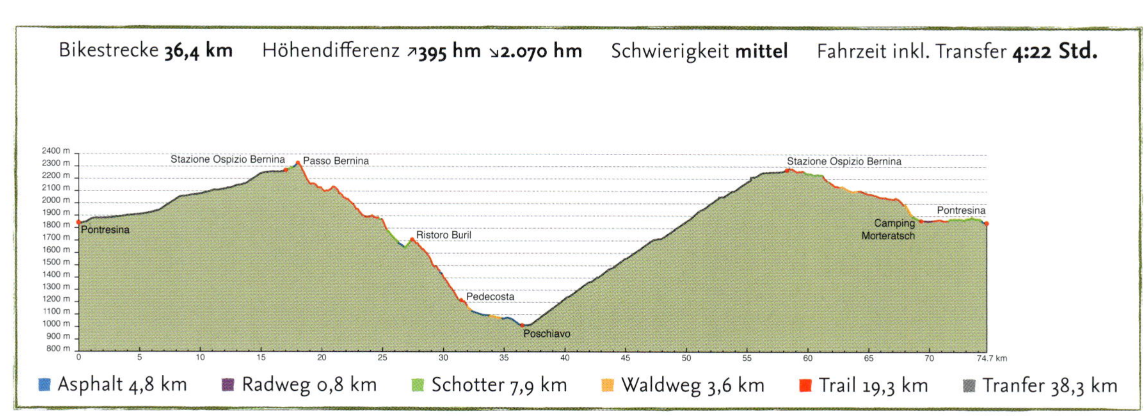

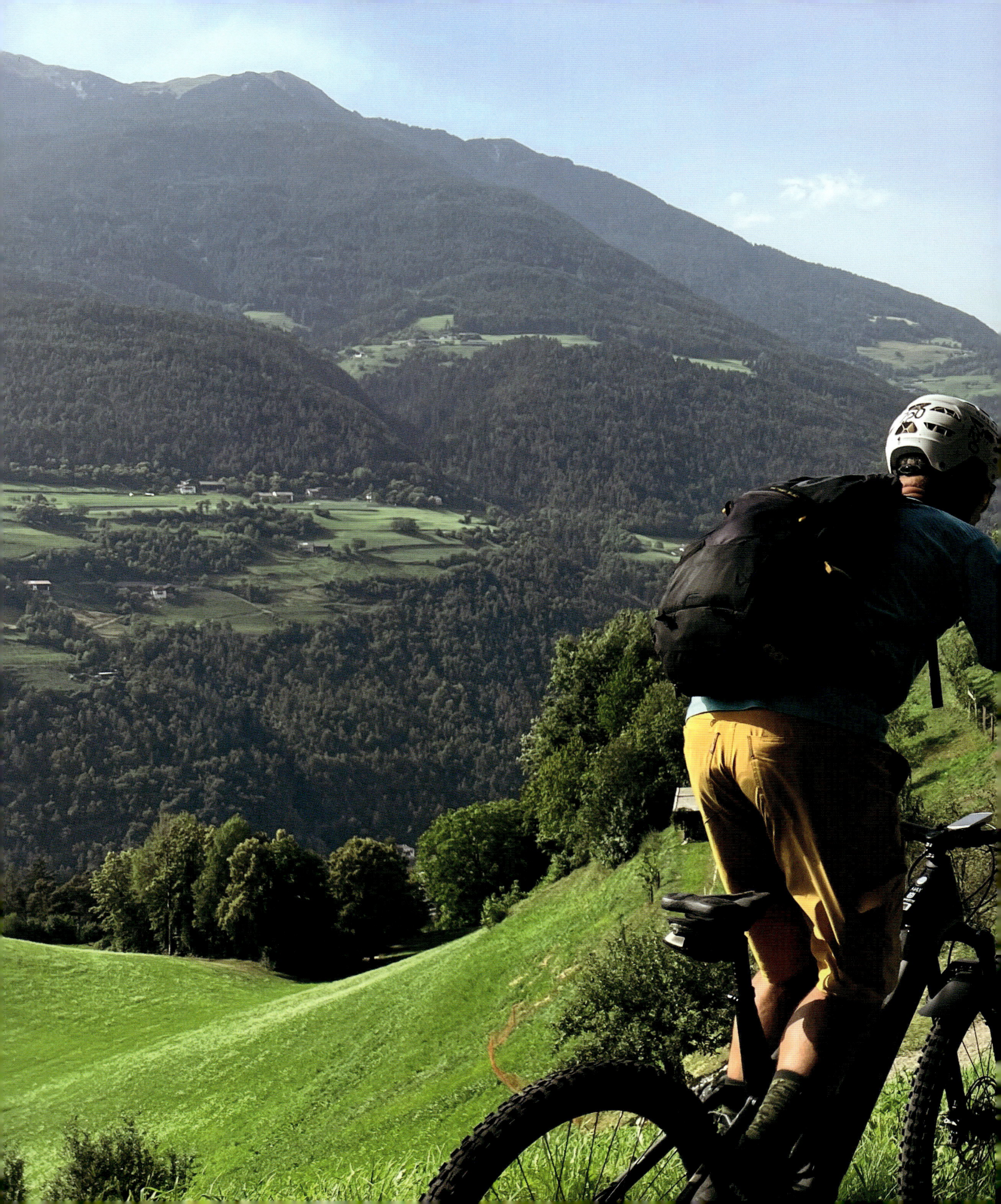

VILLNÖSS-RUNDE

BRIXEN

SÜDTIROL

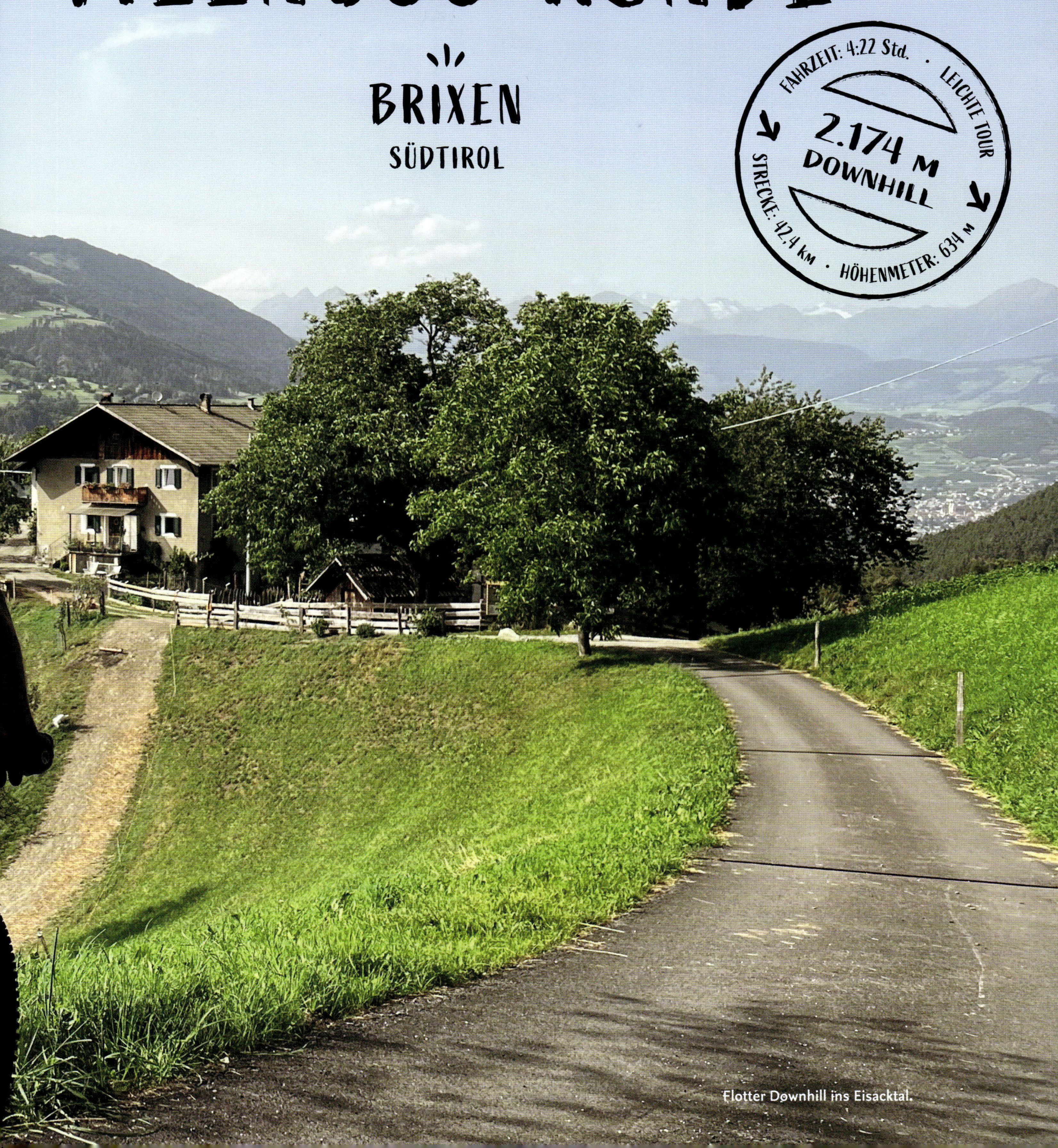

Flotter Downhill ins Eisacktal.

BRIXEN/SÜDTIROL

BIKESTRECKE: 42,4 km HÖHENDIFFERENZ: ↑634 hm ↓2.174 hm SCHWIERIGKEITSGRAD: leicht FAHRZEIT: 4:22 Std.

Die „Bleichen Berge“ als Kulisse

07

„Griaß eich, ich bin der Max Messner aus Villnöss. Und bevor ihr fragt: Ich bin nicht mit dem Reinhold verwandt – höchstens über 17 Ecken. Man kennt sich halt auf'm Dorf.“ Das war die ungewöhnliche Begrüßung unseres Bikeguides in Brixen. Danach laden wir erst mal unsere Bikes auf den Anhänger des Shuttlebusses. Von der Brixener Altstadt kurven wir rund 15 Minuten hinauf nach St. Andrä zur Talstation der Plosebahn, die uns schließlich hinauf bringt bis auf 2.050 m Höhe.

„Und? Starten wir mit einem Plose-Looping?“, fragt Max und deutet auf den überdimensionalen Plose-Schriftzug neben der Bergstation. Ähnlich wie bei einer Schiffschaukel kann man im Buchstaben O auf dem Fahrrad eine vertikale 360°-Drehung, also einen Looping drehen. Man braucht nur genügend Schwung. Eigentlich interessiert uns mehr die faszinierende Felskulisse, die durch den Schriftzug hindurch zu erkennen ist. Am Horizont bauen sich die bleichen Wände der Geislerspitzen auf.

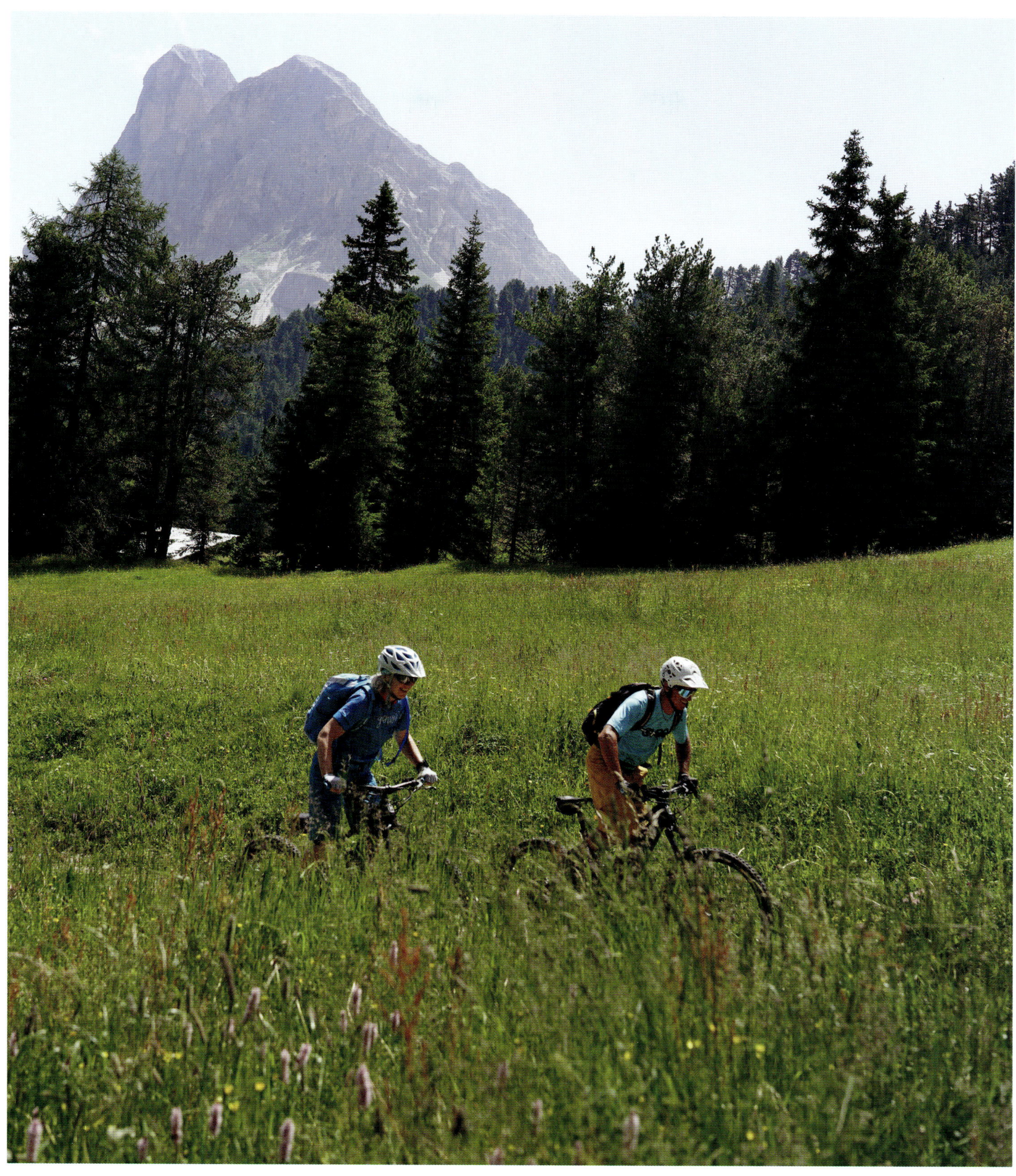

Der Peitlerkofel (2.875 m) schaut zu beim Uphill durch die Almwiesen.

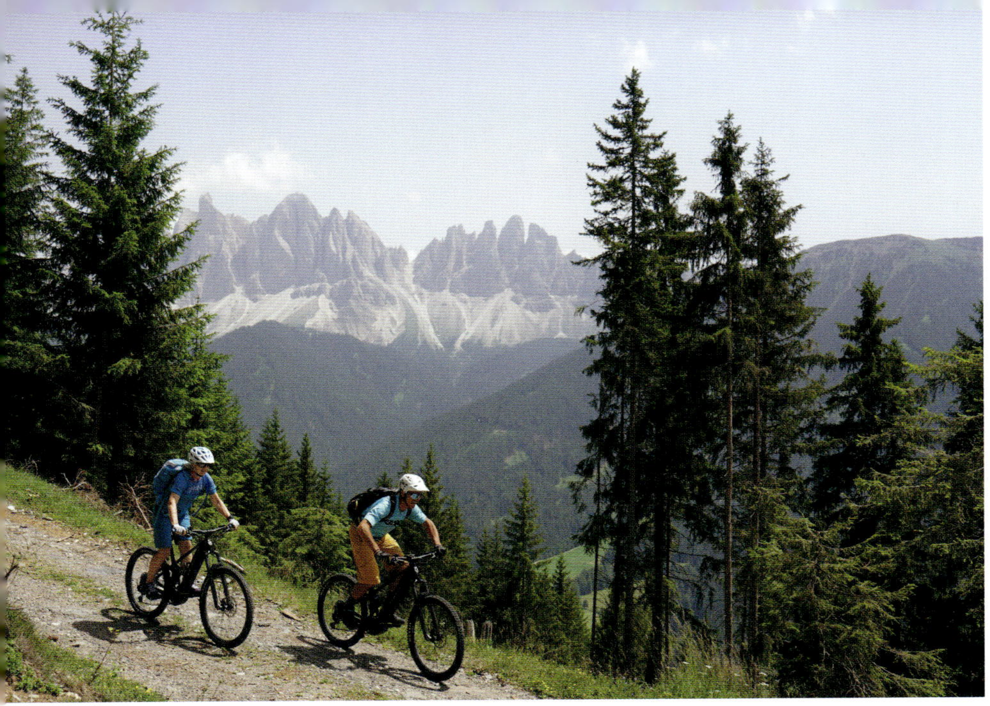

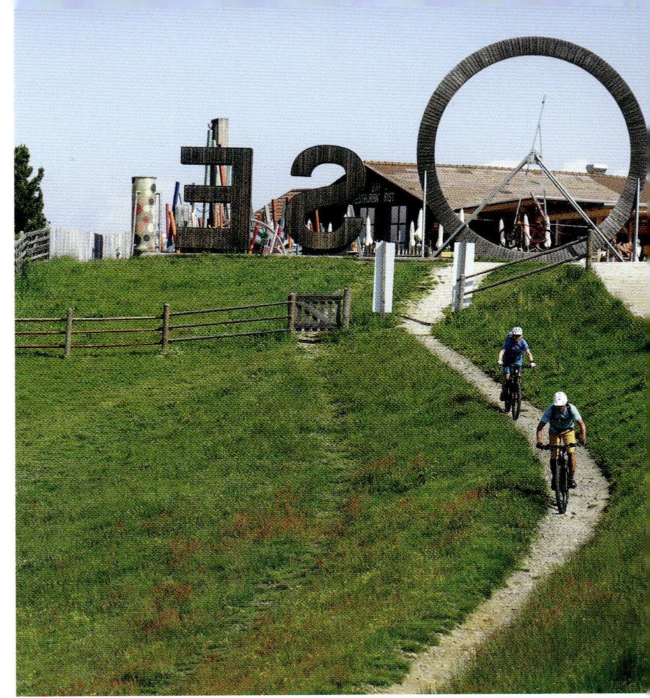

Auch bei der Abfahrt ins Villnösstal grüßen die markanten Geislerspitzen (oben).
An der Bergstation der Plose-Bahn biegen wir sofort in einen Trail ein (oben rechts).
Blick auf Teis: Dort unten warten ein Cappuccino und ein Gelato (rechts).
Alter Holzbau, aber gut in Schuss: ein Austragshäuserl bei St. Peter in Villnöss (unten).

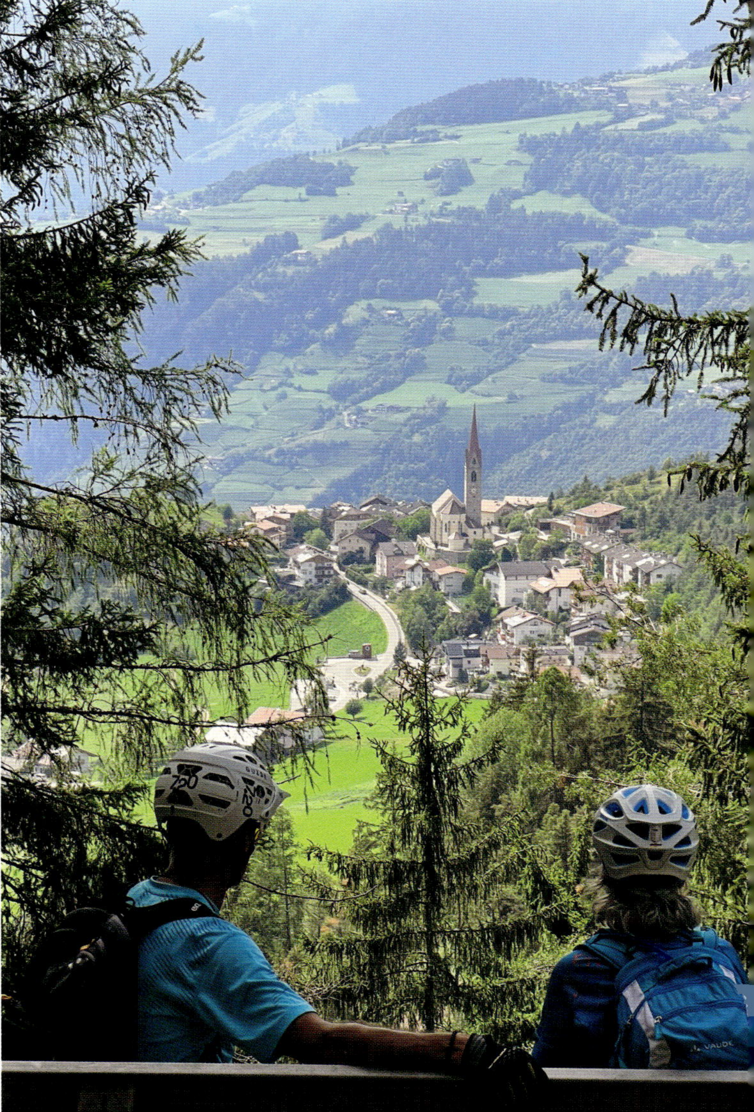

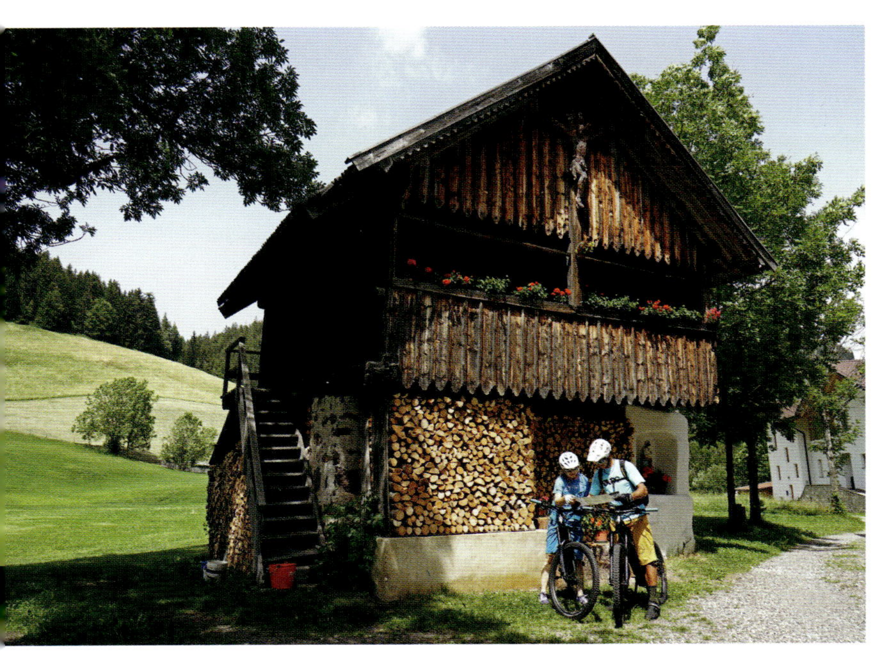

„Die Felszacken werden uns heute mehr oder weniger den ganzen Tag begleiten – mal in der Nähe, mal in der Ferne“, erläutert Max die Szenerie.

Unmittelbar hinter den PLOSE-Buchstaben rollen wir ohne Looping auf den ersten Trail am Berghang entlang. Und wundern uns, dass mitten auf den Almwiesen ein Gotteshaus steht in Gestalt der Bergkapelle Kreuztal. Kurz hinter dem Almgasthof Geisler hält Max plötzlich an. Auf einem Schild am Weg steht Jerry Line. „Es geht zwar durch steilen Bergwald, aber im Schnitt nur mit 7 % Gefälle und nur wenigen Steilkurven“, lächelt Max. „Aber allzu locker ist es auch nicht. Immerhin sind es mehr als vier Kilometer Trail bis runter nach Palmschoß.“ Unser Guide hat Recht. Leicht und flowig surfen wir hinunter bis zum kleinen Sessellift am Waldrand. Eigentlich sollte man den Trail gleich nochmals fahren, aber unser Zeitbudget ist zu knapp. Also kurbeln wir weiter auf einem Bergsträßchen Richtung Villnöss und Würzjoch. Als wir den Geislerspitzen am nächsten kommen, hält Max kurz an und deutet auf ein Holzschild: Günter Messner Steig. Der knifflige Bergpfad wurde nach Reinhold Messners Bruder benannt, der auf einer gemeinsamen Nanga-Parbat-Expedition tödlich verunglückte.

Brixen ist der erste große Bike-Spot südlich des Brenners. Kurvenfans finden an der Plose den Brixen Bikepark mit vier Lines. Auf Tourenfans warten grandiose Panoramarouten vor der Kulisse der Dolomiten.

Nach einer Waldpassage weitet sich der Horizont und präsentiert saftige Almwiesen begrenzt von Würzjoch und Peitlerkofel. Aber ganz so weit wollen wir nicht fahren und stoppen an Max’ Lieblingsrast, der Halslhütte (1.866 m). Es wird schnell klar, warum: Hier wird vorzüglich gekocht, z. B. Waldkräuter-Risotto mit Gamsfilet. Und zur Verdauung kredenzt der Wirt einen fruchtigen Zirbenlikör. Hier könnte man es eine Weile aushalten. Zum Glück geht es im Anschluss mit vollem Bauch erst mal bergab. Zuerst ein paar Kurven auf der Passstraße, dann biegen wir abrupt in den Wald ein. Kuhglockengebimmel begleitet uns noch ein paar Meter, bevor es wieder steil hinunter geht auf der Sonnenseite des fast kitschig-schönen Villnösstales, wo man krasse Bausünden vergeblich sucht. Wir passieren liebevoll herausgeputzte, zum Teil jahrhundertealte Bergbauernhöfe voller Blumenschmuck, biegen hier und da in kurze Wald- oder Wiesentrails ab, winken den Locals bei der Heuernte zu, machen Stopp an kleinen Kapellen mitten auf der Wiese. Genuss-Downhill – könnte man zu dieser Bike-Passage sagen.

Wir biken kurz durch St. Jakob (1.290 m) und St. Peter (1.140 m). Nicht zu vergessen den Petrunder Hof von Leo Messner – es gibt wohl mehr als 200 Messners im kleinen Bergtal – mit seinem urigen Hofladen bei St. Valentin, der fast aussieht wie aus dem Museum. Hier würden wir uns am liebsten den Rucksack vollpacken mit Bergkäse, Schüttelbrot, Holundersirup, Kaminwurzen und anderen selbst gemachten Leckereien. Leider ist im Bike-Rucksack kaum noch Platz für Einkäufe.

Noch eine rumpelige Waldpassage und wir kommen zum Dörfchen Teis (963 m), eine Art Pforte zum Villnösstal. Noch schnell einen Espresso im Gasthof Stern und weiter geht's wie im Landeanflug steil hinunter ins Eisacktal. Wir passieren einen Bio-Gänsebauernhof und die ersten Weingärten und Apfelplantagen. Die letzten Kilometer zurück nach Brixen werden zum erholsamen Workout auf dem Flussradweg am Eisack entlang. Nach einem Bummel durch Brixens attraktive Altstadtgassen lassen wir bei einem schönen Glas Lagrein die 42-Kilometer-Runde nochmals Revue passieren.

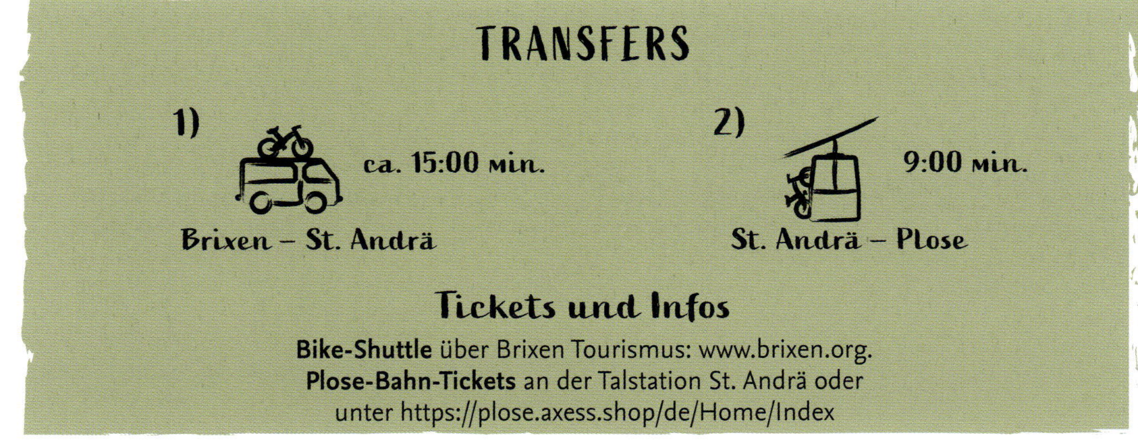

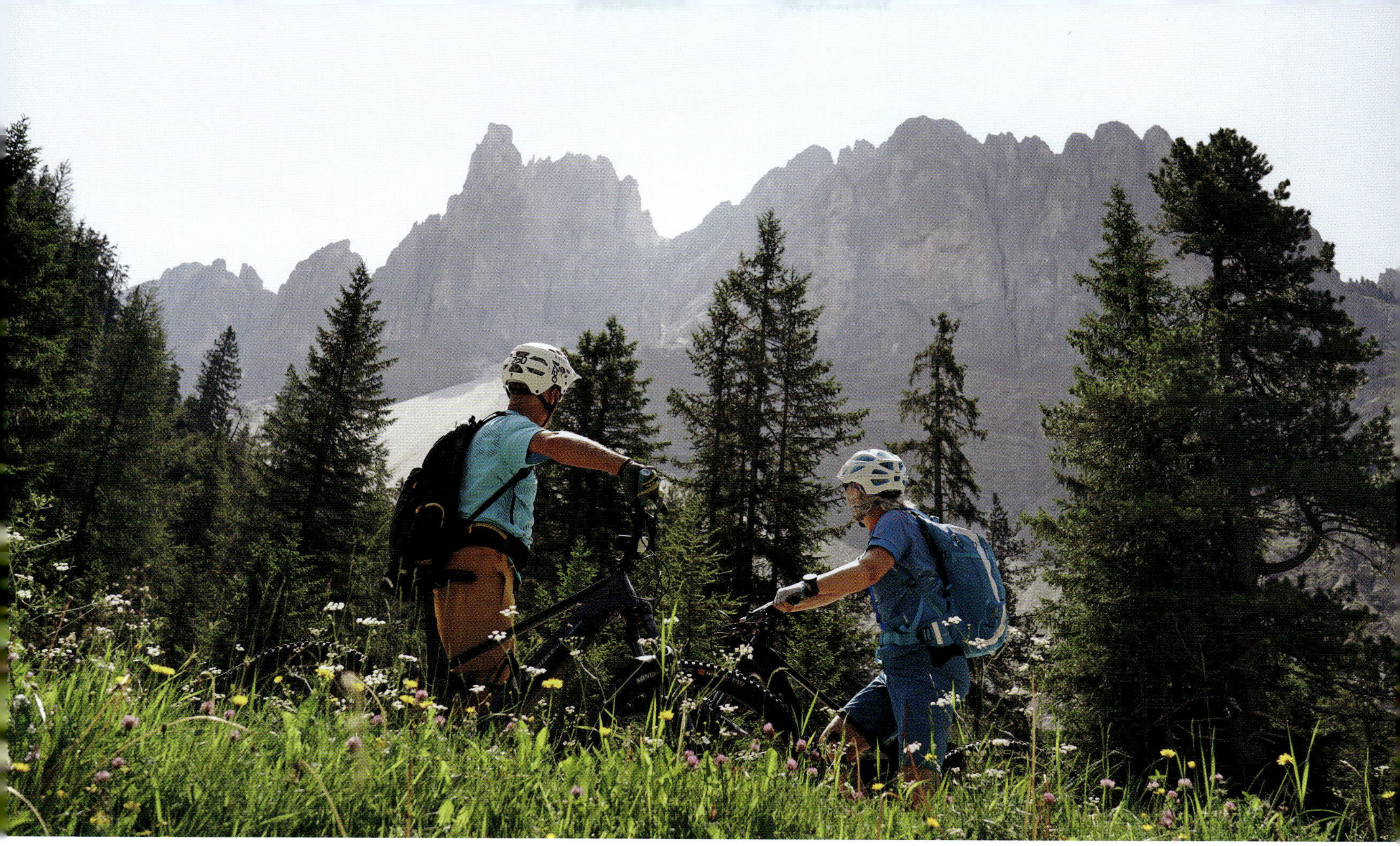

Blick in die Felsen: Die Geislerspitzen haben schon etwas Faszinierendes an sich (oben).
Zwischen Rosengarten und Weidegatter: Wiesentrail bei St. Peter (links).
Gotteshaus am Trail: Bergkapelle Kreuztal bei der Plose-Bergstation (unten).

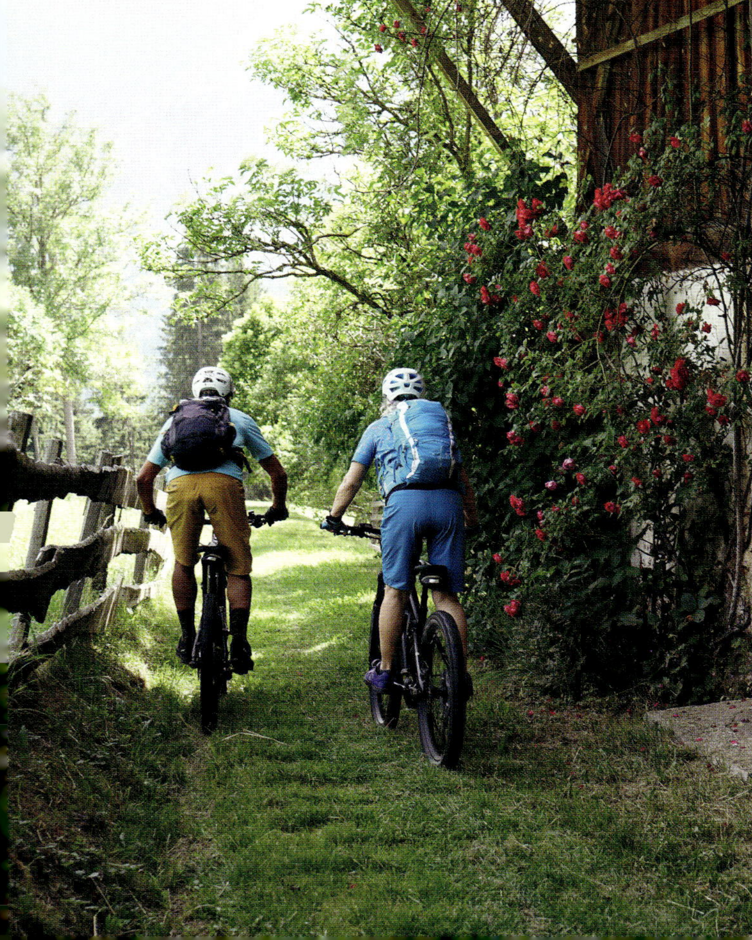

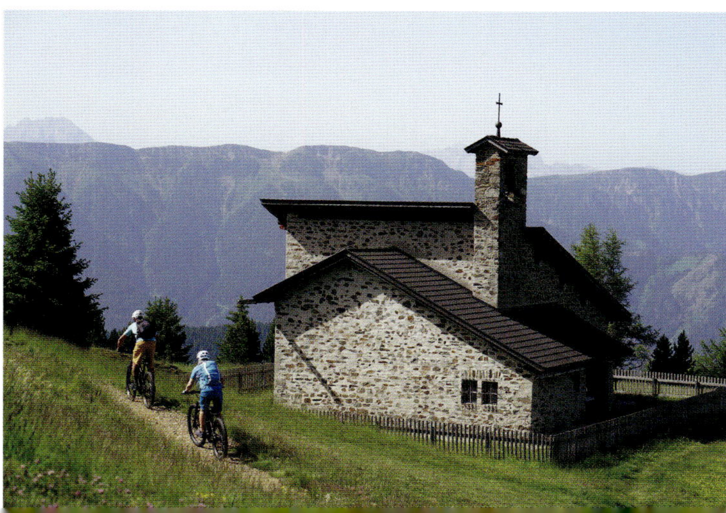

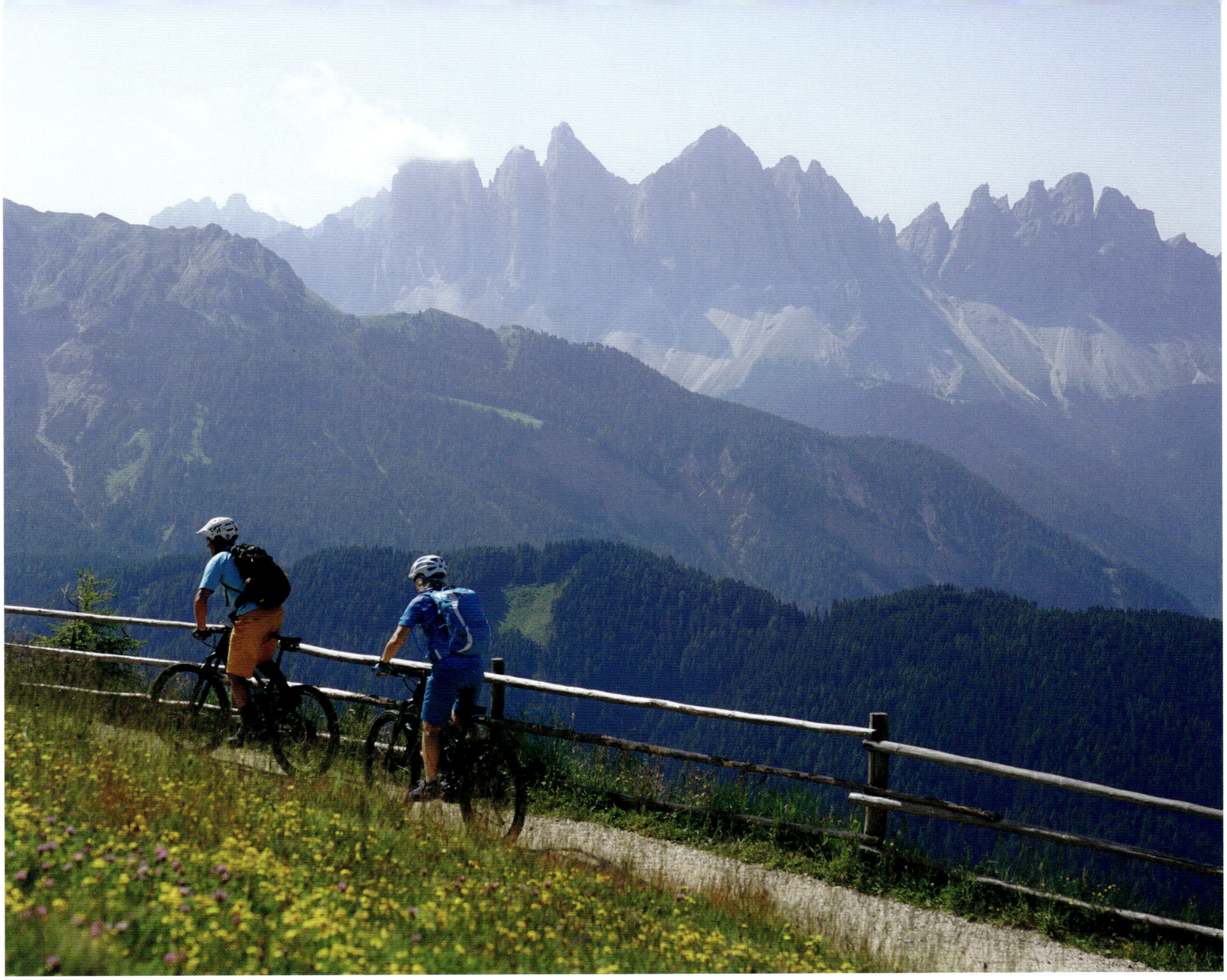

Felsen stehen Spalier. Die markanten Geislerspitzen bilden den reizvollen Hintergrund fast für die gesamte Tour.

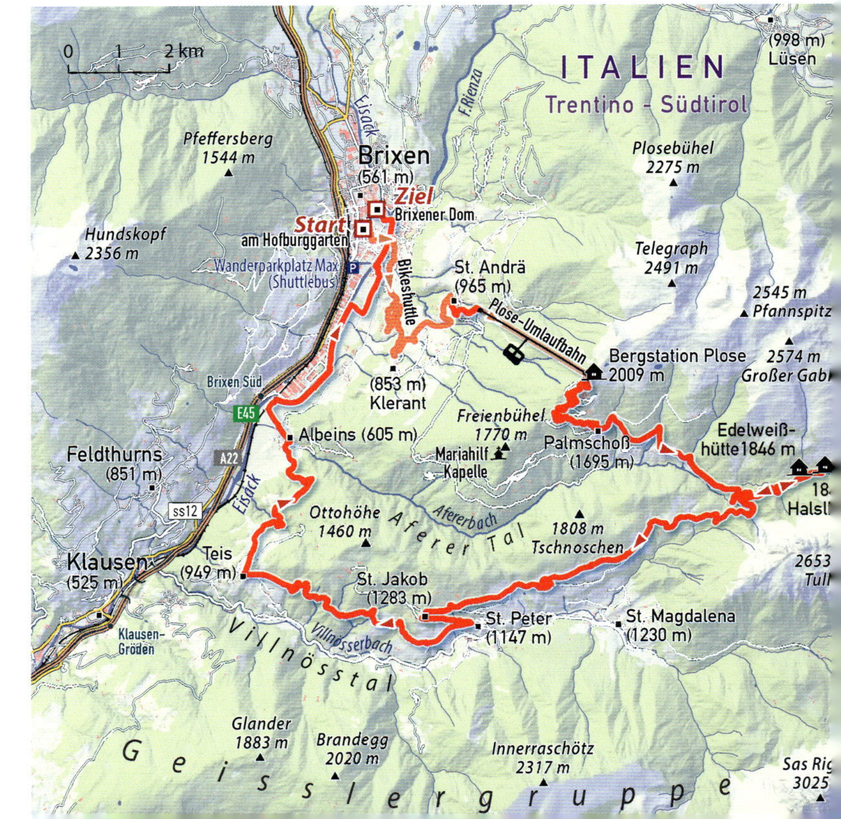

INFOS ZUR TOUR

TOURCHARAKTER

Es geht gleich ziemlich schwungvoll los an der Bergstation der Plose-Seilbahn mit dem 4,2 km langen Jerry-Line-Trail, der flowig mit nur wenigen Steilkurven Richtung Palmschoß hinunter führt. Aber alle Trails, Alm- und Waldwege sowie Passstraßen-Abschnitte lassen sich durchweg relativ problemlos befahren.

TOURSTART

Wir starten mit dem Bike-Shuttle in Brixen am Parkplatz Max – Sportzone Süd und fahren zur Talstation der Plose-Bahn in St. Andrä.

EINKEHRTIPP

Halslhütte (1.866 m) Berggasthof an der Passstraße zum Würzjoch mit exzellenter südtiroler Küche. www.halslhuette.it/de

BIKE-VERLEIH

Sportservice Erwin Stricker Mozartallee 2 am Bahnhof , I-39042 Brixen, Tel. +39 04 73 20 15 00, www.sportservice.bz/de
Infoshop Bergstation Plose-Seilbahn
Tel. +39 04 72 85 00 77, www.plose.org/sommer/service-partner/infoshop.html

GEFÜHRTE TOUREN

Plose Bike Guiding & Academy
St. Leonhard 98, I-39042 St. Andrä/Brixen,
Tel. +39 33 96 44 55 48, www.plosebike.com

BIKE-HOTELS

Hotel Krone
Stadelgasse 4, I-39042 Brixen,
Tel. +39 04 72 83 51 42, www.krone.bz/de
Hotel Jonathan Fürstnergasse 21, I-39040 Natz,
Tel. +39 04 72 41 50 66, www.hotel-jonathan.com
Der Gasserhof
Dorfstr. 31, I-39042 St. Andrä/Brixen,
Tel. +39 04 72 85 00 97, www.gasserhof.com

LANDKARTEN

Kompass-Karte WK 050
„Brixen und Umgebung", 1:25.000
Bike-Guide Tappeiner Verlag „Mountainbike Brixen und Umgebung – Die schönsten MTB-Trails rund um Brixen, Klausen, Villnöß, Gitschberg-Jochtal"

BIKE-INFOS

www.brixen.org/de/draussen-im-freien/biken-brixen
www.villnoess.com/de/aktivitaeten/radfahren-und-mountainbiken

TOURIST-INFOS

Brixen Tourismus
Regensburger Allee 9, I-39042 Brixen,
Tel. +39 04 72 27 52 52, www.brixen.org
Villnöss Tourismus
Peterweg 10, I-39040 Villnöss,
Tel. +39 04 72 84 01 80, www.villnoess.com

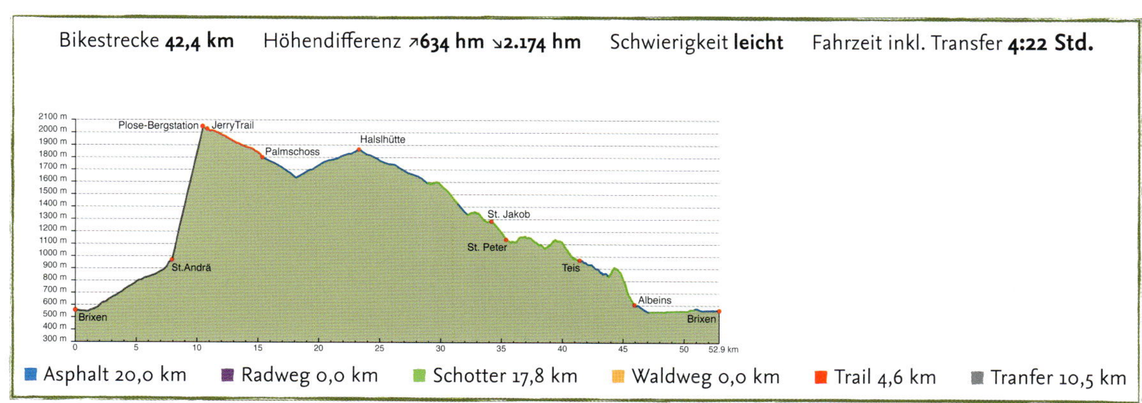

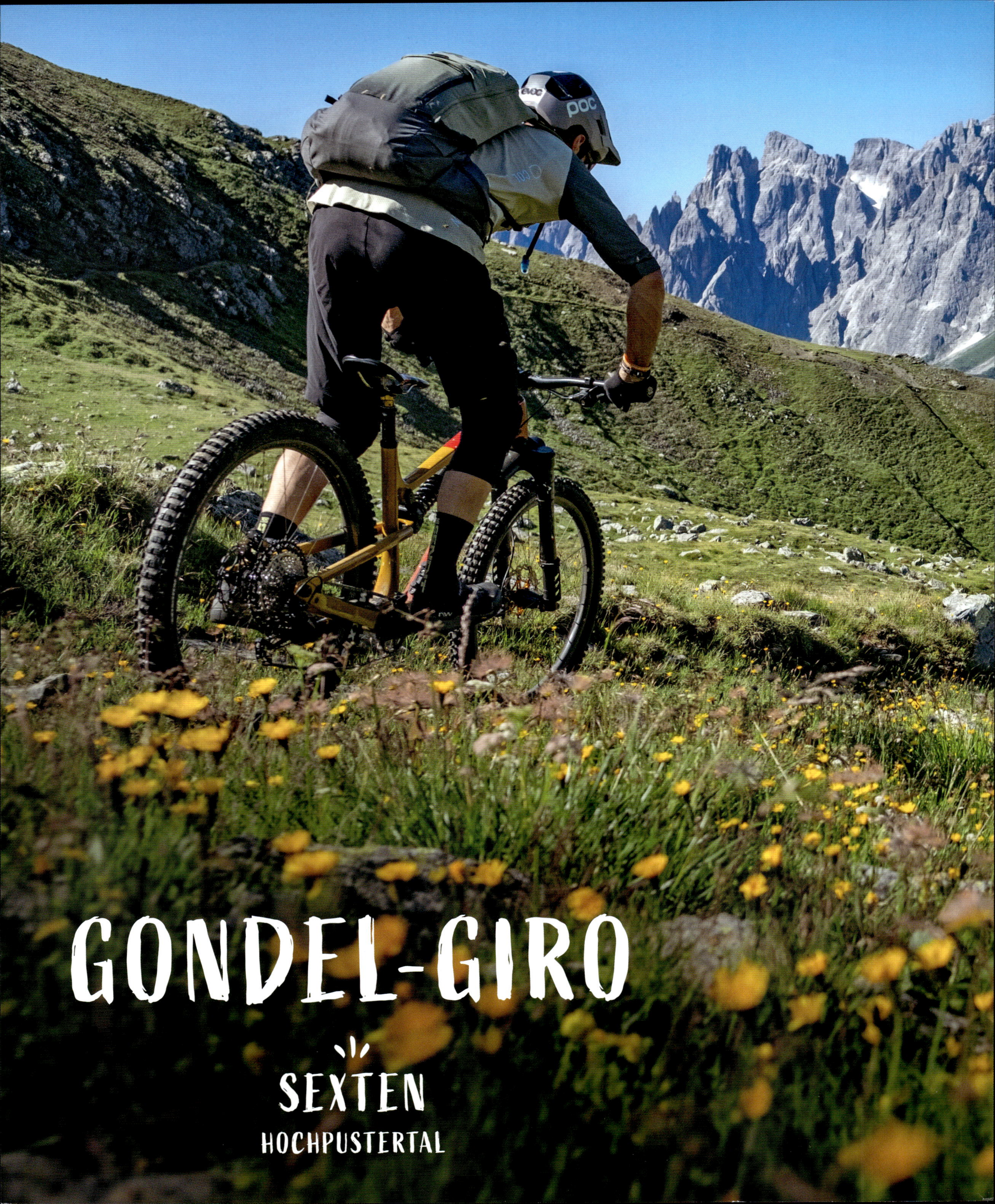

GONDEL-GIRO

SEXTEN
HOCHPUSTERTAL

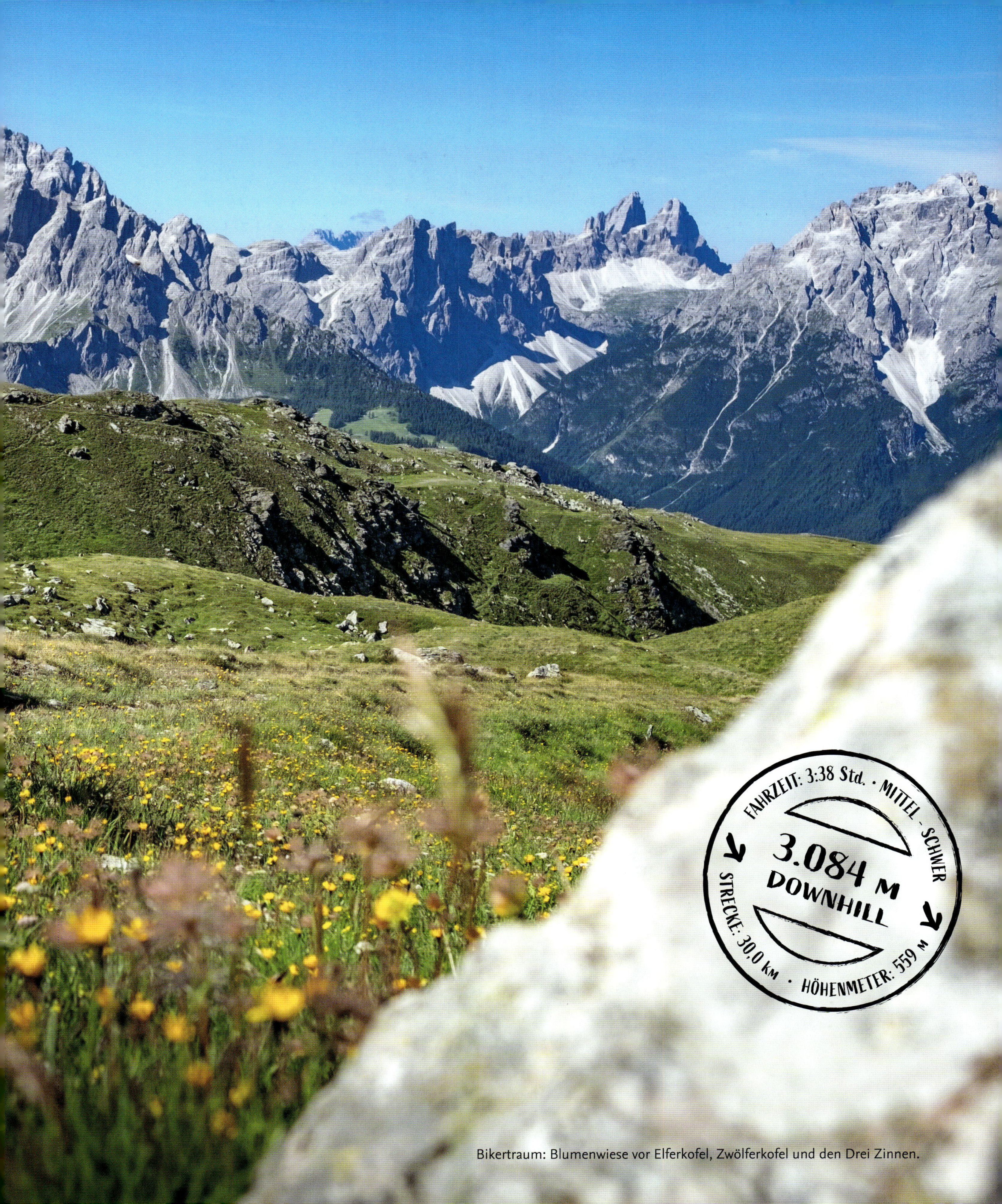

Bikertraum: Blumenwiese vor Elferkofel, Zwölferkofel und den Drei Zinnen.

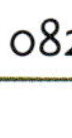

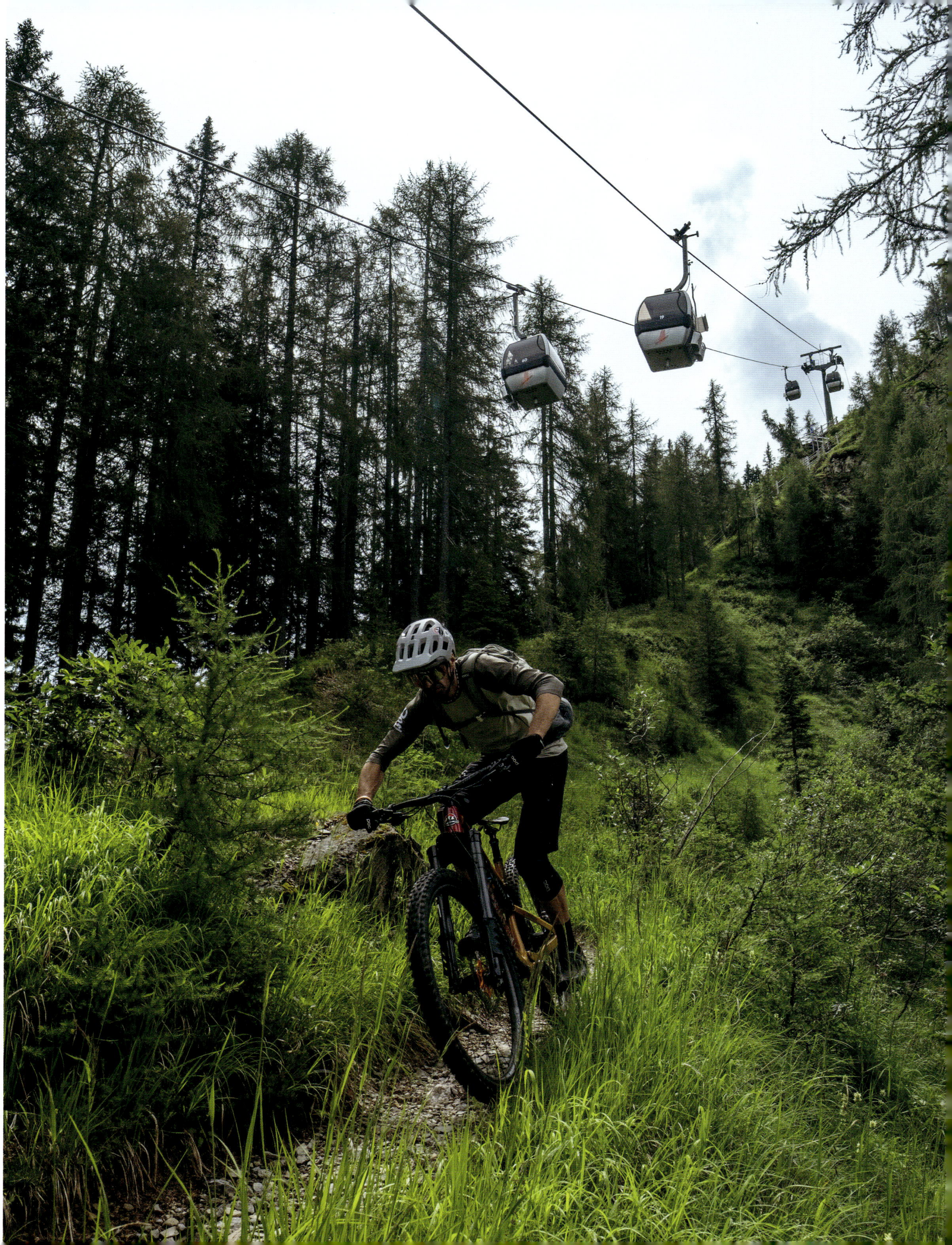

BIKESTRECKE: 30,0 km HÖHENDIFFERENZ: ↑559 hm ↓3.084 hm SCHWIERIGKEITSGRAD: mittel – schwer FAHRZEIT: 3:38 Std.

Auf ins Naturtrail-Paradies

08

„Nehmen wir wieder den Trail, den wir schon mal gemeinsam gefahren sind?“, frage ich Arno, nachdem wir gerade die Steigung zur Sillianer Hütte hinter uns gelassen haben. „Nein, diesmal fahren wir anders“, lächelt mir mein Guide zu und biegt auch schon auf eine Wiese ab. Mit viel Fantasie erkenne ich den Hauch eines Pfades im Gras. Nach einigen Metern bleibt Arno stehen und zeigt nach links: „An der Hangkante siehst du den Anfang des Monte Arnese Trails, den wir letztes Mal hinunter zur Klammbachalm gefahren sind. Heute fahren wir auf einem alten Jägersteig ins Klammbachtal, den wir vor ein paar Jahren entdeckt haben und mittlerweile in die Touren mit unseren Gästen einbauen.“ Auf meine Frage, ob es ihm nichts ausmacht, dass ich seinen „Geheimspot“ erwähne, meint Arno: „Der Weg ist nicht beschrieben, hat keinen Namen, hier kommt kaum jemand her. Nur ab und zu ein paar Wanderer und eben wir Biker. Wir sind froh, wenn er genutzt wird, sonst

Auf den Rotwandwiesen gerade aus der Gondel gestiegen und schon auf dem Trail.

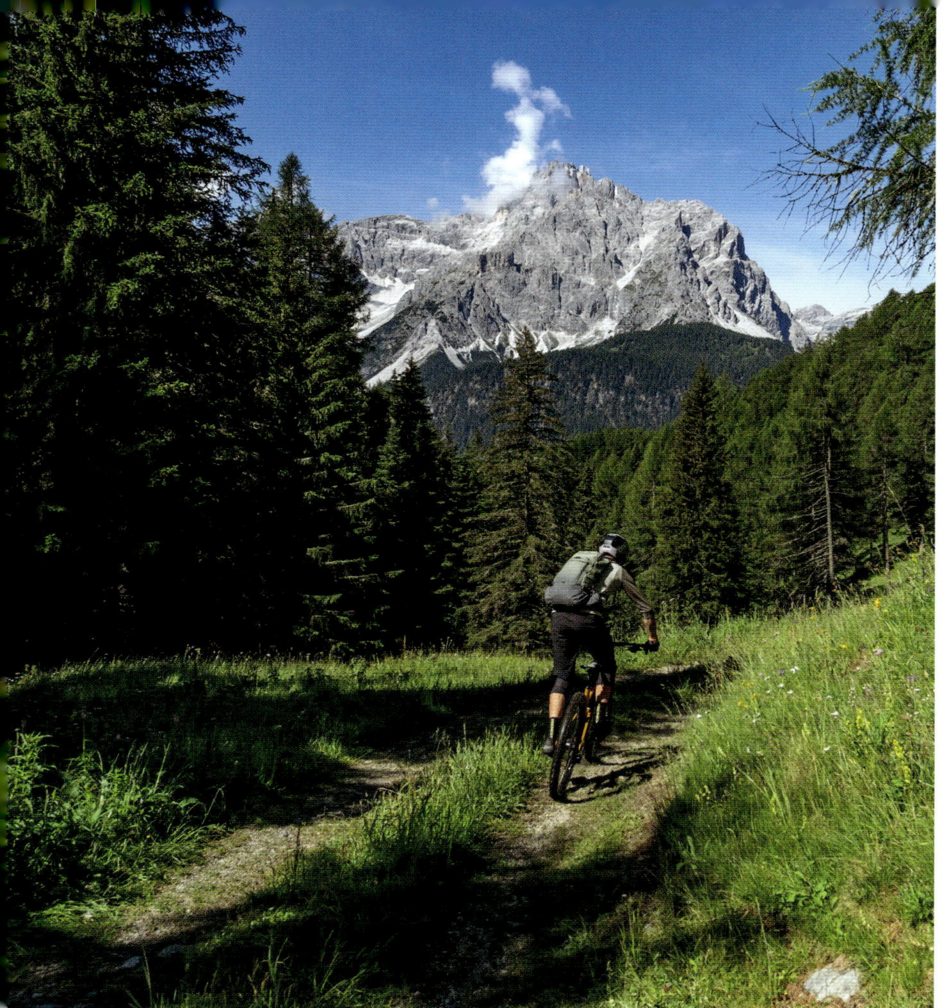

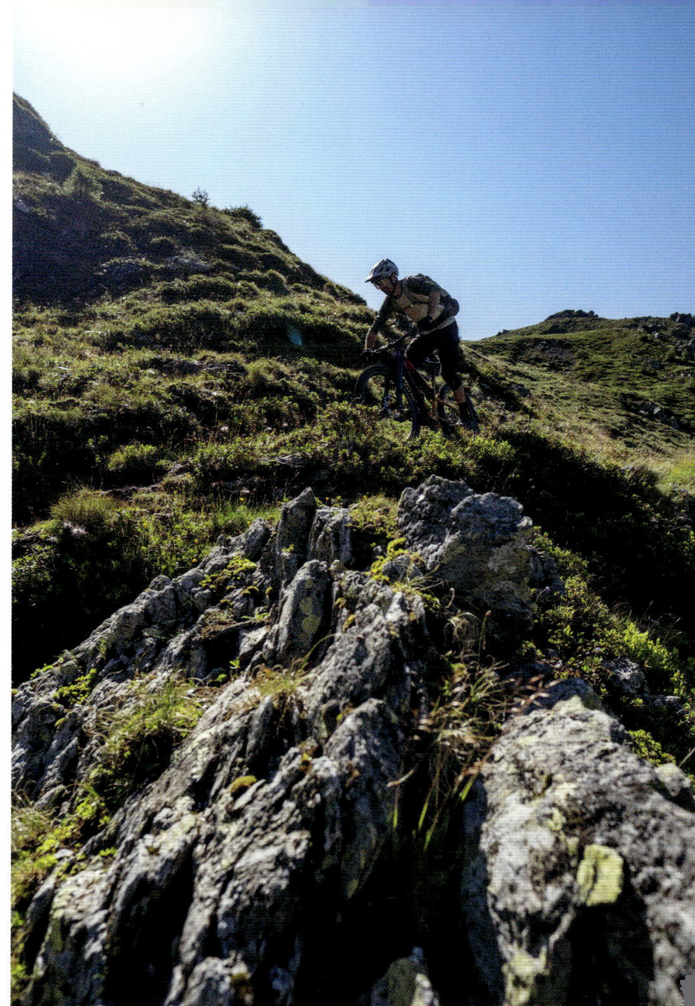

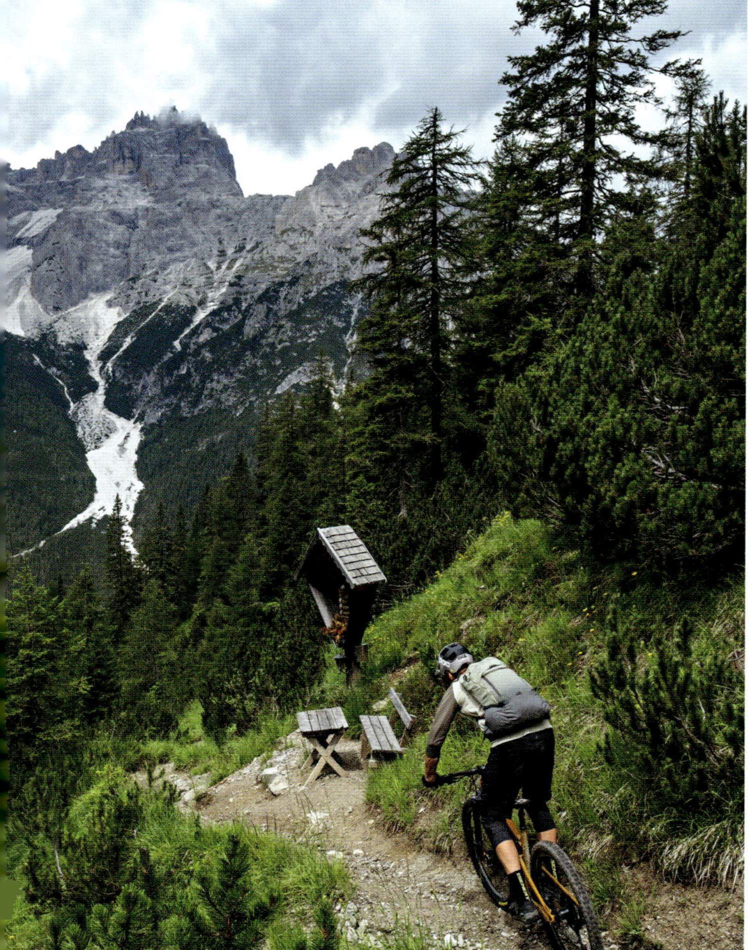

Kurze Erholung vom Trailbiken – Wiesenweg entlang des Kampenbachs (oben links).
Ein einsamer, schmaler Trail im Klammbachtal (oben rechts).
Abfahrt ins Fischleintal mit Blick auf die Dreischusterspitze (links).
Start zum Erla Trail am Stiergarten (unten).

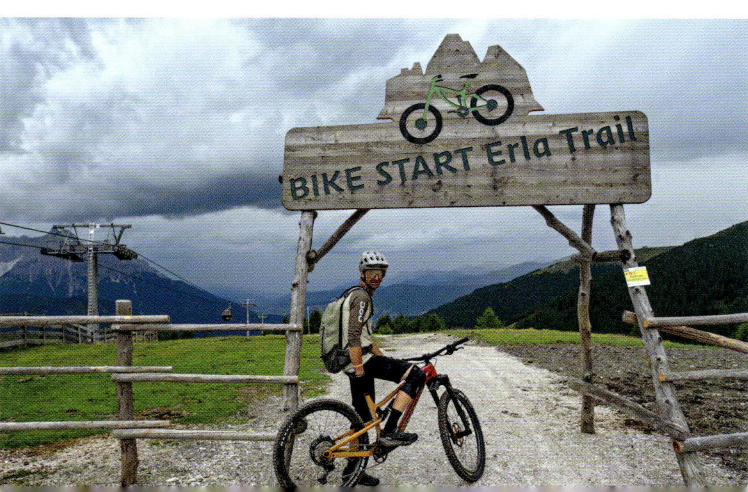

wächst der schmale Pfad schnell wieder zu.“ Wir bleiben noch einen Moment stehen, an dem Bergpanorama der Sextner Dolomiten mit den berühmten Drei Zinnen kann man sich einfach nicht sattse-

Zehner, Elfer, Zwölfer, Einser … in Sexten steht die größte steinerne Sonnenuhr der Welt. Wenn die Sonne über dem Zwölfer stand, war für die Römer die „sexta hora“, die sechste Stunde des Tages. Ein Hinweis auf den Namen Sexten.

hen. Der Jägersteig durch die steilen Bergwiesen ist nicht ganz einfach zu fahren, macht aber viel Laune. Nach einer kurzen Erholungspause auf Forstwegen erreichen wir den unteren Teil des Erla Trails, den wir später noch komplett fahren werden.

Der Ortsteil Moos liegt am Eingang des wildromantischen Fischleintals mit seinen bekannten Lärchenwiesen. Hier steigen wir in die zweite Gondelbahn des Tages, nachdem wir in der Früh bereits mit dem neuen Helmjet Richtung Sillianer Hütte aufgebrochen waren. Die Umlaufbahn Rotwand bringt uns auf die Rotwandwiesen. Über ihnen thront die Sextner Rotwand, der „Zehner“ der bekannten Sextner Sonnenuhr, an der die Bewohner früher die Zeit ausmachten. Direkt unterhalb der Seilbahn geht’s durch einige Spitzkehren den steilen Hang hinunter ins Fischleintal. Der schöne Naturpfad erfordert gutes Fahrkönnen, da er an manchen Stellen recht ausgetreten ist. Hinter dem Tal präsentiert sich mächtig die Dreischusterspitze. Obwohl mit 3.145 Metern der höchste Berg der Sextner Dolomiten, steht er im Schatten der weitaus bekannteren Drei Zinnen.

Wieder in Moos gelandet, steigen wir noch einmal in die Bahn zu den Rotwandwiesen. Oben angekommen, fahren wir diesmal auf einen Trail, der im Ersten Weltkrieg von österreichischen Standschützen gebaut wurde, um Nachschub an die Dolomitenfront zu transportieren. Der „Standschützen Trail“ führt durch den Porzwald direkt ins Sextner Tal. Der alte Weg wurde

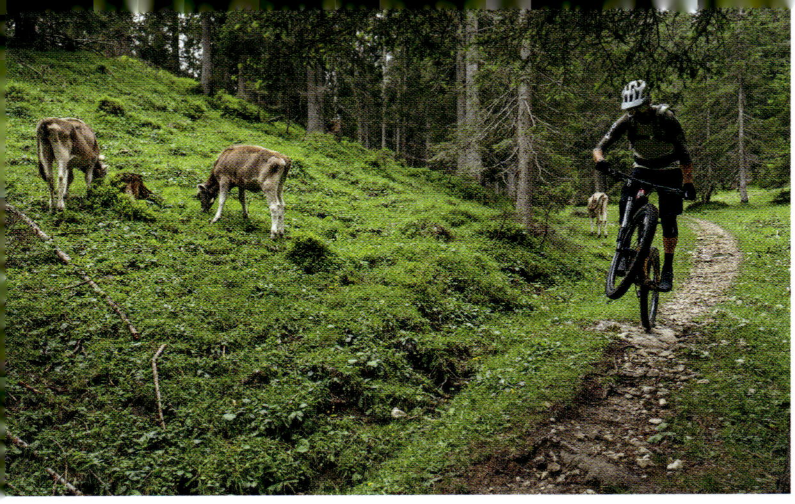

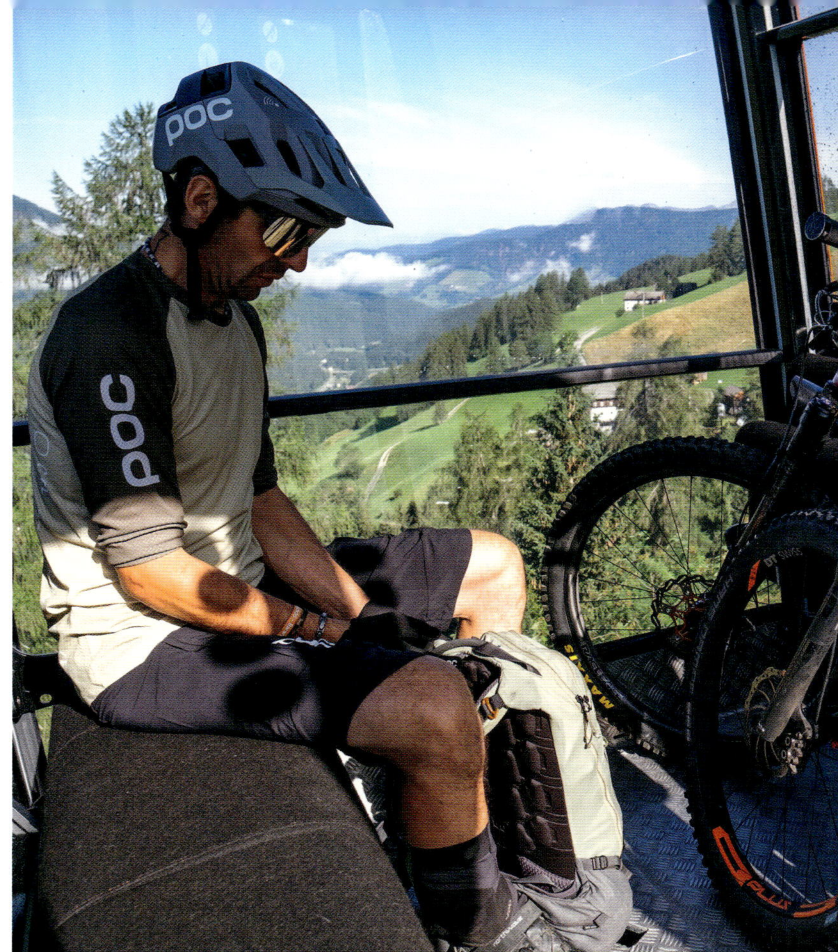

Standschützen Trail in den Porzenwäldern (oben).
Flotte Bergfahrt im neuen Helmjet (rechts).
Auf den letzten, anstrengenden Höhenmetern zur Sillianer Hütte (unten).

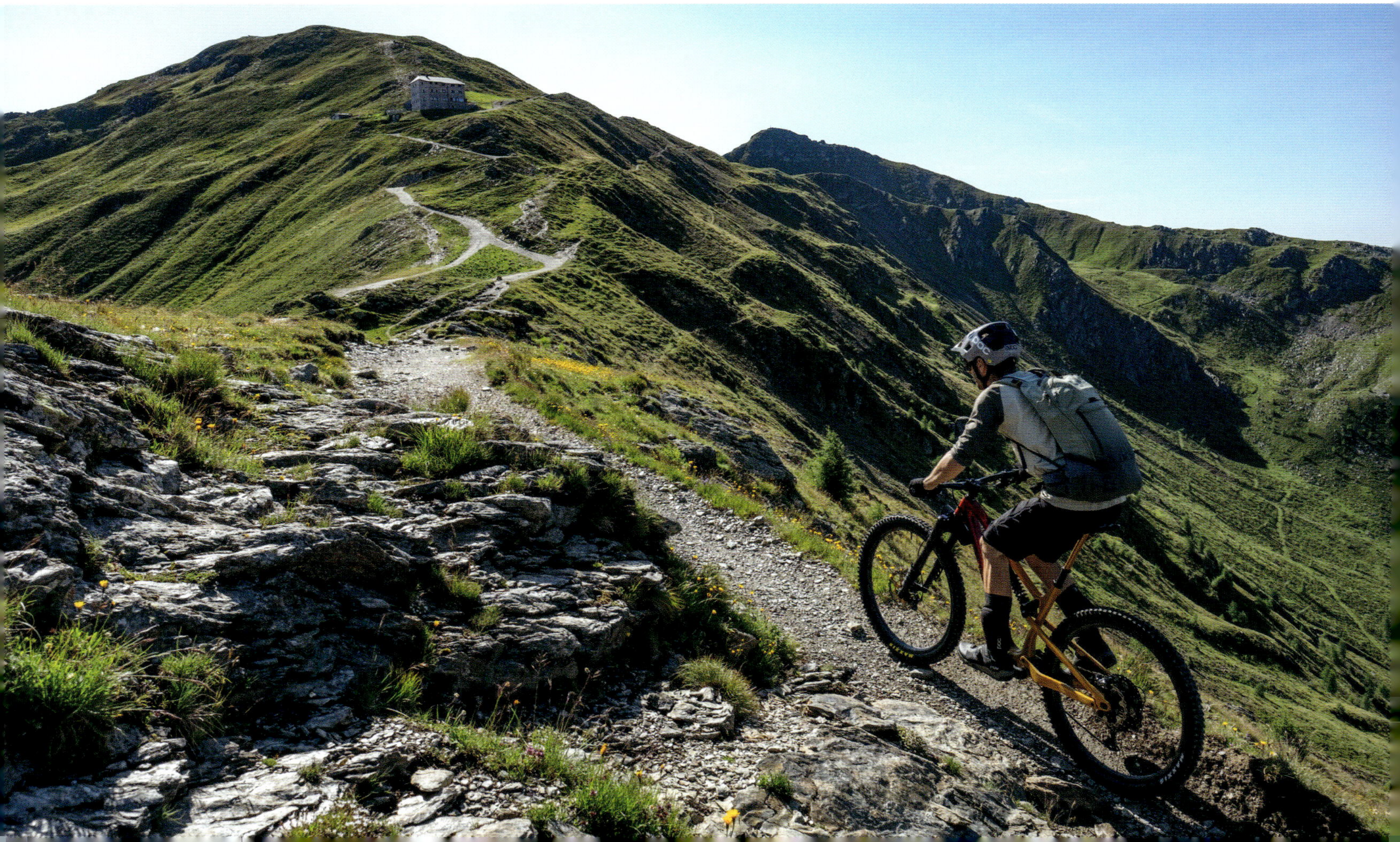

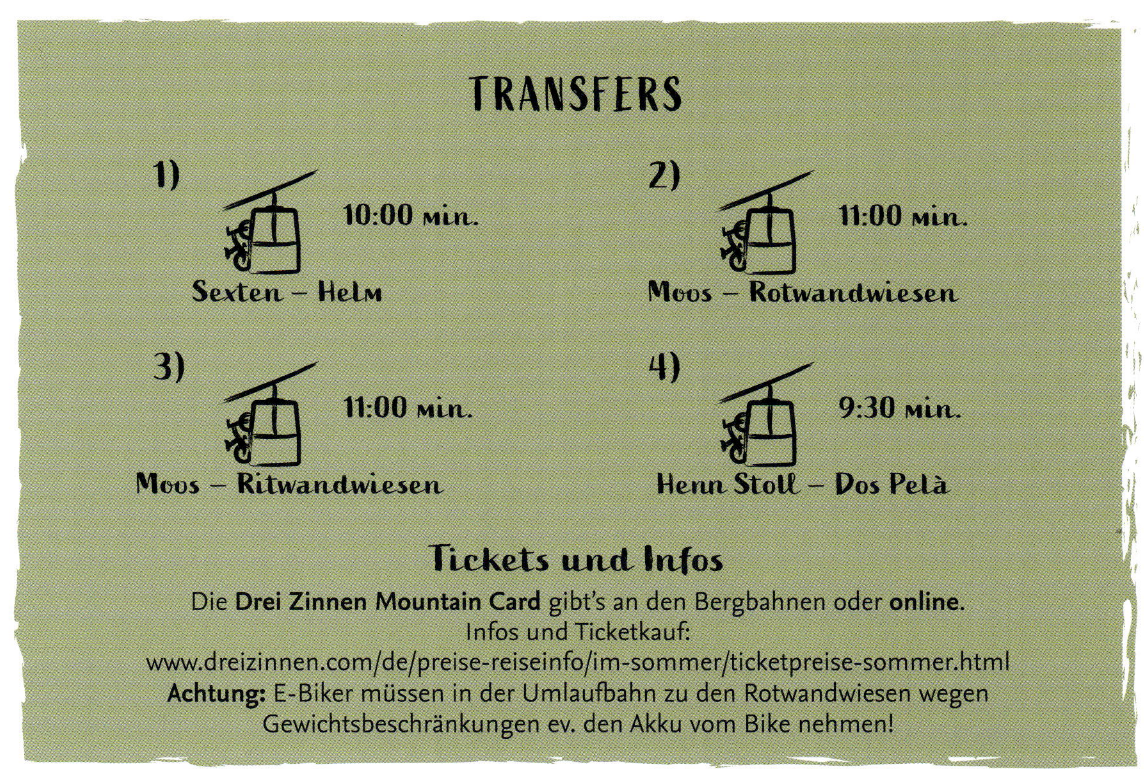

extra für Biker naturnah erneuert und lässt sich flott und flüssig fahren.

Wir erreichen den Hennstoll auf der anderen Talseite. Auch wenn der Name es suggeriert: Wie im Hühnerstall geht es in der rustikalen Holzhütte – zumindest in der Sommersaison – nicht zu. Immerhin: Hähnchen werden auf der ansprechenden Speisekarte angeboten. Mit der Kabinenbahn Drei Zinnen unternehmen wir die letzte Gondelfahrt rauf zum Stiergarten. Auf der Hochalm wartet mit der letzten Abfahrt noch das fahrtechnische Sahnehäubchen unseres Giro: mit viel planerischer Sorgfalt wurde der Erla Trail auf alten, aufgelassenen Bergwegen gebaut. Auf weichem Waldboden mit gelegentlichen Anliegerkurven schlängelt sich der feine Trail 670 Höhenmeter bergab. Trotz einiger breiter Holzelemente, die sumpfiges oder unpassierbares Gelände überbrücken, fordern Wurzeln und Steine unser fahrerisches Können.

Je nach Wetterlage, Zeit oder Kondition kann die spannende Tour jederzeit abgekürzt oder verlängert werden. Und auch noch nicht ganz so versierte Enduro-Biker werden ihre wahre Freude an ihr haben.

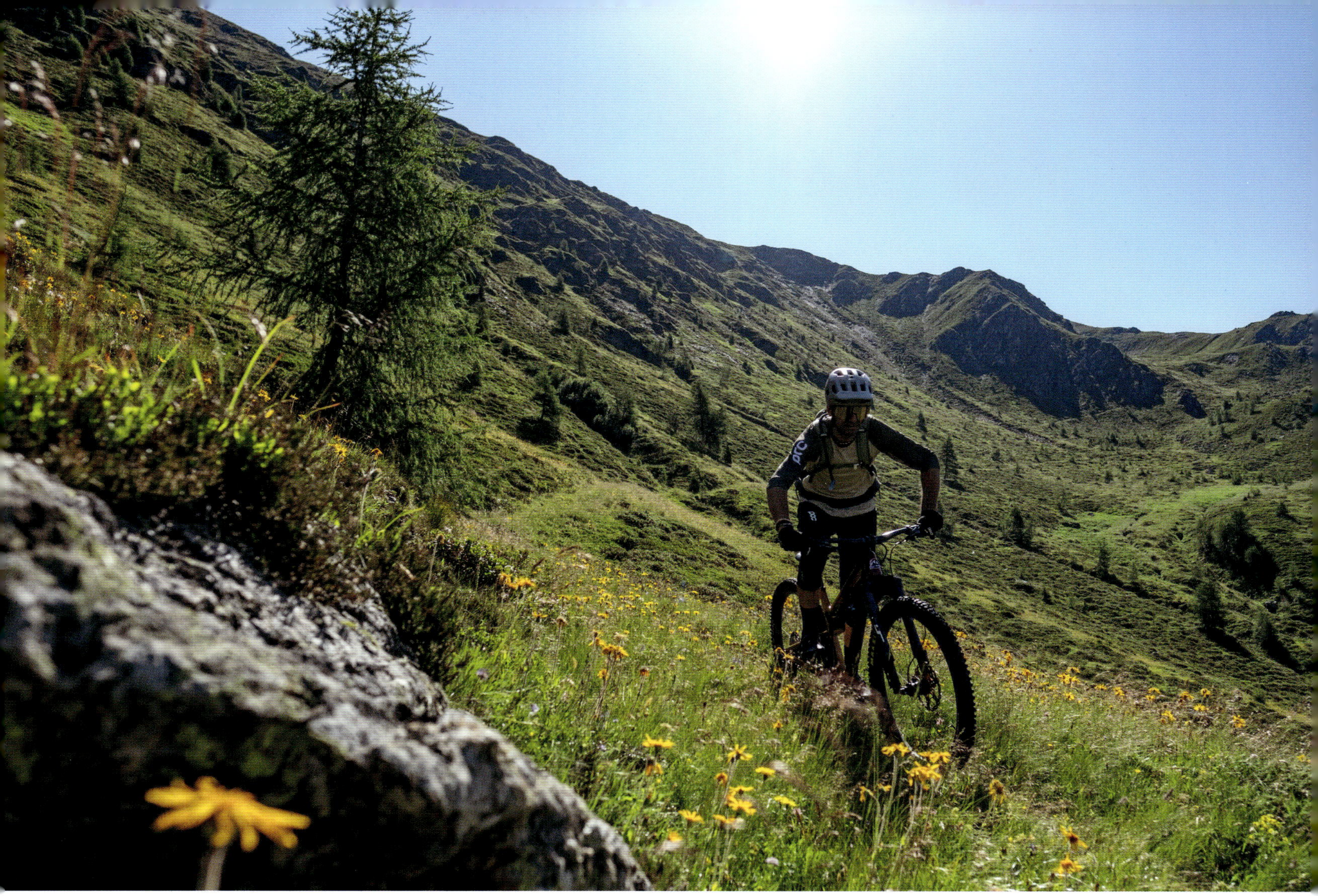

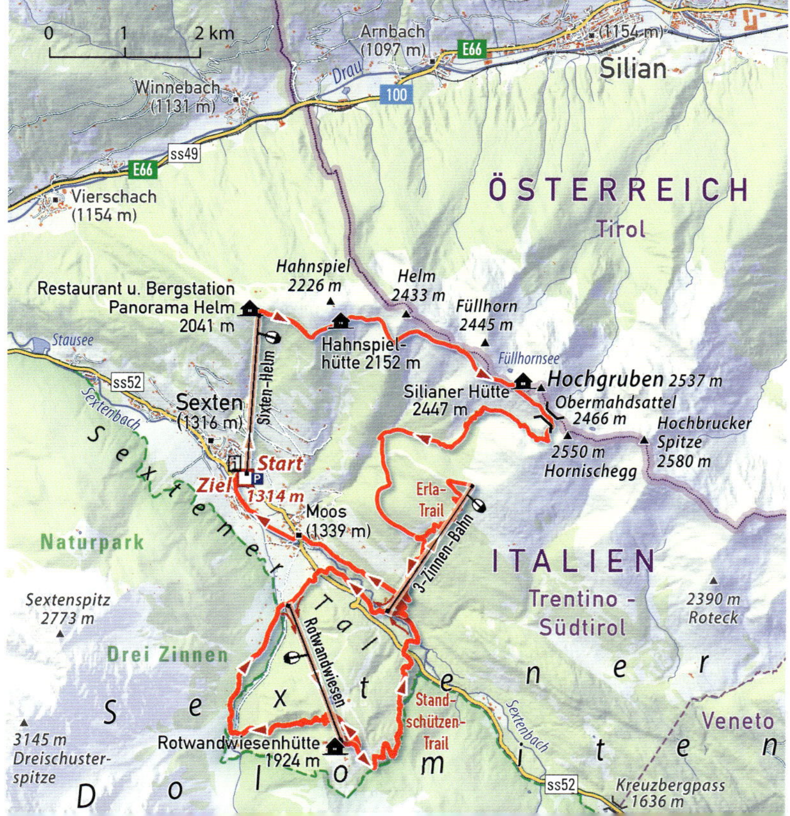

Um Sexten herum findet man viele Naturtrails, so wie den alten Jägersteig durchs verwunschene Klammbachtal.

INFOS ZUR TOUR

TOURCHARAKTER

Nach der ersten Gondelfahrt müssen wir knapp 500 Höhenmeter bewältigen. Kurz vor der Sillianer Hütte geht's sehr steil hoch. Die restliche Tour führt auf meist schmalen, mittelschweren, in einigen Passagen auch schweren Naturtrails bergab. Eine Panoramafahrt mit 4 Gondeleinlagen und Traumblicken in die Sextener Dolomiten.

TOURSTART

Wir starten an der Talstation der neuen Helmseilbahn in Sexten.

EINKEHRTIPP

Hahnspielhütte (2.200 m)
www.hahnspielhuette.com
Sillianer Hütte (2.447 m) www.sillianerhuette.at
Rudi Hütte (1.950 m) www.rudihuette.it
Henn Stoll (1.450 m) Tel. +39 04 74 71 09 03

BIKE-VERLEIH

Bike Academy Sextner Dolomiten
Dolomitenstrasse 45, I-39030 Sexten (BZ),
Tel. +39 34 27 47 68 68,
www.bikeacademy-sextnerdolomiten.com
Rent & Go 3 Zinnen Bikecenter Punka
Schattenweg 2F, I-39038 Innichen-Vierschach (BZ),
Tel. +39 04 74 70 53 20,
www.dreizinnen.com/bikeverleih

GEFÜHRTE TOUREN

Bike Academy Sextner Dolomiten
Dolomitenstrasse 45, I-39030 Sexten (BZ),
Tel. +39 34 27 47 68 68
www.bikeacademy-sextnerdolomiten.com

BIKE-HOTELS

Hotel Alpenblick St. Josef-Strasse 19,
I-39030 Sexten (BZ), Tel. +39 04 74 71 03 79,
www.bikehotel-dolomiten.com
Gamz Apart & Villa Dolomitenstraße 32,
I-39030 Sexten (BZ), Tel. +39 0 47 4 43 13 80,
www.hotel-gamz.com
Berghotel Helmweg 10, I-39030 Sexten (BZ),
Tel. +39 04 74 71 03 86, www.berghotel.com

LANDKARTEN

Kompass-Karte WK 58 „Sextner Dolomiten, Dolomiti di Sesto, Toblach, Dobbiaco, Innichen, San Candido, Lienz", 1:50.000

BIKE-INFOS

www.dreizinnen.com/de/das-erlebnis/im-sommer/mountain-endurobiken.html

TOURIST-INFOS

Konsortium 3 Zinnen Dolomites
Schattenweg 2F,
I-39038 Innichen-Vierschach (BZ),
Tel. +39 04 74 71 03 55, www.dreizinnen.com

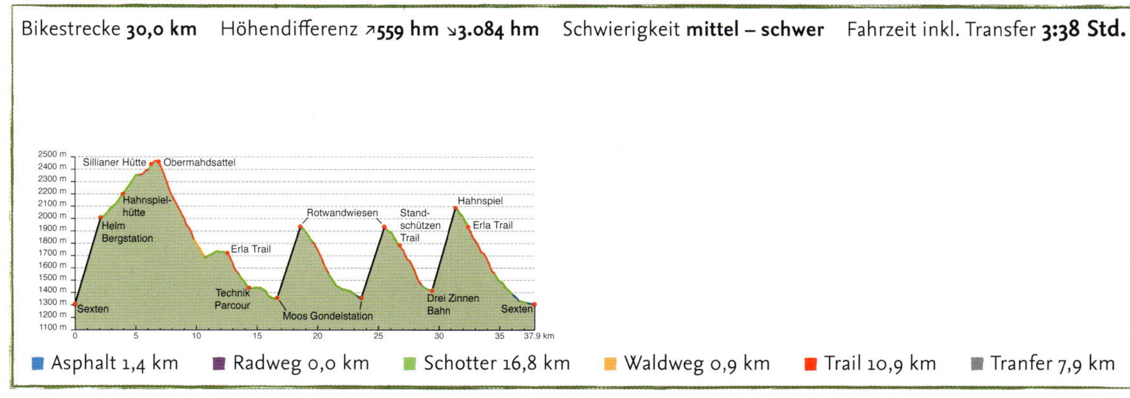

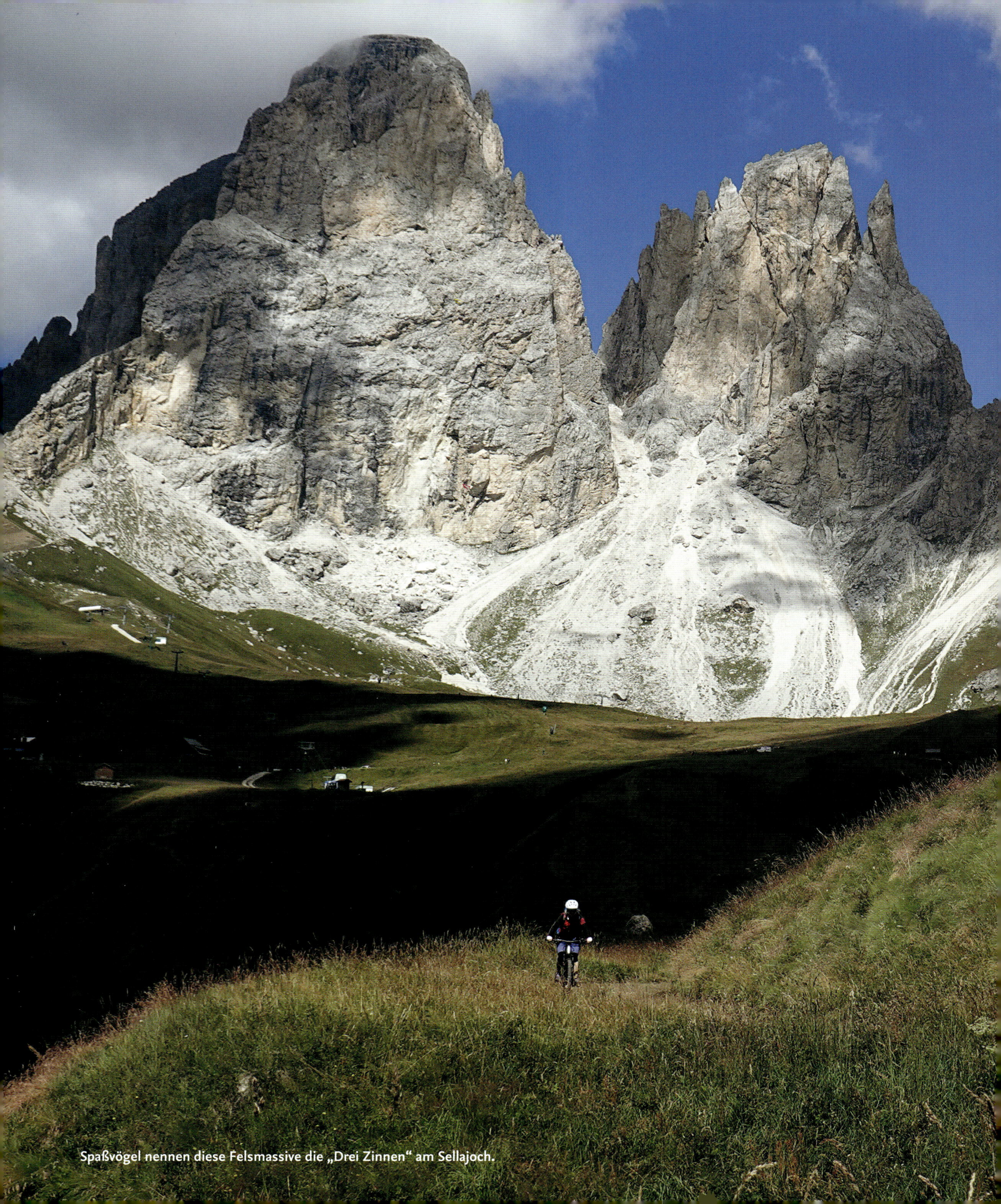

Spaßvögel nennen diese Felsmassive die „Drei Zinnen“ am Sellajoch.

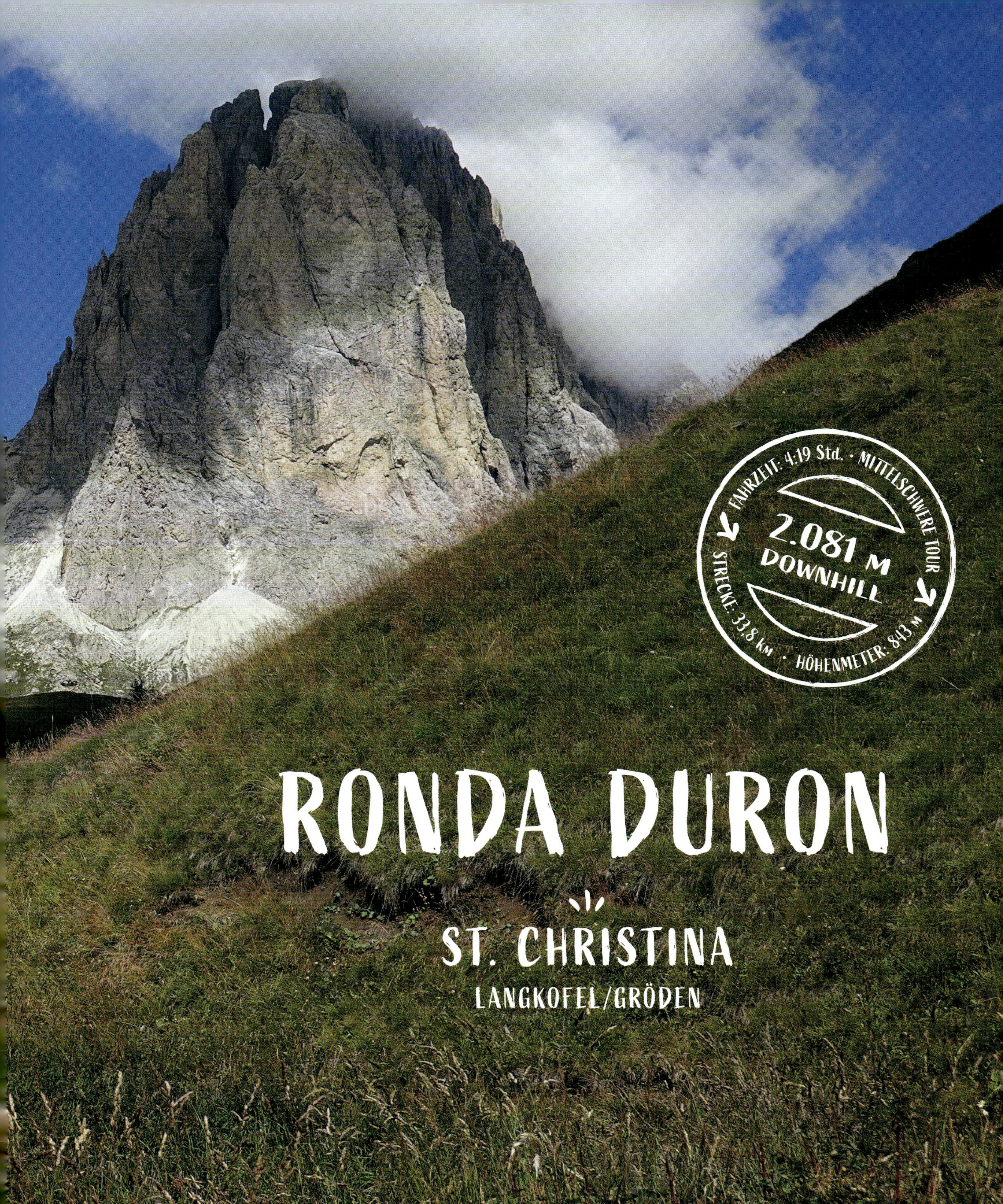

RONDA DURON

ST. CHRISTINA

LANGKOFEL/GRÖDEN

ST. CHRISTINA/GRÖDEN

BIKESTRECKE: 33,8 km HÖHENDIFFERENZ: ↑843 hm ↓2.081 hm SCHWIERIGKEITSGRAD: mittel FAHRZEIT: 4:19 Std.

Rund um Langkofel und Plattkofel

09

Nach fast 20 Minuten Sessellift-Fahrt von St. Christina über den Monte Pana müssen wir uns erst mal etwas bewegen. Es ist zwar Sommer, aber die Bergstation Mont de Sëura liegt kühle 2.000 Meter hoch. Vor uns baut sich wie ein riesiger Wächter über das Grödnertal der Langkofel (3.181 m) mit seinen mächtigen Felswänden auf. Bei diesem Anblick fällt so manchem ein Zitat von Goethe ein: „Berge sind stille Meister und machen schweigsame Schüler." Sicherlich hat der große deutsche Dichter damit auch die Berge der Dolomiten gemeint.

Nach dem Staunen rollen wir an einem Bergbauernhof vorbei hinunter zum neuen Tramans-Sessellift. Noch eine Aufstiegshilfe mit Bike-Mitnahme! Allerdings meint der Liftboy, man könnte mit dem E-MTB auch problemlos über die Skipiste hinaufkurbeln. Also kurze Trennung: Einer nimmt den Lift, der andere probiert den Uphill. Beides okay, wobei der Bergauf-Trail doch etwas Fahrtechnik

Kleiner Trail am Passo Duron (Mahlknechtjoch) auf 2.189 m.

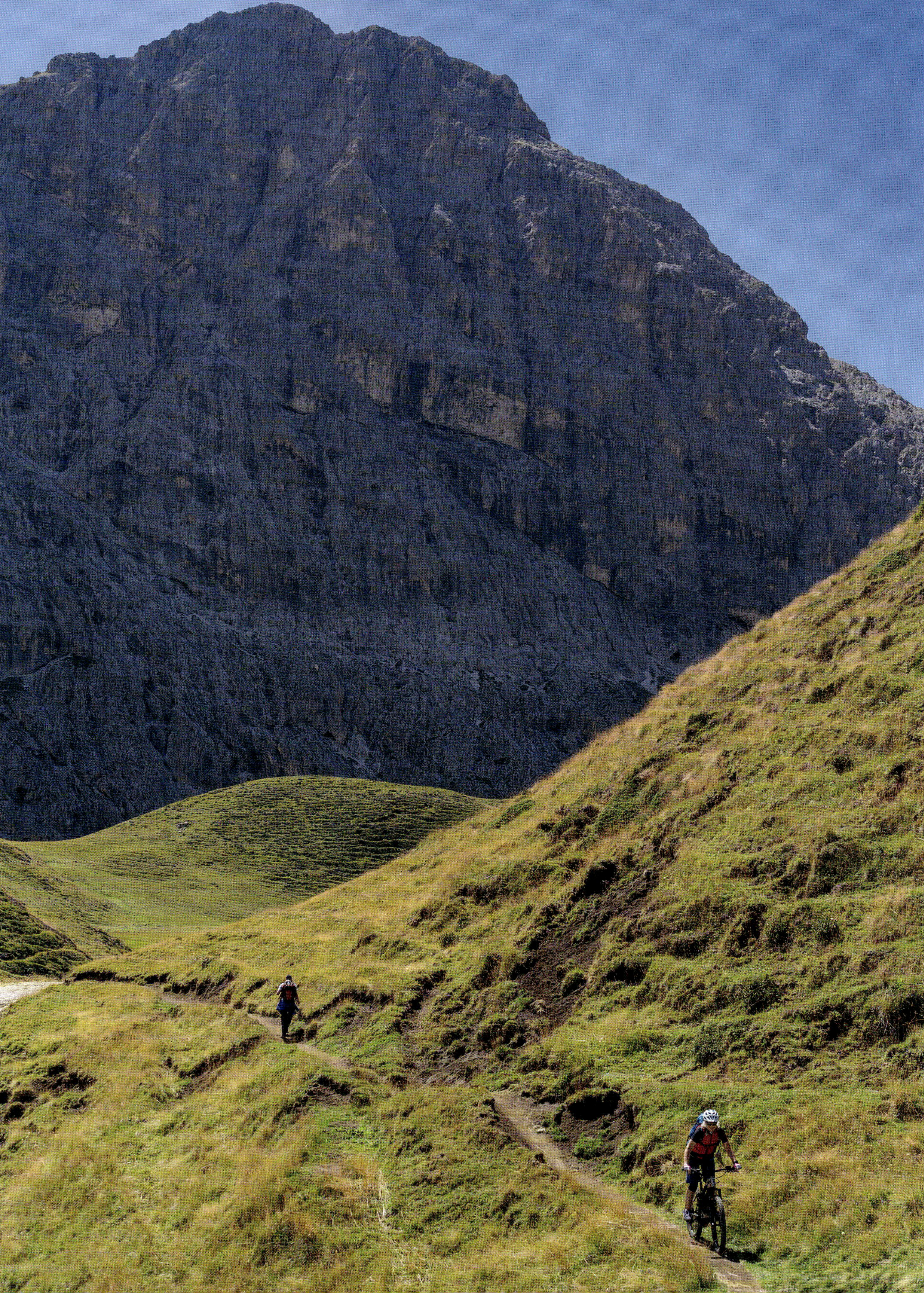

und Körperspannung verlangt. Am Rifugio Comici fahren wir schweren Herzens vorbei – hier gibt's nämlich leckeres italienisches Essen bei grandioser Aussicht.

Gröden gilt bei Insidern als „Approved Bike Area“ in Südtirol mit idealer Infrastruktur. Aber die wahre Attraktion zwischen Seiser Alm und Sellastock ist die grandiose Bergwelt mit ihren vielen Trails und Touren.

Wir haben ja noch einige Kilometer vor uns. Zuerst mal passieren wir im Slalom durch Horden von Bergwanderern und Spaziergängern die markanten Felsen der „Steinernen Stadt“ und rollen hinüber zum Sellajoch (2.218 m). Auch da herrscht Trubel: Italien hat Ferien und genießt die grandiose Dolomiten-Welt. Wenige Meter unterhalb des Rifugio Carlo Valentini ist plötzlich Ruhe. Über eine Mischung aus Trail und zerfurchtem Karrenweg biken wir durch steile Almwiesen. Den Horizont vor uns füllt die Marmolata (3.343 m) mit ihrem Gletscher aus, wo vor Kurzem ein gewaltiges Stück abgebrochen ist. Gar nicht so einfach, gleichzeitig die Landschaft zu bestaunen und sich aufs Lenken zu konzentrieren.

Vorbei an Almbauern bei der Heuernte und danach über eine anstrengende Holperstrecke geht es steil hinunter zum Berggasthof Lupo Bianco an der Sellajoch-Passstraße. Danach wird's spaßig und zum Teil etwas knifflig. Der schmale, beschilderte Trail windet sich über viele Wurzeln durch den Bergwald und mündet in die Skipiste hinunter nach Canazei (1.450 m) im Fassatal. Am Ortsrand zwingt uns ein kitschig-schönes, über und über mit Blumen, Bemalung und Schnitzereien verziertes Haus zum Fotostopp. Das Leben im Dorf selbst zeigt sich hier schon spürbar italienischer. Nach einem Espresso an der Piazza Marconi folgt ein kleines Workout auf dem ziemlich flachen Fassatal-Radweg bis Campitello (1.448 m). Dort empfiehlt sich für motorlose Mountainbiker der Bike-Shuttle. Denn die Auffahrt ins Val Duron ist nicht nur extrem steil, sondern auch noch bröselig, was selbst E-MTBler ordentlich Kraft kostet. Wer auf

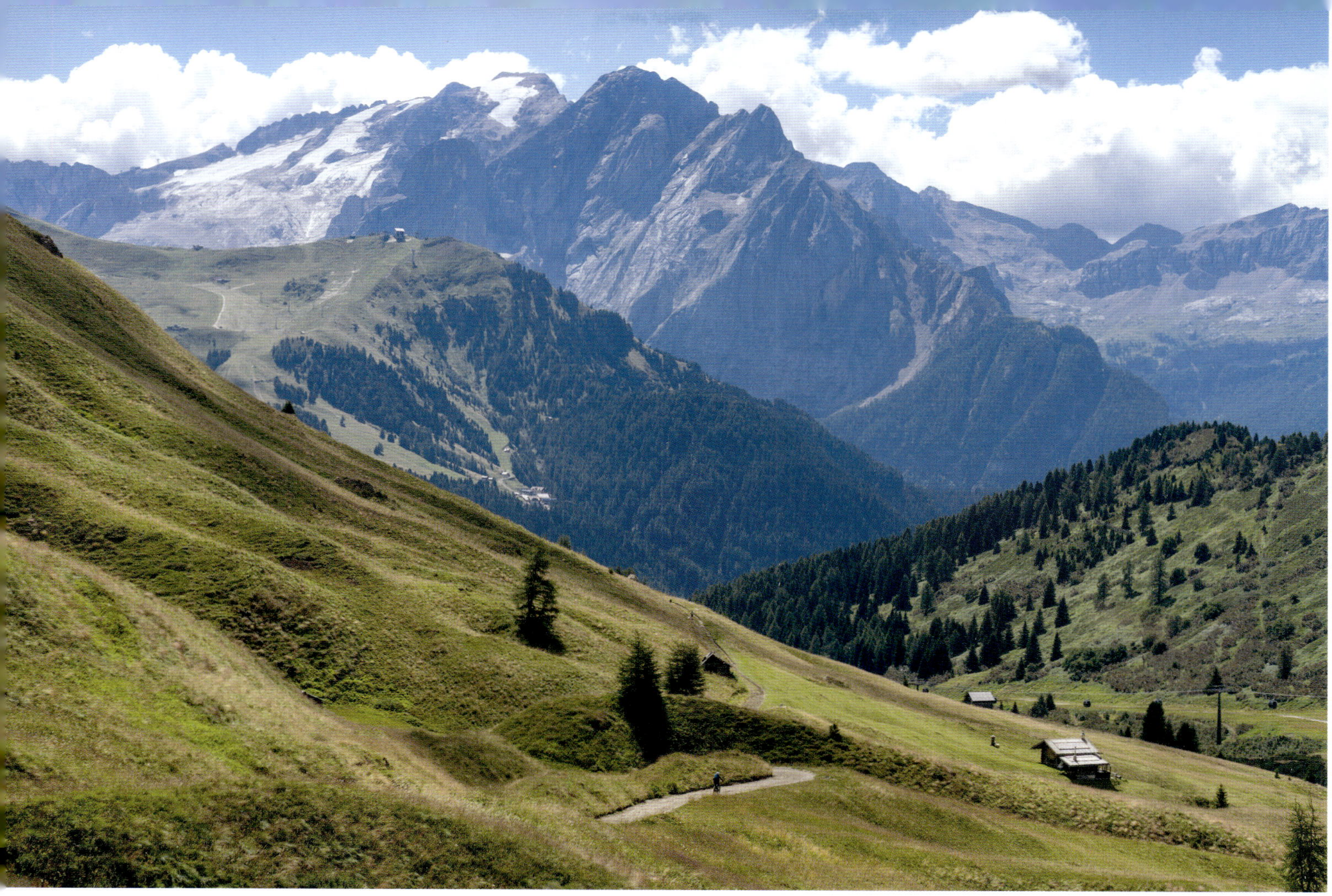

Mit Blick auf den Gletscher der Marmolata geht es steil hinunter ins Fassatal (oben).
Val Duron: Am Horizont grüßen die markanten Felszacken der Rosszähne (links).
Das Rifugio Micheluzzi ist die beliebte Berghütte am Eingang zum Durontal (unten).

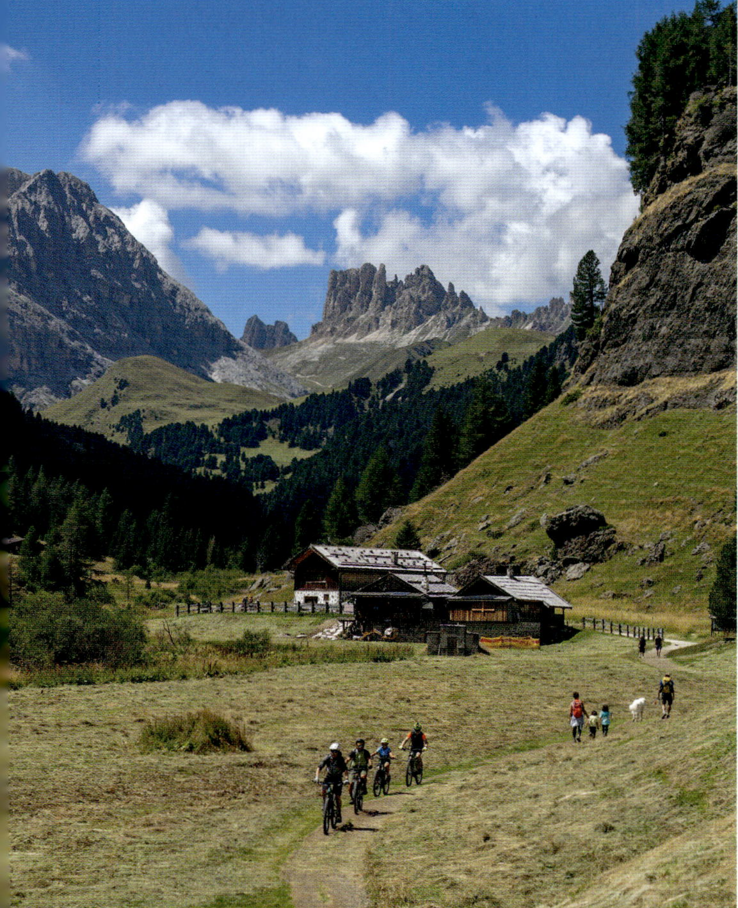

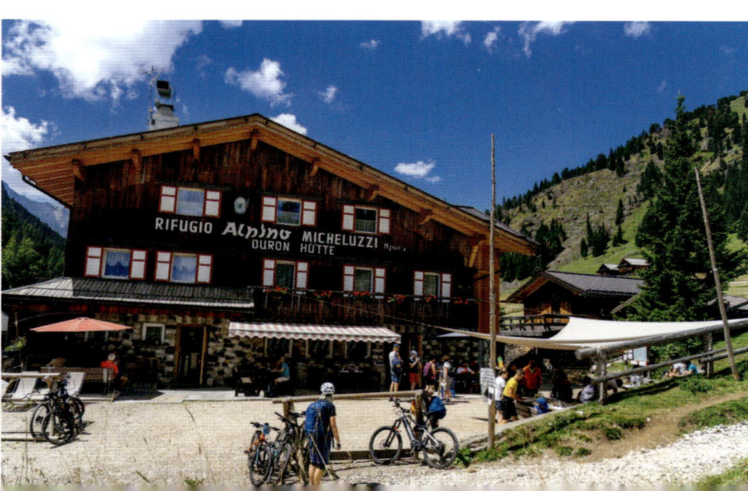

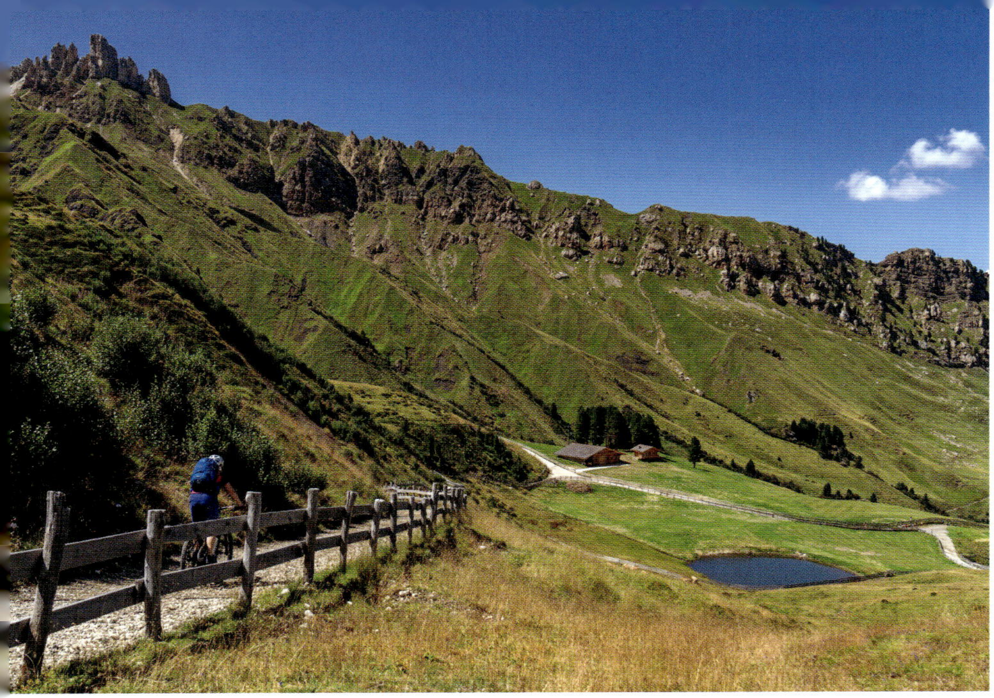

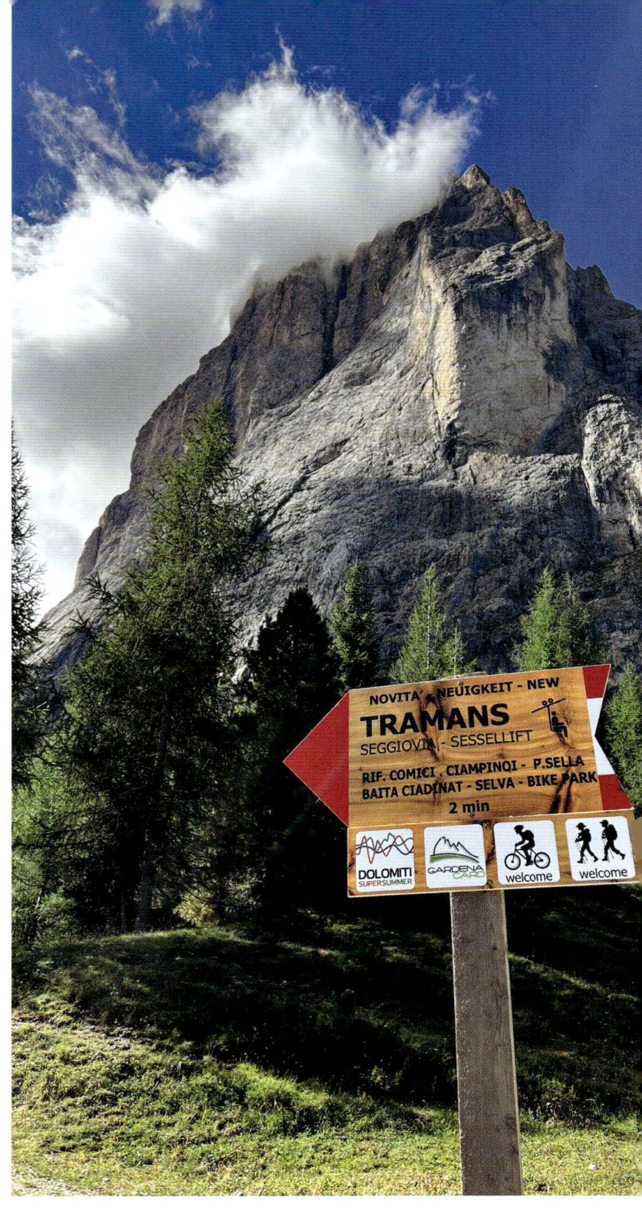

Rasante Abfahrt vom Mahlknechtjoch hinunter auf die Seiser Alm (oben).
Nach dem Mont de Sëura wartet nochmals eine Aufstiegshilfe in Form des Tramans-Liftes (rechts).
Am Fuße des Langkofels führt die Route durch die „Steinerne Stadt" zum Sellajoch (unten).
Lohnender Abstecher: das kleine, alte Bergdorf Pian oberhalb von Campitello im Fassatal (unten rechts).

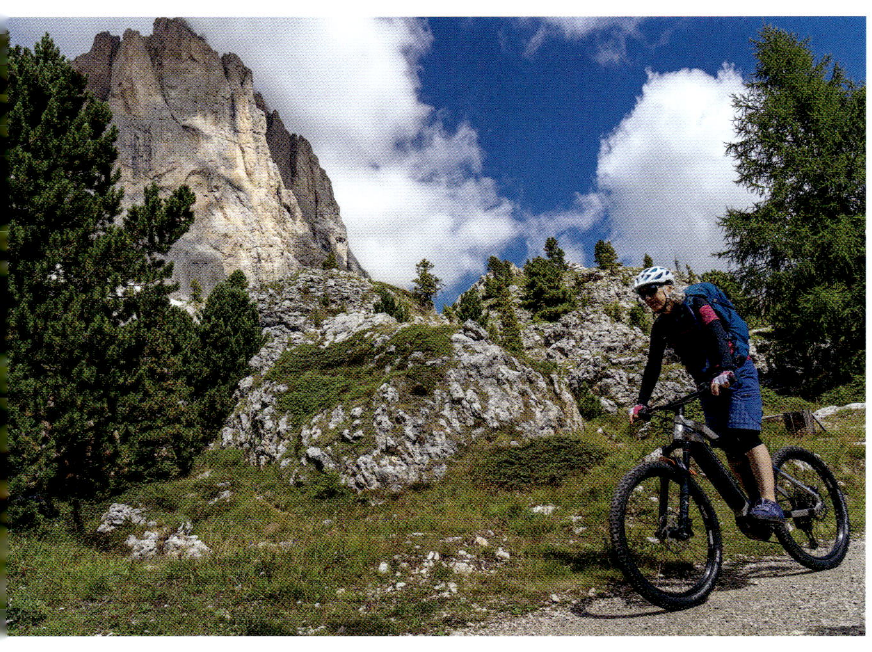

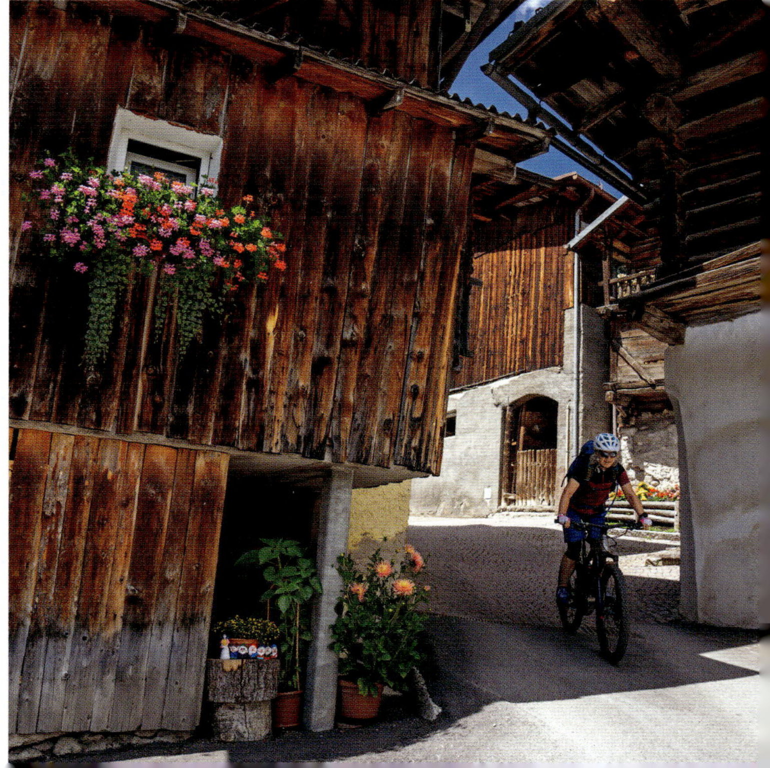

den Shuttle verzichtet, kann noch einen Schlenker durch das malerische Bergdorf Pian machen, wo die Häuser so eng zusammen gebaut sind, dass höchstens Autos in Smart-Größe durchfahren können.

Das wunderschöne Val Duron begrüßt uns mit dem altehrwürdigen Rifugio Micheluzzi (1.860 m). Wir kurbeln weiter am Duronbach entlang, mal auf einem kurzen Trail, mal auf dem Almweg. Je weiter es ins Hochtal am Fuße von Zahnkofel (3.001 m) und Plattkofel (2.964 m) hinauf führt, desto geringer ist die Wanderer-Dichte. Dafür leisten uns die Almkühe etwas Gesellschaft. Der Anstieg zum Mahlknechtjoch/Passo Duron (2.189 m) ist dann wieder etwas für trainierte Oberschenkel oder einen durchzugsstarken E-Motor.

Vor der Kulisse der Rosszähne geht's hinunter zur Seiser Alm, wo wir auf einen flowigen Trail Richtung Berghaus Zallinger einbiegen. Im Wechsel von Trail zu Karrenweg und Almstraße gelangen wir zur Saltner Schwaige und damit zum letzten kurzen Anstieg vor Langkofel-Kulisse zum Monte Pana. Noch ein paar Serpentinen und wir sind wieder zurück in St. Christina. Aber der Berg ließ uns nicht nur andächtig schweigen wie bei Goethe, sondern auch jubilieren vor Begeisterung.

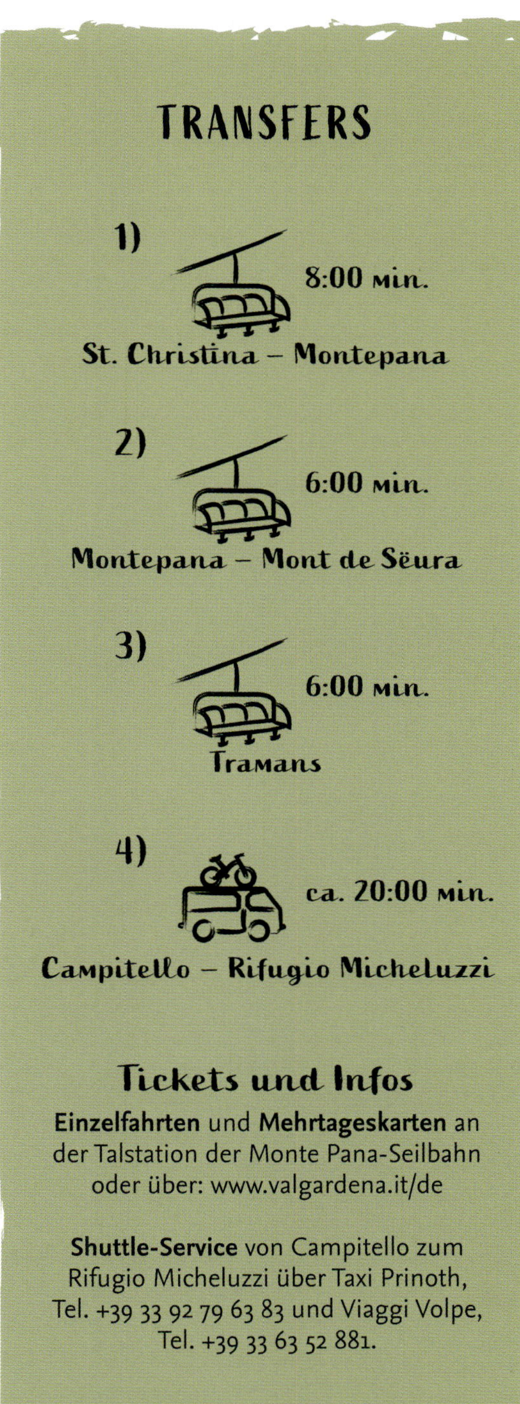

TRANSFERS

1) 8:00 min.
St. Christina – Montepana

2) 6:00 min.
Montepana – Mont de Sëura

3) 6:00 min.
Tramans

4) ca. 20:00 min.
Campitello – Rifugio Micheluzzi

Tickets und Infos

Einzelfahrten und **Mehrtageskarten** an der Talstation der Monte Pana-Seilbahn oder über: www.valgardena.it/de

Shuttle-Service von Campitello zum Rifugio Micheluzzi über Taxi Prinoth, Tel. +39 33 92 79 63 83 und Viaggi Volpe, Tel. +39 33 63 52 881.

Die Felsbastionen des Sellastocks schauen zu, wenn es vom Sellajoch über Wiesentrails und rumpelige Karrenwege hinunter geht zum Berggasthof Lupo Bianco.

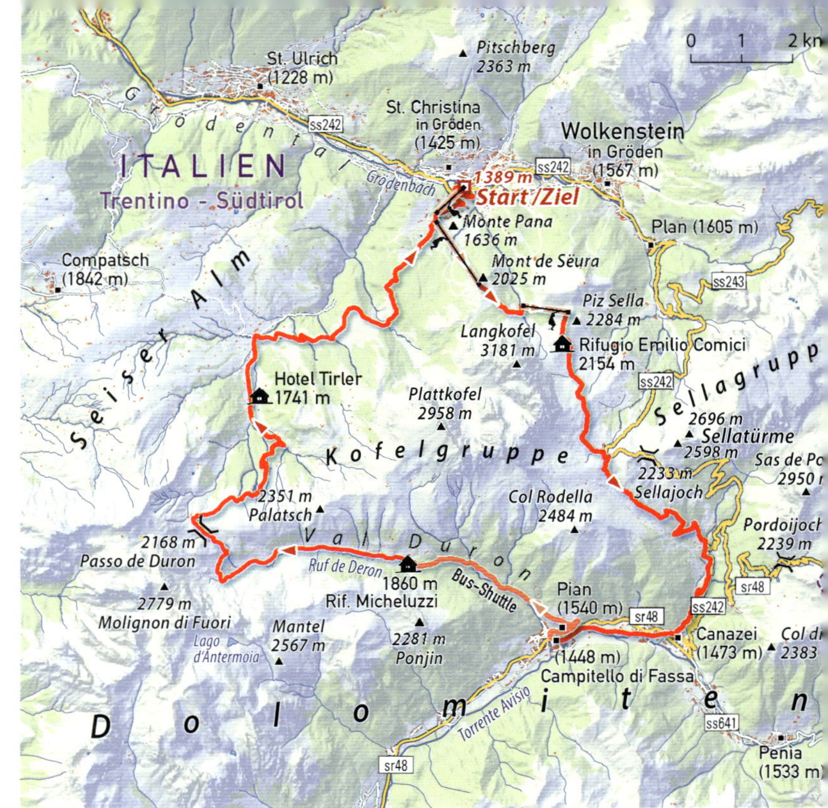

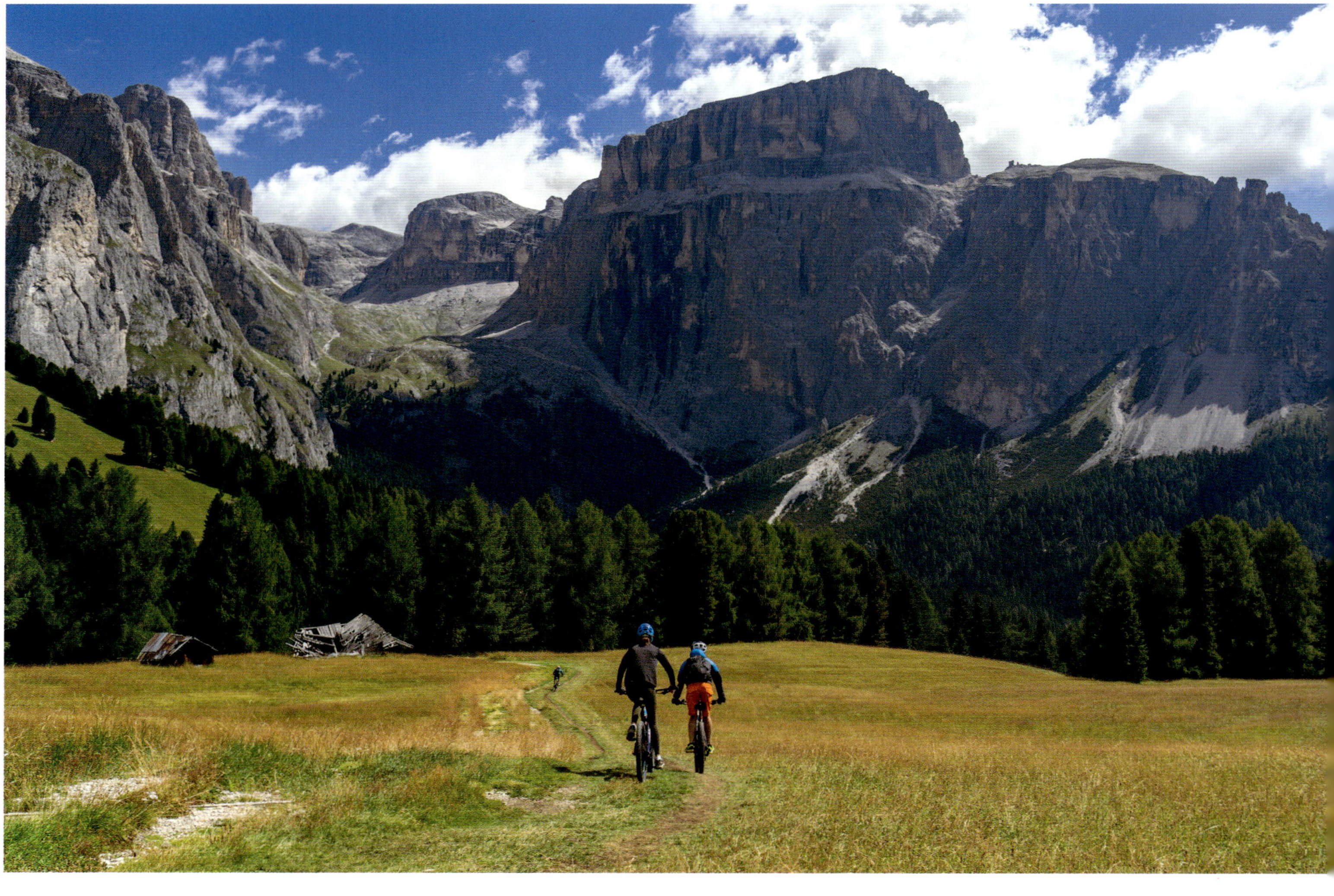

INFOS ZUR TOUR

TOURCHARAKTER
Eine grandiose Panoramarunde um Langkofel und Plattkofel mit vielen Finessen – mit Wald- und Wiesentrails uphill und downhill, steilen Almwegen und Radwegen. Nur der Trailabschnitt im Bergwald von Lupo Bianco nach Canazei ist teilweise etwas knifflig und für Normalbiker nicht immer durchgehend fahrbar.

TOURSTART
Los geht unsere Tour in St. Christina mit einer Fahrt mit der Monte-Pana-Seilbahn.

EINKEHRTIPPS
Rifugio Emilio Comici (2.154 m) Tolle Lage an den Langkofel-Wänden, gute Küche, aber nicht ganz billig, www.rifugiocomici.com/de
Rifugio Micheluzzi (1.860 m) Traditionelle alpine Schutzhütte am Eingang zum Durontal. Mit Übernachtungsmöglichkeit. www.rifugiomicheluzzi.it

BIKE-VERLEIH
Bike Armin
Dursanstr. 108, I-39047 St. Christina,
Tel. +39 04 71 79 21 99, www.bikearmin.com/de/

GEFÜHRTE TOUREN
Mountainbike Schule Gröden
Str. Dantercepies 4, I-39048 Wolkenstein in Gröden, Tel. +39 33 91 60 01 53,
www.mtbvalgardena.com/de

BIKE-HOTELS
Kedul Lodge
Str. Val 65, I-39047 St. Christina,
Tel. +39 04 71 79 33 08,
www.kedul-lodge.com
Hotel Linder
Str. Nives 65, I-39048 Wolkenstein,
Tel. +39 04 71 79 52 42, www.linder.it
Hotel Bel Mont
Plan da Tieja 57, I-39048 Wolkenstein,
Tel. +39 04 71 79 21 14, www.hotelbelmont.it/de

LANDKARTEN
Kompass-Karte WK 076
„Gröden – Seiser Alm“, 1:25.000
Kompass-Karte WK 59
„Sellagruppe – Gröden –Seiser Alm“, 1:50.000

BIKE-INFOS
www.valgardena.it/de/sommerurlaub-dolomiten/mountainbike-rennrad-urlaub-groeden/
www.fassa.com/de/broschure/offizielle-mountainbike-touren

TOURIST-INFOS
Val Gardena Dolomites
Tourismusverein St. Christina, Str. Chemun 9, I-39047 St. Christina, Tel. +39 04 71 77 78 00, www.valgardena.it
APT Val di Fassa
Strèda Roma 36, I-38032 Canazei,
Tel. +39 04 62 60 95 00, www.fassa.com/de

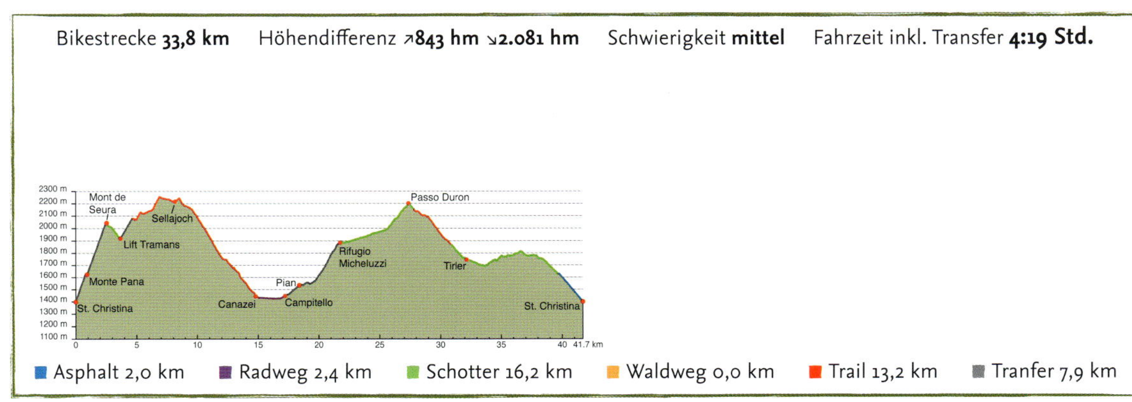

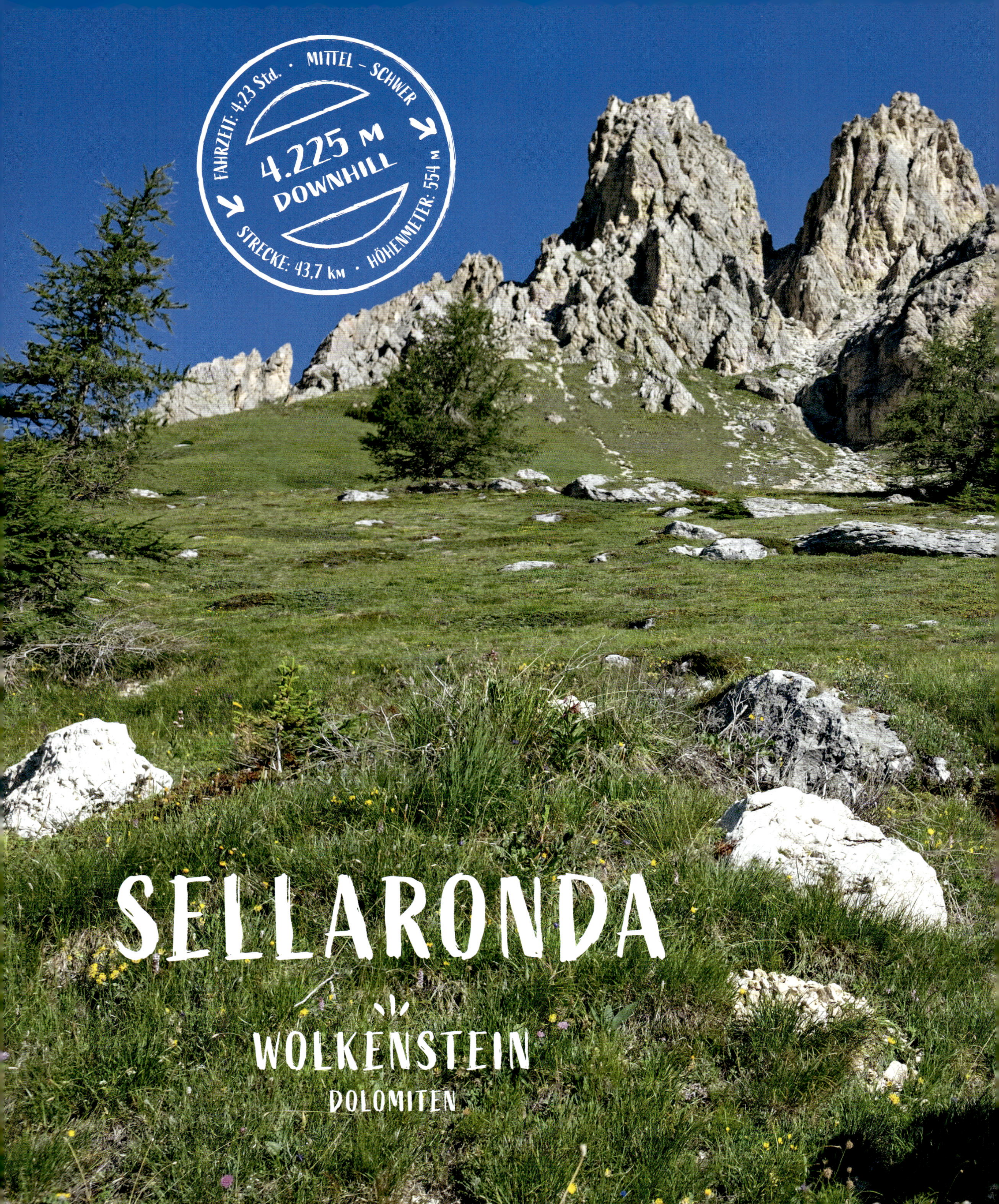
FAHRZEIT: 4:23 Std. · MITTEL – SCHWER
4.225 M
DOWNHILL
STRECKE: 43,7 km · HÖHENMETER: 554 M
SELLARONDA
WOLKENSTEIN
DOLOMITEN

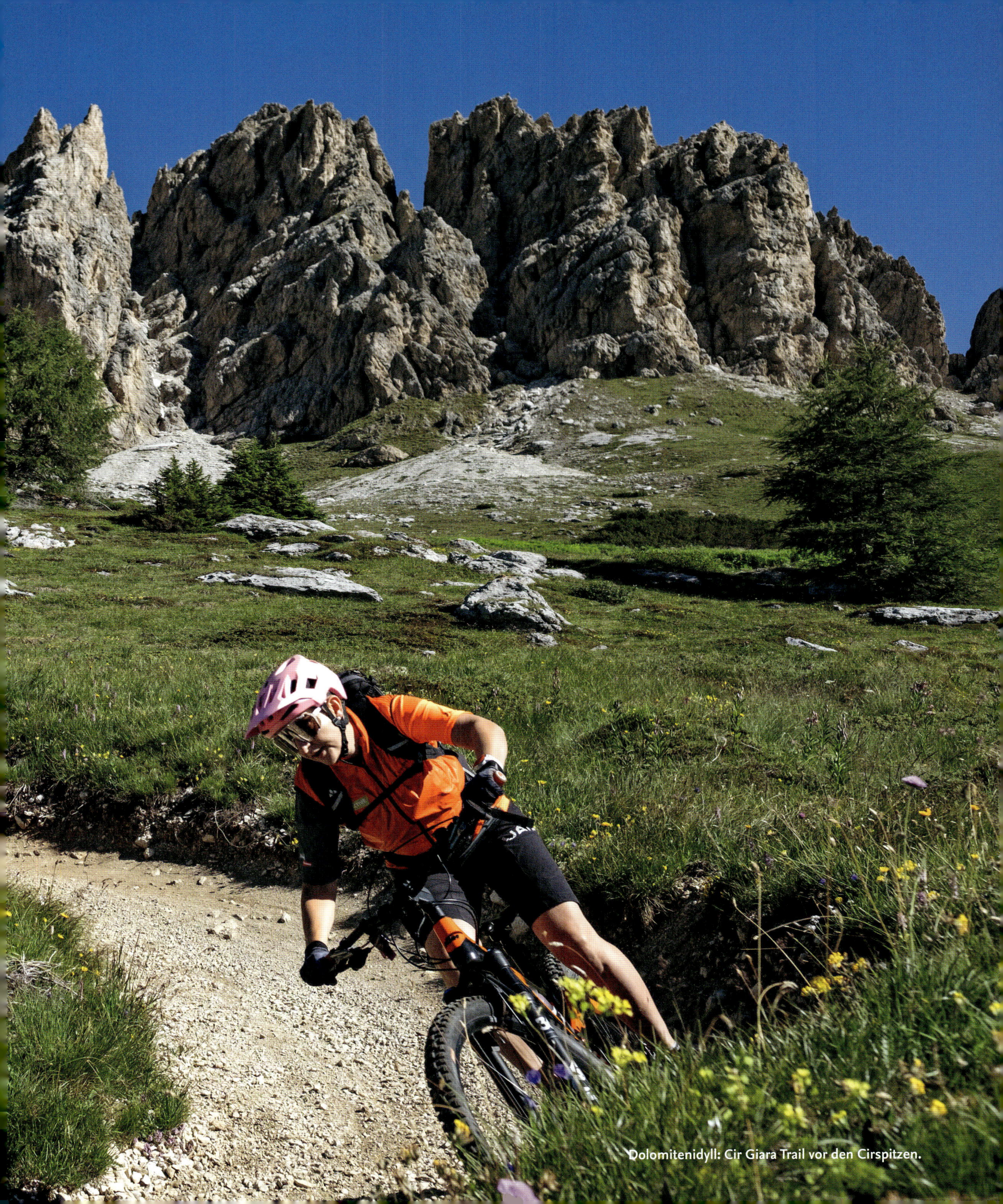

Dolomitenidyll: Cir Giara Trail vor den Cirspitzen.

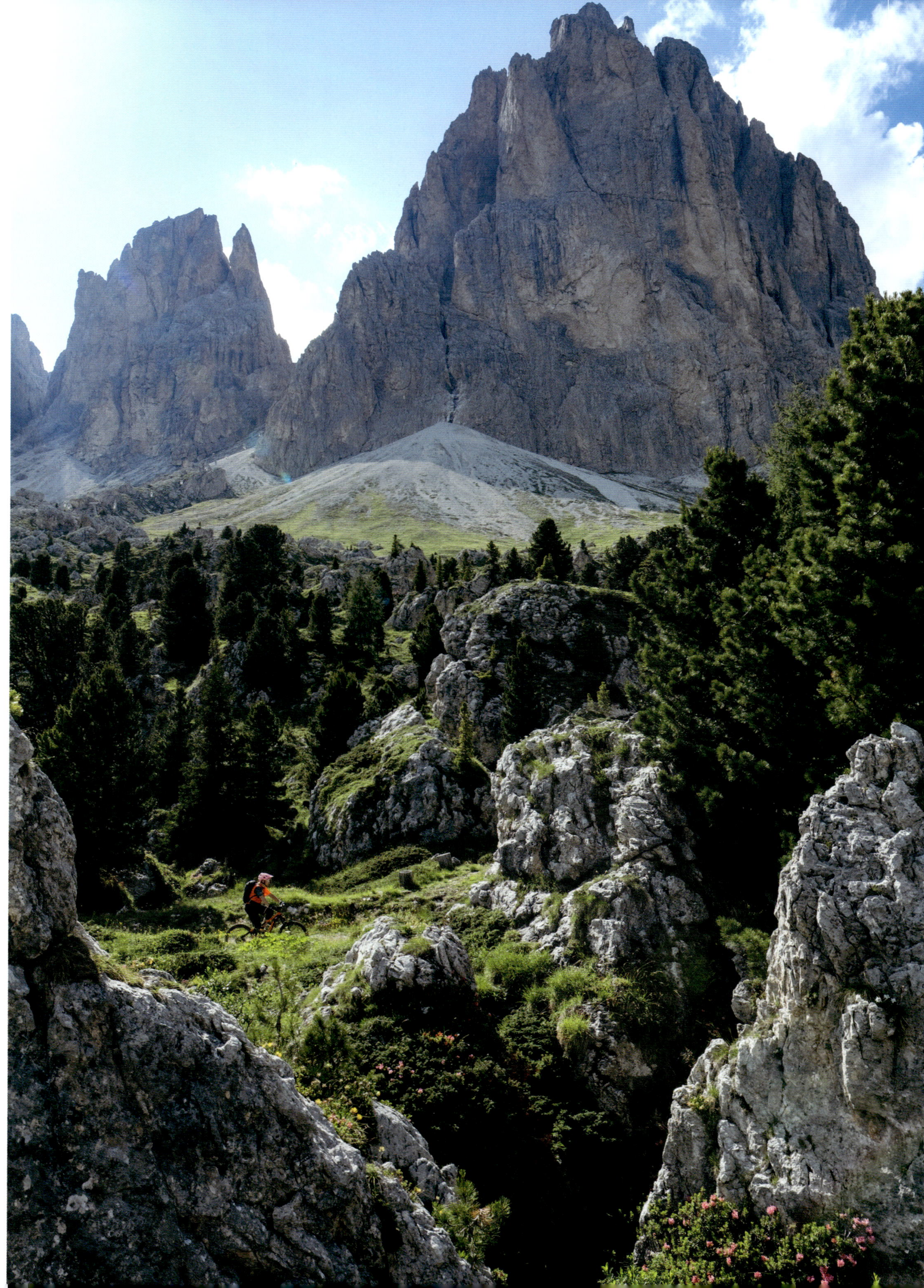

BIKESTRECKE: 43,7 km HÖHENDIFFERENZ: ↑554 hm ↓4.225 hm SCHWIERIGKEITSGRAD: mittel – schwer FAHRZEIT: 4:23 Std.

Panorama & Trails unlimited

10

Die Dolomiten gehören zu den imposantesten Berglandschaften der Welt. Die Faszination gründet auf der spektakulären Formenvielfalt. Gipfel und Plateaus, Türme, Pfeiler und Zacken stehen erhaben über grünen Hochebenen und sanften Hügeln. In anderen Gebirgen müssen lange Wege in Kauf genommen werden, bis man endlich hochalpine Regionen erreicht. In den „Bleichen Bergen" hat man bereits im Tal das Gefühl, mittendrin zu sein, denn die markanten Felsformationen scheinen zum Greifen nah. Für Mountainbiker sind die Dolomiten eine der erlebnisreichsten Spielwiesen überhaupt. Wären da nur nicht die oft extrem steilen Anstiege. Auch die populäre Sellaronda geizt nicht mit garstigen Höhenmetern. Vor der Umrundung des wunderschönen Sella-Massivs sollte man da schon einige Monate Marathon-Training in den gestählten Waden haben. Oder man kauft sich die Super Summer Card und steigt einfach in die Gondel.

Inmitten der Felsentrümmer der Steinernen Stadt, dahinter der Langkofel (3.181 m).

Der Sellastock kann rechts oder links herum umfahren werden. Egal für welche Variante man sich entscheidet. Man erlebt zwei ganz unterschiedliche Touren. Die Runde im Uhrzeigersinn hat weniger Höhenmeter, mehr Trails bergab und ist etwas anspruchsvoller.

Die bringt uns morgens aus Wolkenstein in knapp einer Viertelstunde hoch zur Dantercepies (2.286 m). Direkt über uns liegen – wie der gezackte Rücken eines schlafenden Drachens – die Cirspitzen. Die lässigen Anliegerkurven des sandigen Cir Giara Trails sind ein perfektes Terrain zum Warmfahren.

Am Grödnerjoch (2.121 m) treffen wir auf eine weitere Klientel Sella-Umrunder: Eine Gruppe Rennradler hat gerade die Passhöhe erklommen. Wir halten uns nicht lange auf der Straße auf und verschwinden kurz hinter dem Pass im Frara Trail. Ohne große technische Herausforderungen lassen wir es auf den Wiesenhängen knapp 500 Meter bergab nach Colfosco richtig krachen. Nach der Fahrt mit zwei Aufstiegsanlagen von Corvara über den Col Alt (1.981 m) kurbeln wir entspannt über die Pralongià-Hochebene. Hier präsentiert sich der Sellastock zum ersten Mal in seiner vollen Pracht. Auf der Terrasse der Ütia Pralongià (2.139 m) genießen wir einen Cappuccino bei toller Aussicht. Danach berauschen wir uns auf dem glatten Fle Trail an saftigen Wiesen.

Nach der Auffahrt mit dem Sessellift zum Rifugio Bec de Roces (2.078 m) folgt ein schwereres Stück Arbeit. Im Wald sind einige technische Passagen hinunter nach Arrabba zu bewältigen. Die Großkabinenbahn für 80 Personen, die an zwei Seilen geführt wird, bringt uns auf die Porta Vescovo, den Peak der Ronda. Direkt gegenüber glänzt der Gletscher der Marmolata in der Sonne. Blau schimmernd ist gut der Gletschersturz zu erkennen, der im Sommer 2022 zu einem der schlimmsten Bergunglücke in den italienischen Alpen führte. Beim Mittagessen auf dem Rifugio Luigi Gorza wird uns beim Anblick da schon etwas mulmig.

Die Abfahrt ins Fodom teilt sich auf in Schotterwege und Trailabschnitte. Von hier aus gesehen hat die Sella wieder einen ganz anderen Charakter. Bei der Liftfahrt auf den Passo Pordoi wächst die Vorfreude

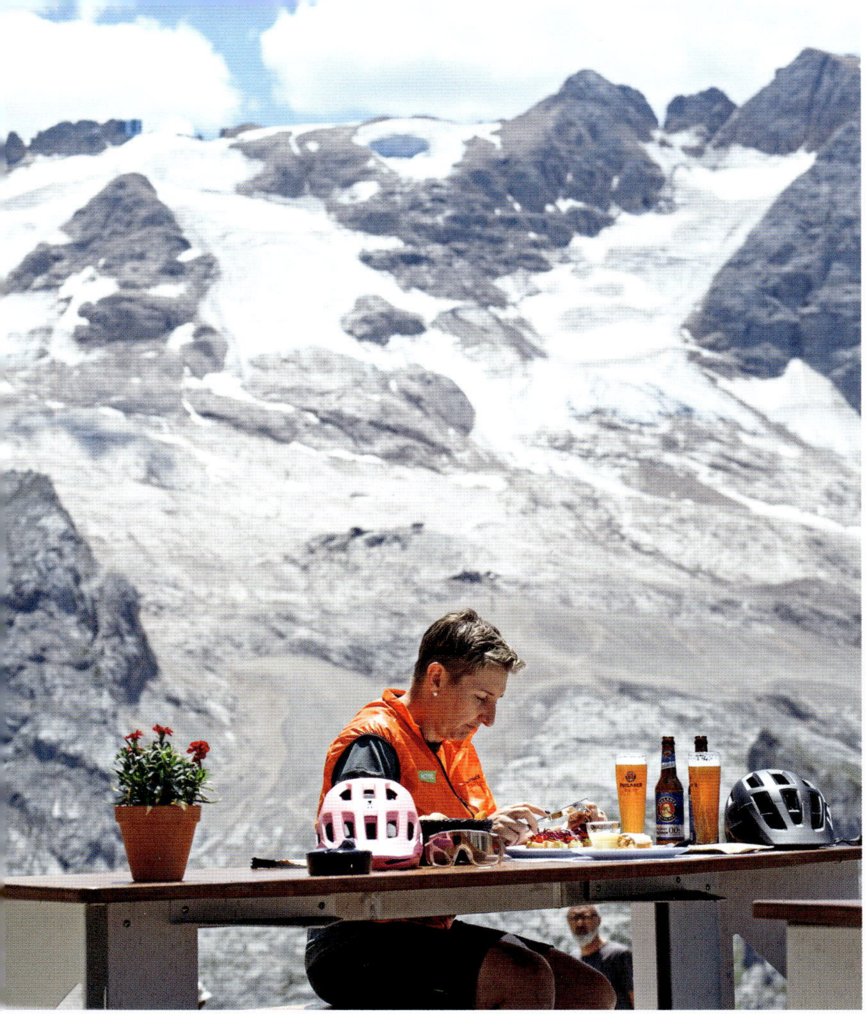

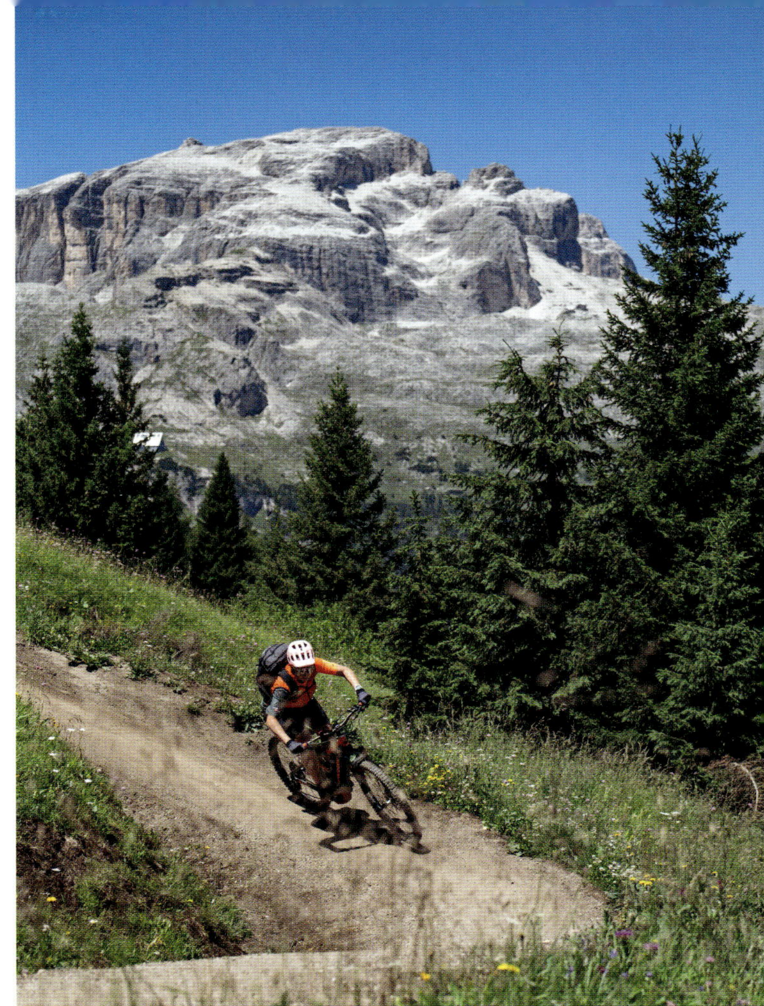

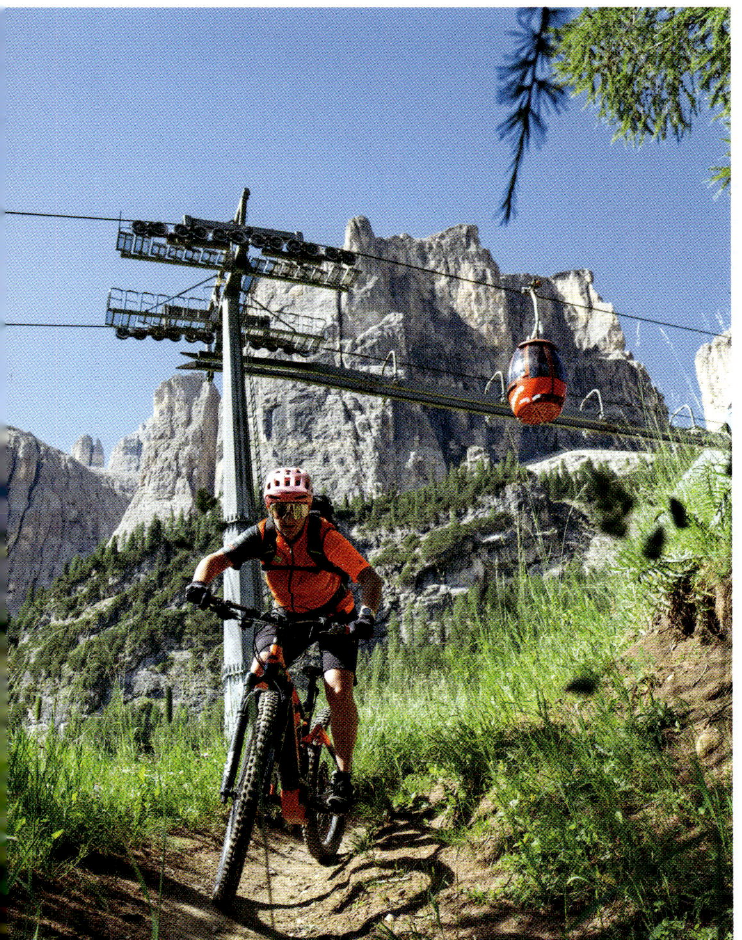

Mega Kulisse: Mittagessen auf der Terrasse des Rifugio Luigi Gorza vor dem Marmolata-Gletscher (oben links).
Schnelle Kurve auf dem Fle Trail mit Neuner, Zehner und Boèseekofel als Kulisse (oben rechts).
Bunte Eier – Frara Trail unter der Gondel aus Corvara (links).
Wurzelteppich auf dem Rabbe Trail Richtung Canazei (unten).

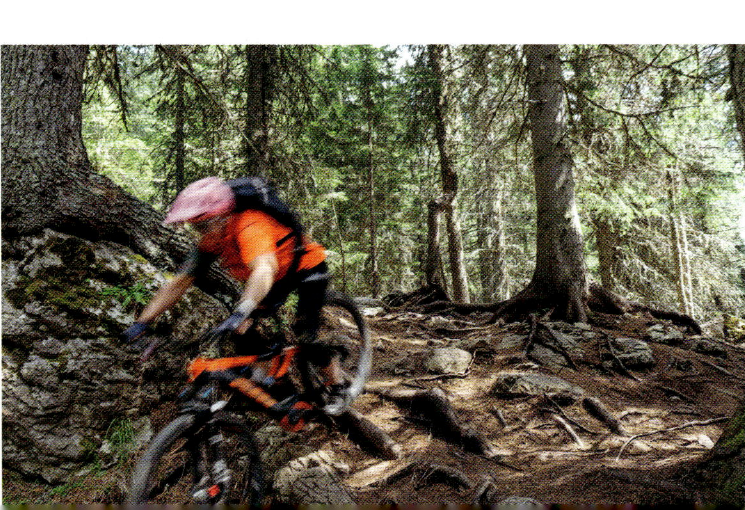

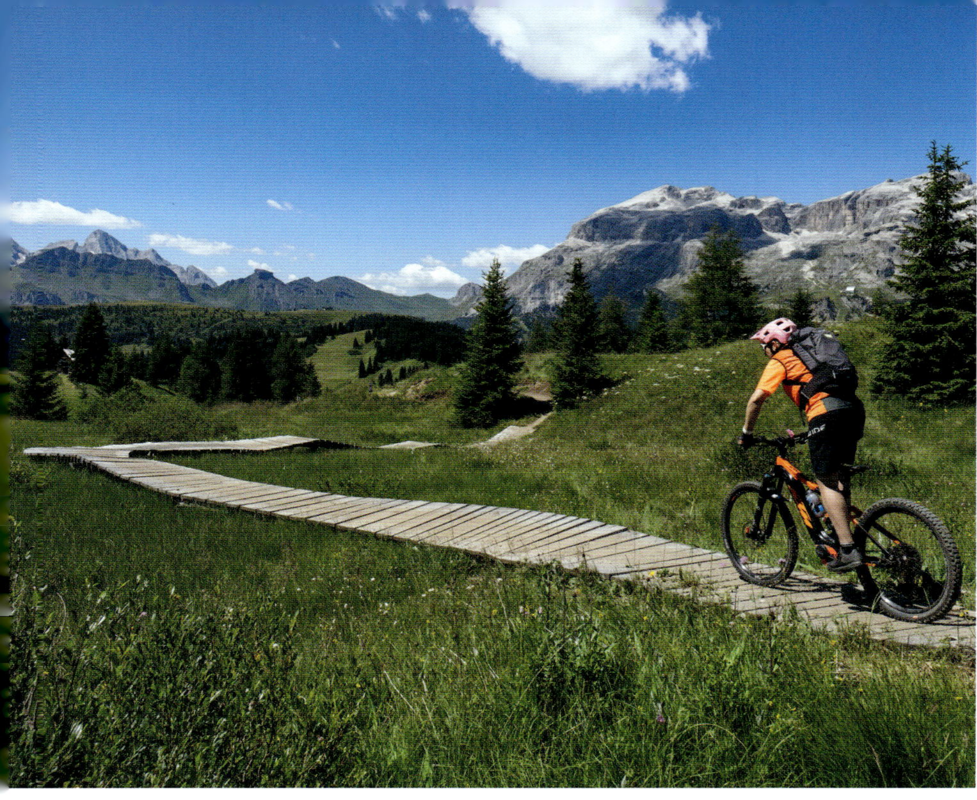

Holz-Überbauung des Fle Trail auf feuchten Wiesen (links).
Schwerster Abschnitt der großen Runde: auf dem Infinity Trail hinter dem Passo Pordoi (unten).

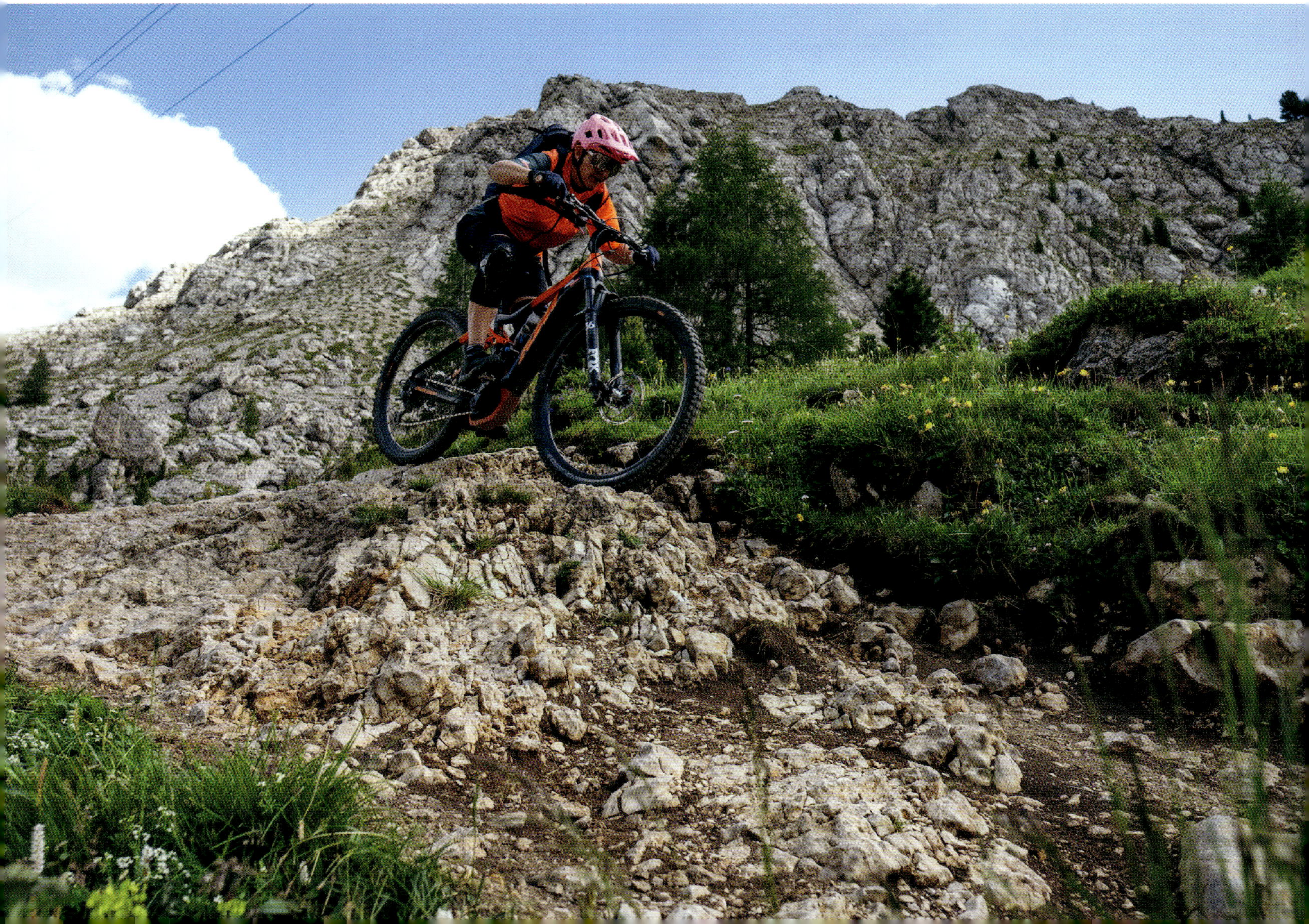

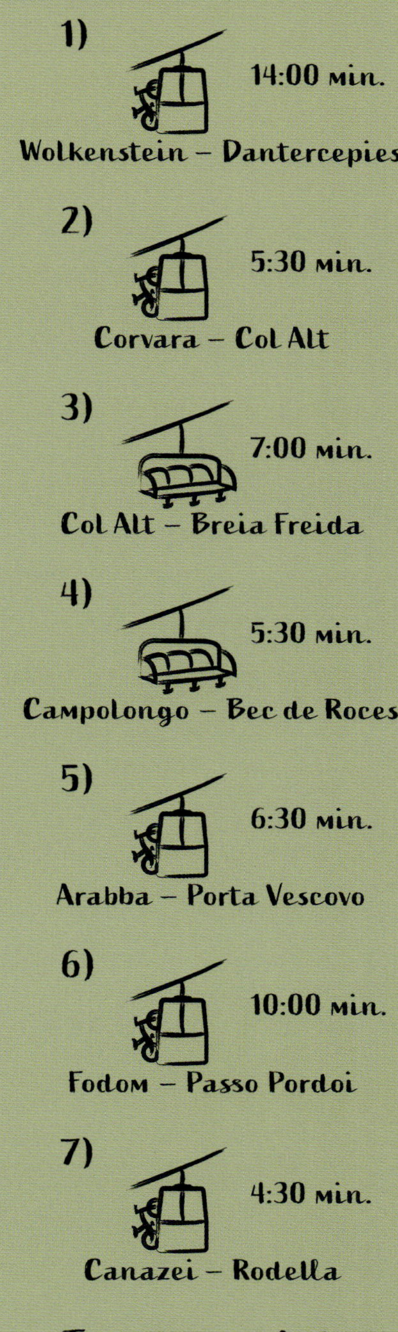

Tickets und Infos

Tickets gibt's an allen Kassen der Aufstiegsanlagen der Sella Ronda MTB Track Tour oder **online** unter: www.dolomitisuperski.com/de/SuperSummer/home

auf unsere längste, aber auch schwerste Aufgabe. Auf Infinity und Rabbe Trail warten grobe Fels- und Wurzelpassagen, aber auch Abschnitte mit samtigem Waldboden.

Auf dem Radweg von Canazei nach Campitello di Fassa und der letzten Gondelfahrt sammeln wir nochmal Kraft für die letzten Abfahrten. Auf dem Icarus Trail vom Col Rodella (2.484 m) konkurriert die Langkofelgruppe mit dem Sellastock um unsere Aufmerksamkeit. Hinter dem Sellajoch bewältigen wir noch einen leichten Anstieg durch die Steinerne Stadt, ein faszinierendes Trümmerfeld aus gewaltigen Brocken, das bei einem Felssturz vom Langkofel entstanden ist.

Der Paravis ist ein Flowtrail der Extraklasse. Er schlängelt sich durch große Steilkurven auf Almwiesen zwischen den imposanten Massiven. Wer die vielen Downhills des Tages spürt, entscheidet sich an der Waldgrenze für die leichte Family Line, die anderen können sich noch auf der Easy Jump Line austoben. Erschöpft und glücklich landen wir nach über 4.000 Abfahrtsmetern wieder in Wolkenstein mit der Gewissheit, heute ein absolutes Touren-Highlight gefahren zu sein.

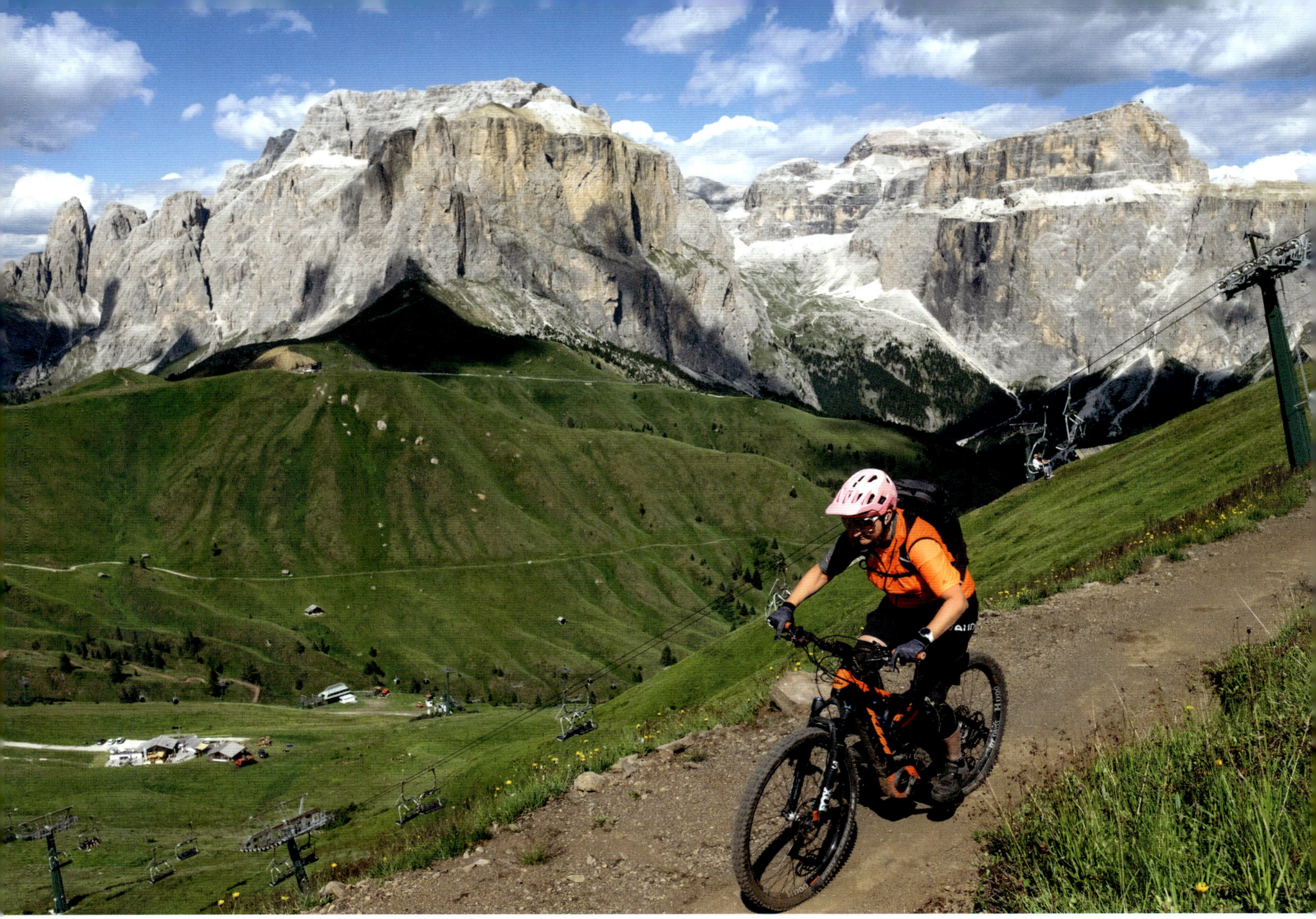

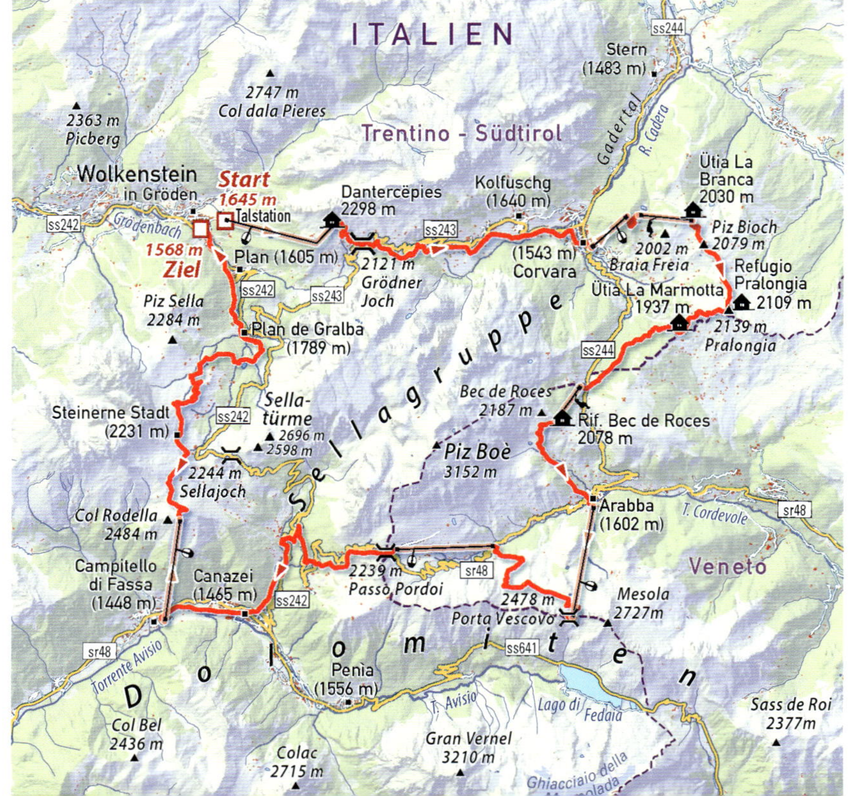

Immer im Blick: Auf der Sellaronda lernt man den Sellastock, eines der schönsten Gebirgsmassive der Dolomiten, von allen Seiten kennen.

INFOS ZUR TOUR

TOURCHARAKTER

Die Trails von Dantercepies runter nach Corvara sind sehr flüssig zu fahren mit nur kurzen, etwas anspruchsvolleren Passagen. Der gebaute Fle Trail ist leicht. Die Schlüsselstellen der Tour sind mit die mit S2 bewerteten Trails vom Bec de Roces und der Infinity Trail hinter dem Pordoijoch. Ein Genuss sind zuletzt die Flowtrails Paravis und Family Line hinunter nach Plan de Gralba.

TOURSTART

Wir starten in Wolkenstein an der Talstation der Dantercepies-Seilbahn. Die Sella Ronda kann aber auch in Corvara, Arabba, Canazei oder Campitello gestartet werden.

EINKEHRTIPP

Auf der Ronda warten mehrere schöne Rifugi auf uns Biker. Die Ütia Pralongia (2.109 m) bietet sich für eine Kaffeepause an. Das futuristische Rifugio Luigi Gorza (2.478 m) mit einer fantastischen Aussicht auf den Gletscher der Marmolata passt zeitlich perfekt fürs Mittagessen, wenn man in Wolkenstein startet.

BIKE-VERLEIH

Alle Bikeshops mit Verleih und Reparaturservices findet man gut aufgelistet auf der offiziellen Website der Sellaronda unter: www.sellaronda-mtb.com/de/einschreibungen-mountainbike-schulen-verleihe-sellaronda-mtb-track-tour.php

GEFÜHRTE TOUREN

Unter: www.sellaronda-mtb.com/de/einschreibungen-mountainbike-schulen-verleihe-sellaronda-mtb-track-tour.php werden mehrere Bikeschulen und Guides aufgelistet.

BIKE-HOTELS

Die beste Übersicht über die Hotels und Apartments gibt die Website von Bike Hotels Südtirol unter: www.bikehotels.it/de/regionen-infos/dolomiten/hotels.html

LANDKARTEN

Kompass-Karten WK 616 „Gröden, Val Gardena, Sella, Canazei", 1:25.000
WK 59 „Sellagruppe – Gröden – Seiseralm/Gruppo di Sella – Val Gardena – Alpe di Siusi", 1:50.000

BIKE-INFOS

www.sellaronda-mtb.com/de
www.mtb-dolomites.com/groeden/de

TOURIST-INFOS

Dolomites Val Gardena
Tel. +39 04 71 77 77 77, www.valgardena.it/de
Alta Badia Dolomites
Tel. +39 04 71 83 61 76, www.altabadia.org
Val di Fassa Dolomites
Tel. +39 04 62 60 95 00, www.fassa.com
Arabba Dolomites Fodom
Tel. +39 04 36 7 91 30, www.arabba.it

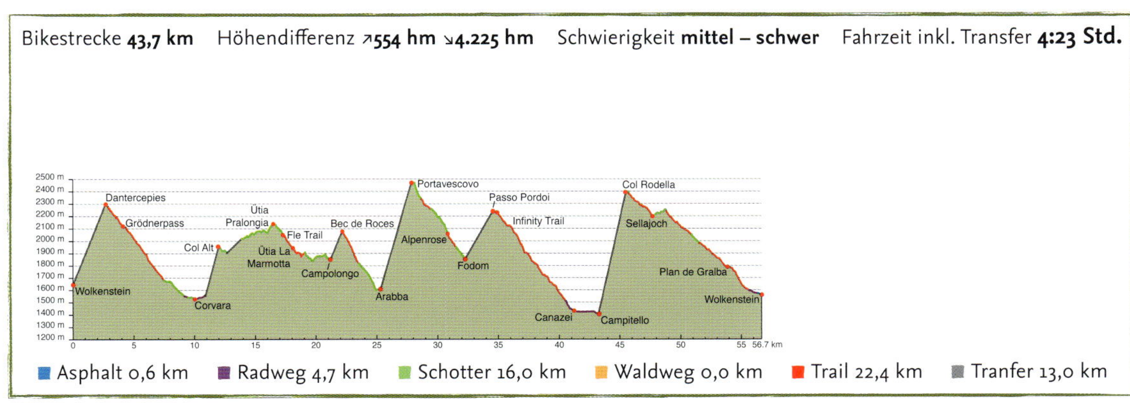

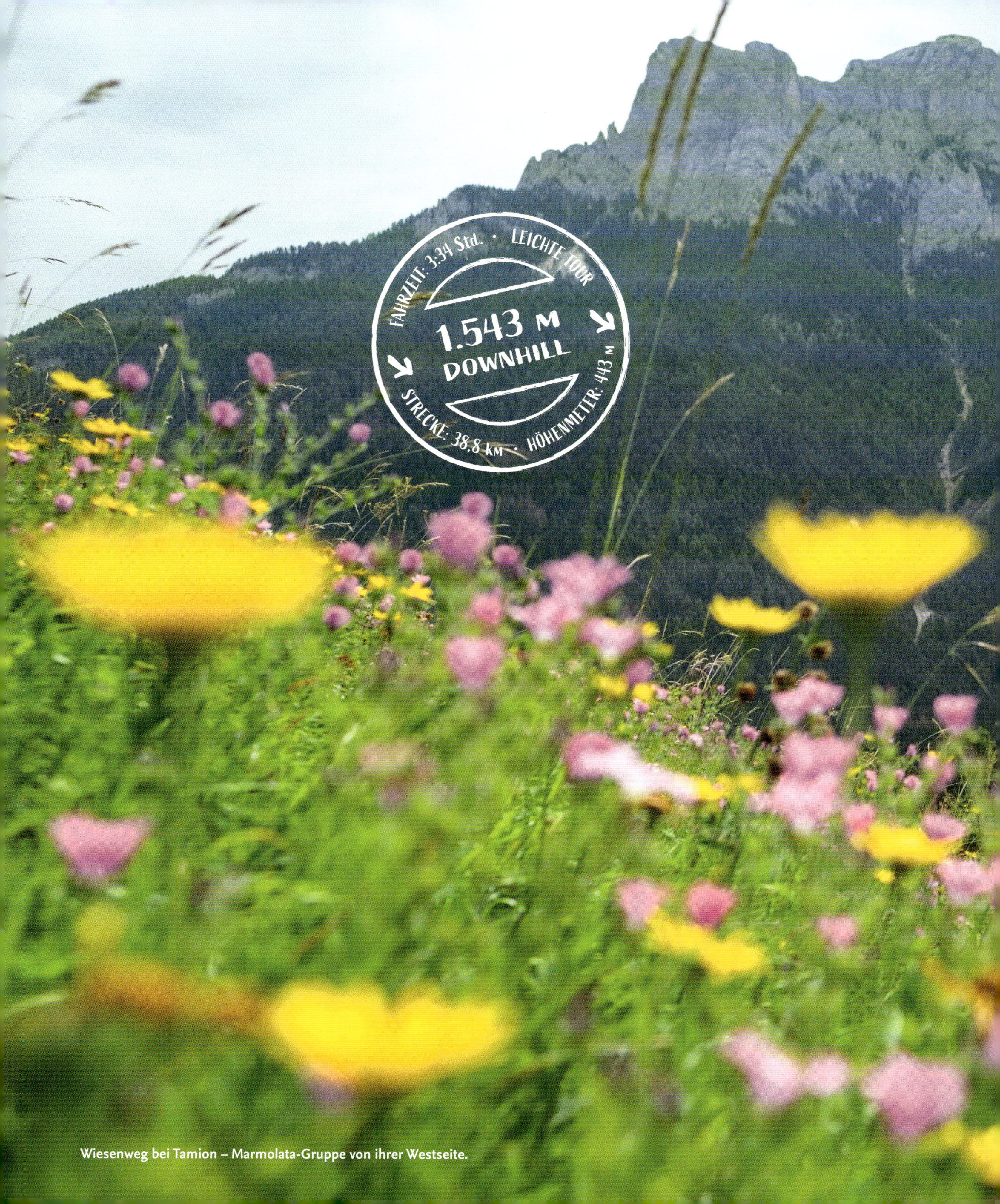

Wiesenweg bei Tamion – Marmolata-Gruppe von ihrer Westseite.

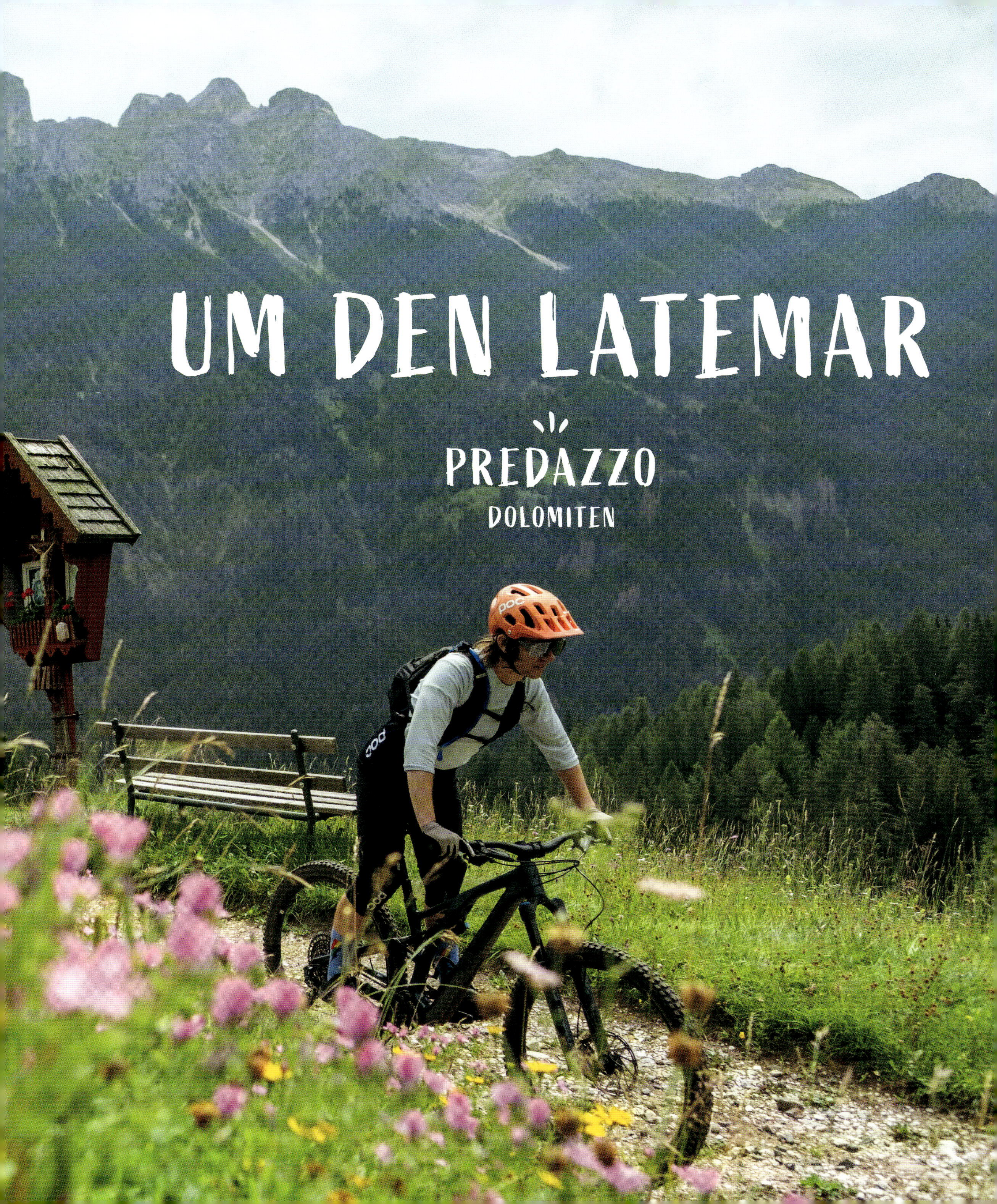
UM DEN LATEMAR
PREDAZZO
DOLOMITEN

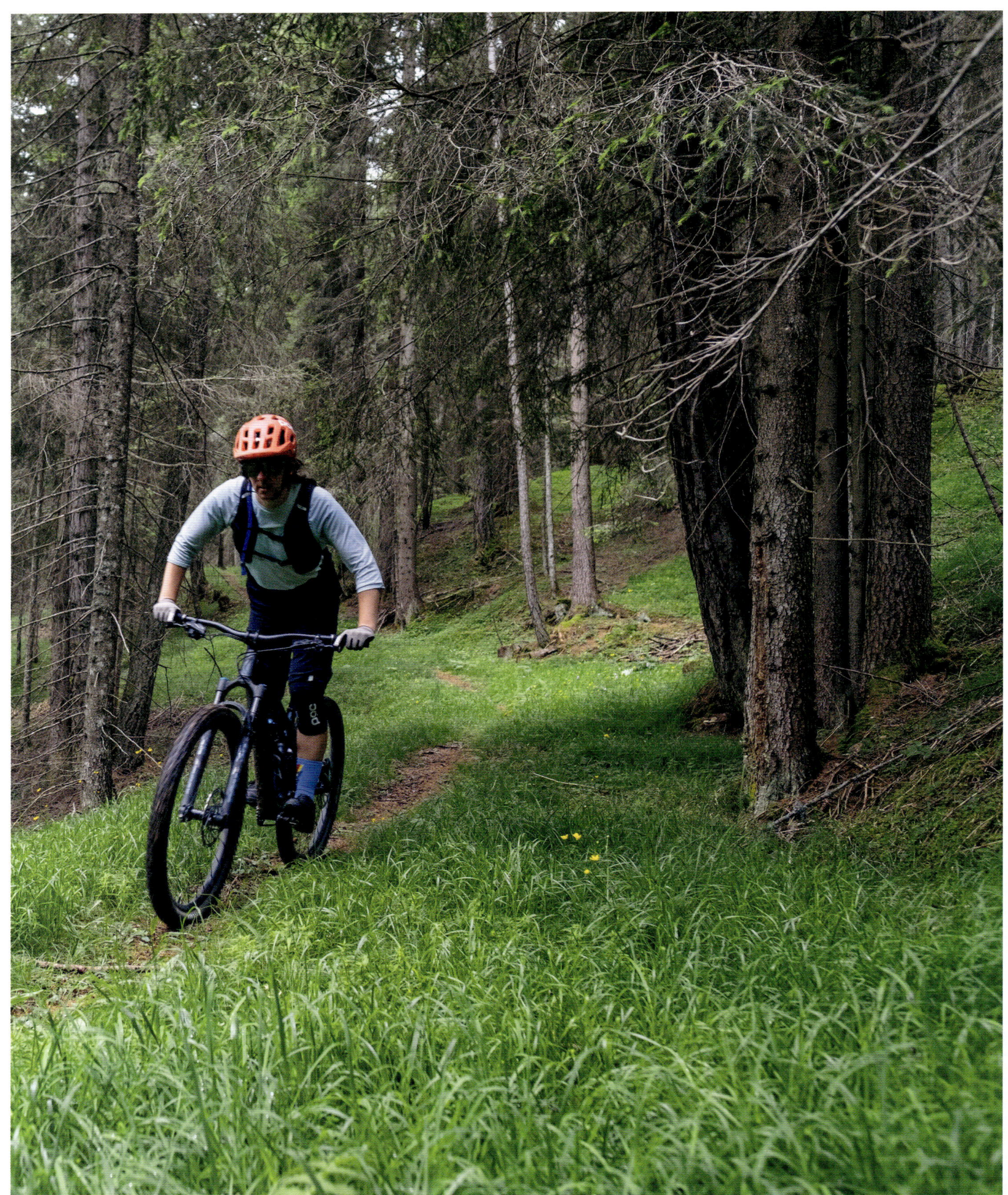

Waldreiches Gebiet: sanfter Pfad im Marmol.

BIKESTRECKE: 38,8 km HÖHENDIFFERENZ: ↑443 hm ↓1.543 hm SCHWIERIGKEITSGRAD: leicht FAHRZEIT: 3:34 Std.

Der Bergkamm über dem See im Kar

11

Eines der bekanntesten Motive der Dolomiten sind die schroffen Felstürme des Latemar, die sich im smaragdgrünen Karersee spiegeln. Zahlreiche Bus-Touristen fangen diese Szene auf einer Aussichtsplattform mit ihren Kameras ein. Lange stand der Latemar im Schatten des benachbarten Rosengartens. Er zählt zu den kleinsten Gebirgsstöcken der Dolomiten und eignet sich wegen seiner Topografie hervorragend für eine relativ leichte Umrundung mit dem Mountainbike. Mit der Aufstiegshilfe von Predazzo im Trentino wird daraus in konditioneller Hinsicht eine Vergnügungsfahrt, die auch Familien und noch nicht ganz so versierte Biker problemlos schaffen.

Da das Wetter umschlagen soll, starten wir relativ früh und stehen morgens als erste an der Gondelstation in Predazzo. Als sich die Bahn endlich in Bewegung setzt, müssen wir noch die Betriebsfahrt abwarten. Wir ahnen, dass es nicht an der Uhrzeit, sondern am Wetter liegen könnte, dass wir immer noch die einzigen sind. Kaum sitzen wir in der Gondel, prasselt auch schon der Regen an die Scheibe und mit jedem Höhenmeter verschwindet die Seilbahn tiefer in einer dunklen Wolke. Auf der Malga Gardone wechseln wir in den Sessellift. Es gibt keine Aufhängung und so werden unsere Bikes komfortabel auf den weichen Polstern auf zwei Sesseln hinter uns transportiert.

„cresta de Lac-te-mara“ ist altladinisch für: „der Bergkamm über dem See im Kar“. Es beschrieb schon früher das schöne Motiv, wenn man über den Karersee auf den Latemar blickt.

Die große, halbrunde Panoramakarte bei der Bergstation am Passo Feudo zeigt mit ihrem blauen Himmel anschaulich, was sich heute hinter den Wolken verbirgt. Nach einer kurzen, etwas steileren Abfahrt auf Schotter geht's erst einmal ganz gemütlich mit leichtem Gefälle auf einem asphaltierten Radweg hinüber nach Südtirol. Am Reiterjoch steht das „Eye to the Dolomites“, eine große Holzkugel, durch die man aufs Eggentaler Horn (2.799 m) und den Cima di Valsorda (2.752 m) blicken kann. Der höchste Punkt des Latemar mit seinem schönen Namen Diamantiditurm (2.842 m) versteckt sich allerdings hinter seinen Vorgipfeln.

Nach der Eppircher Laner Alm endet der Asphalt und ein Forstweg führt durch den Wald hinunter nach Obereggen. Ab dem Bergdorf sind wir nun viel im Wald unterwegs. Allerdings hat das Sturmtief Vaia im Oktober 2018 große Schneisen der Verwüstung in die Berghänge geschlagen. 1.000 Hektar Wald gingen verloren. Immer noch liegt Bruchholz an den Hängen. Die Aufräumarbeiten dauern an. Das ist auch der Grund, warum sich die Wegführung hinter dem Karersee momentan noch von Zeit zu Zeit ändert. Auch unsere Route entspricht nicht ganz dem gedachten Original. An der Talstation in Predazzo und an anderen Orten auf der Strecke liegen Informationen aus. Auch online werden Änderungen der Streckenführung angezeigt (siehe Infoteil).

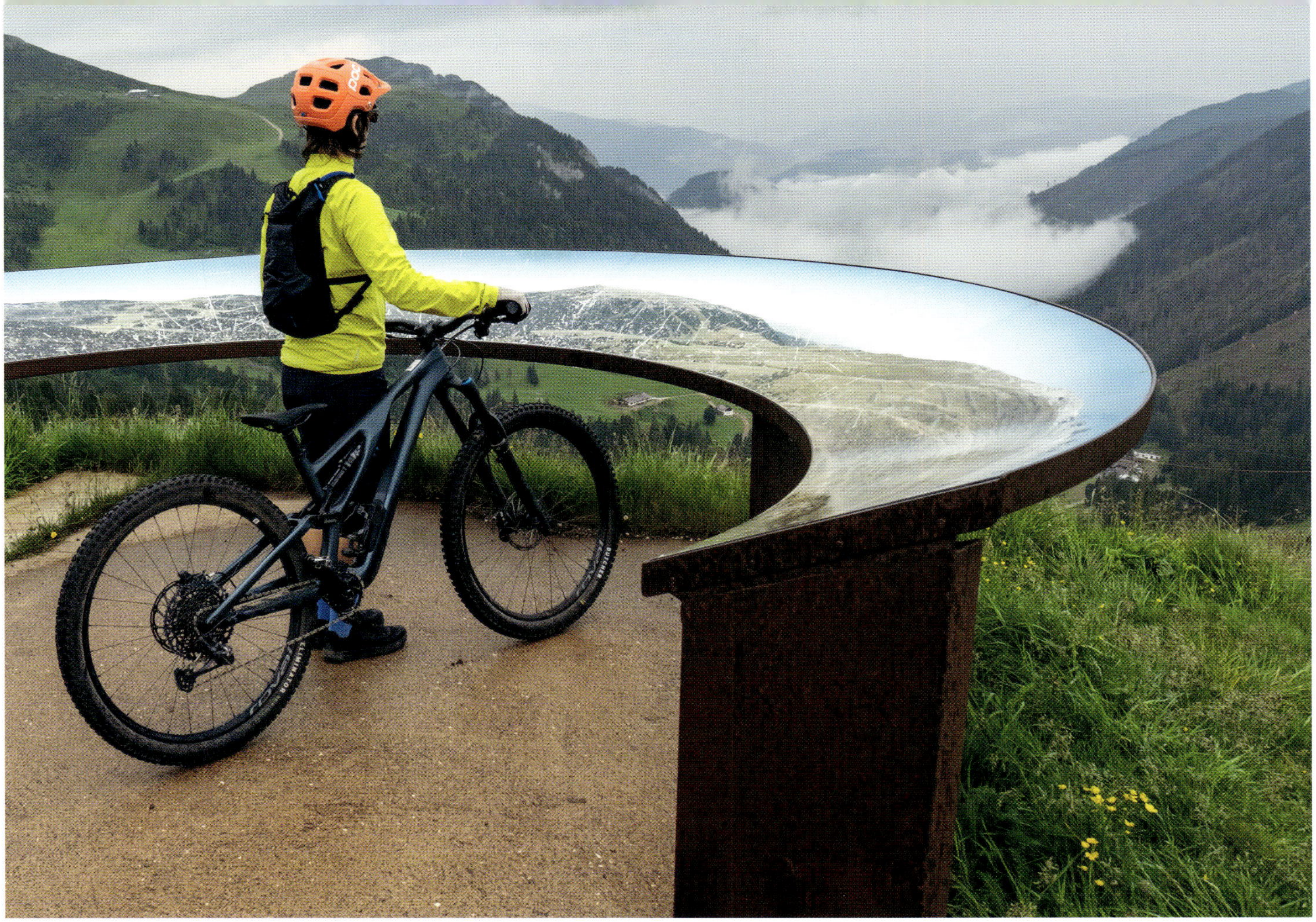

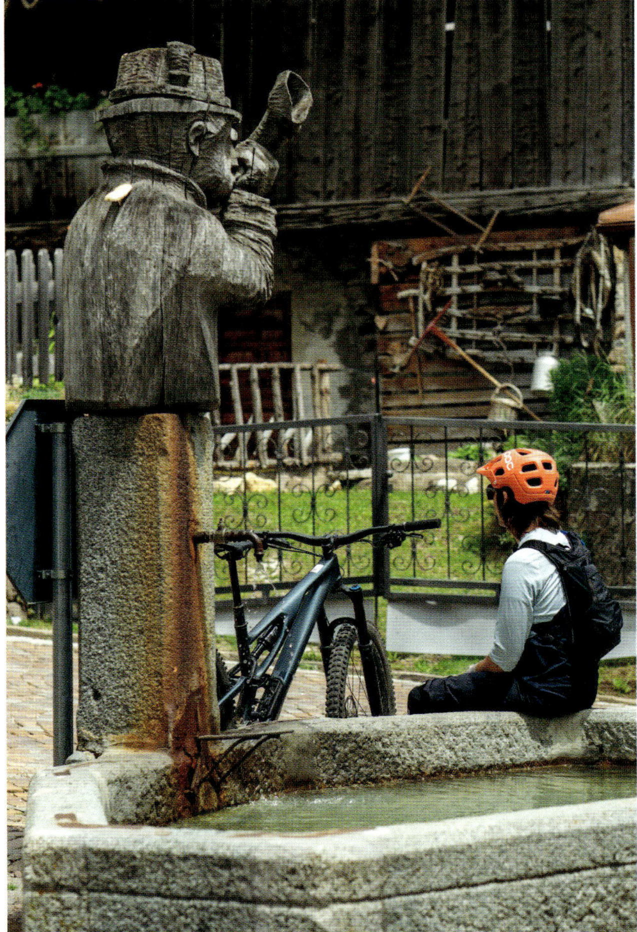

Heute sieht man auf der Karte mehr. Panorama am Passo Feudo (oben).
Alter Ortskern von Moena (links).
Noch ohne Halterungen. Hier darf das Bike auf die weichen Polster (unten).

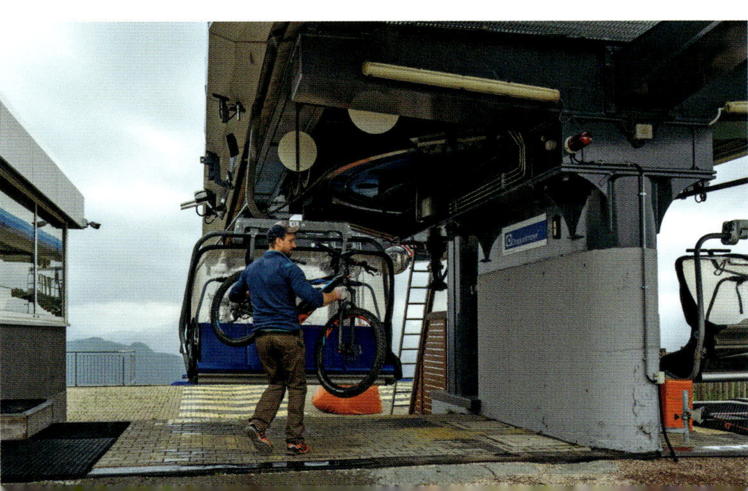

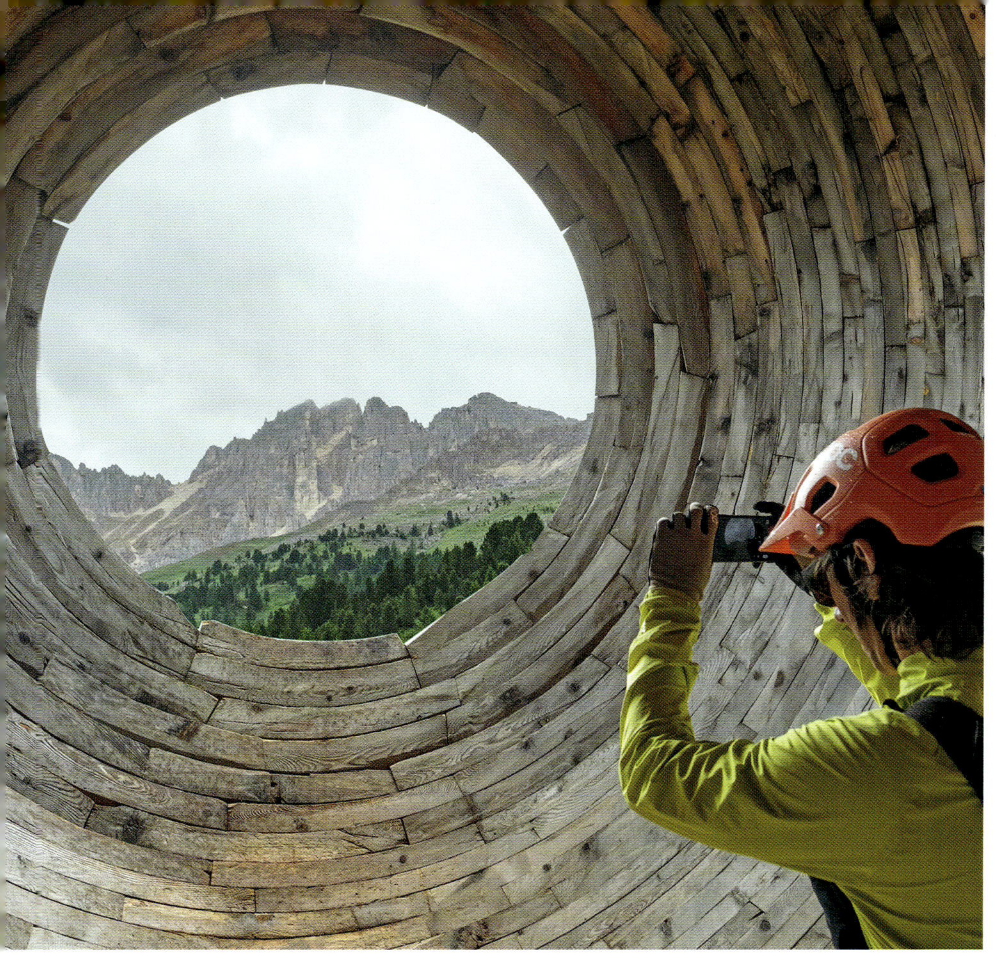

Kunstobjekt „Eye to the Dolomites“ am Reiterjoch (oben). Holz gibt's rund ums Latemar im Überfluss. Abfahrt nach Obereggen (unten).

Noch kurz an der Talstation von Predazzo warten: Betriebsfahrt am Morgen (rechte Seite).

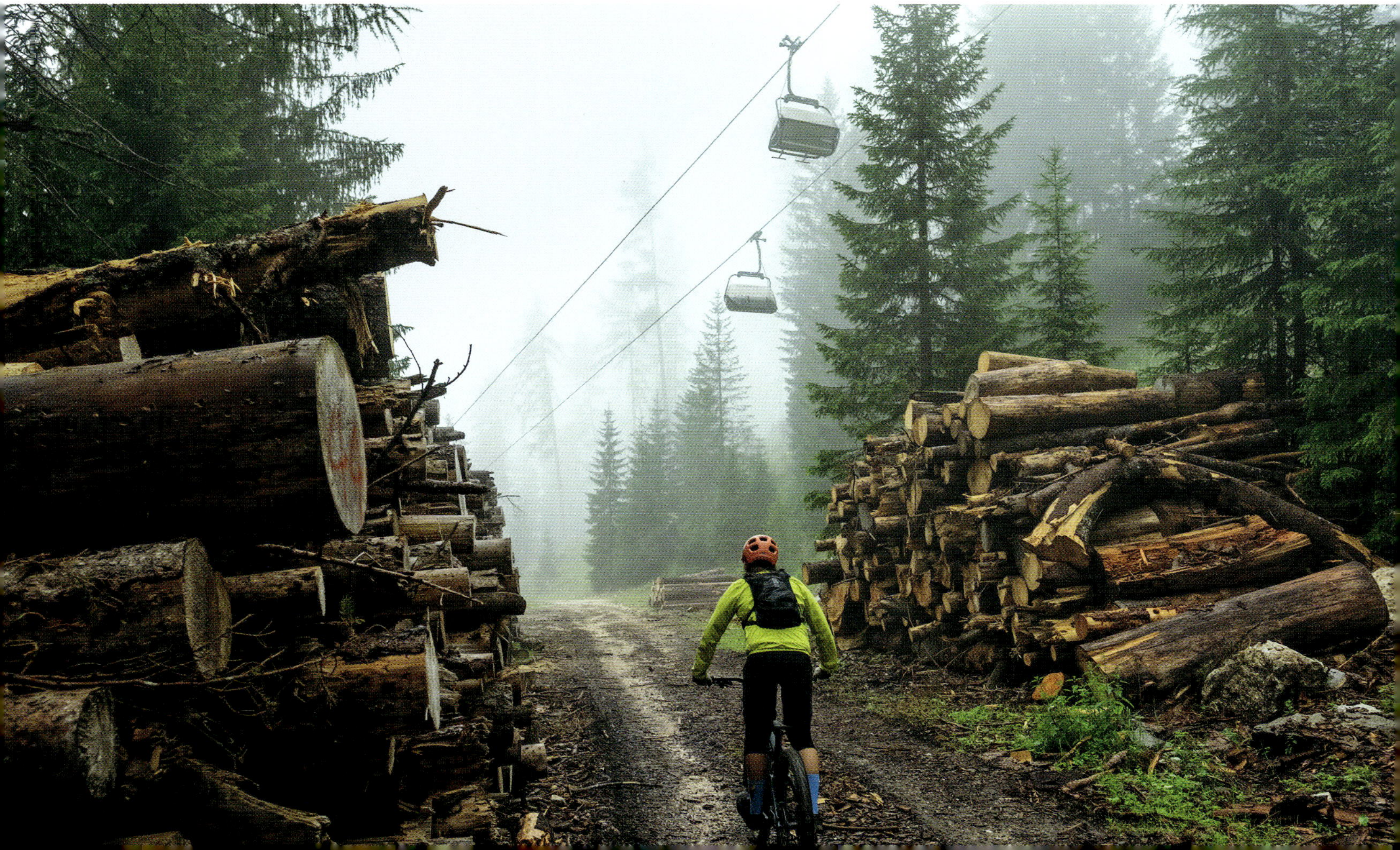

Am Wanderweg entlang des Karersees ist es wegen des Wetters ruhig. Wir sehen aber durch den Nebel, dass die Aussichtsplattform auf der gegenüberliegenden Uferseite voller Menschen ist. Die smaragdgrüne Farbe des kleinen Sees überstrahlt die trübe Lichtstimmung. Über einen feinen Uphill-Trail und weiter auf Forstwegen geht's zum Karerpass (1.752 m). Der Pass zwischen Latemar und Rosengarten-Massiv verbindet das Eggental mit dem Fassatal und damit Südtirol mit dem Trentino.

Die Originalroute der Latemar-Umrundung zweigt unweit hinter dem Pass rechts ab und führt über Forstwege direkt nach Moena. Wir rollen ein paar Straßenkilometer bergab und biegen dann in das Örtchen Tamion (1.538 m) ein. Über Wald und Wiesenwege cruisen wir locker zum Weiler Larcione. Direkt gegenüber präsentieren sich die westlichen Ausläufer der Marmolata-Gruppe. Erste zaghafte Sonnenstrahlen suchen sich ihren Weg durch die Wolken. Im Fassatal verstauen wir unsere Regenklamotten im Rucksack, bei ein paar kleinen Übungseinheiten im Bikepark von Soraga wird uns sogar warm. Auf dem Dolomitenradweg und durch den alten Ortskern von Moena fahren wir ganz entspannt entlang des Avisio flussabwärts zurück nach Predazzo.

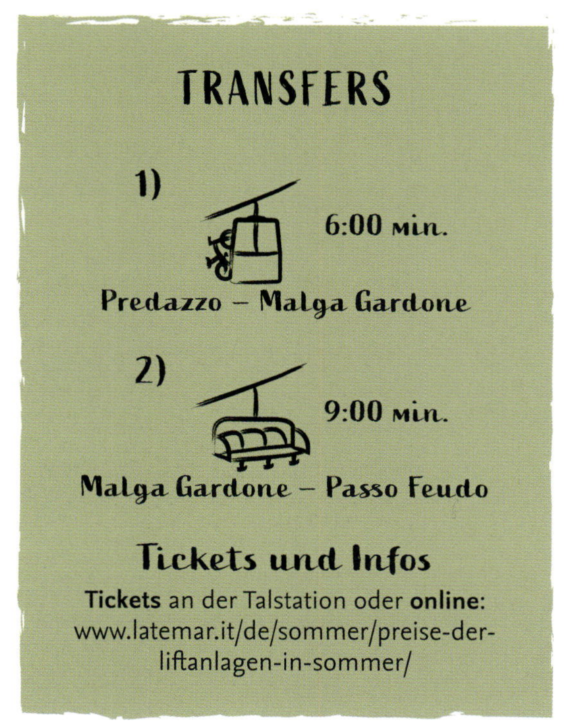

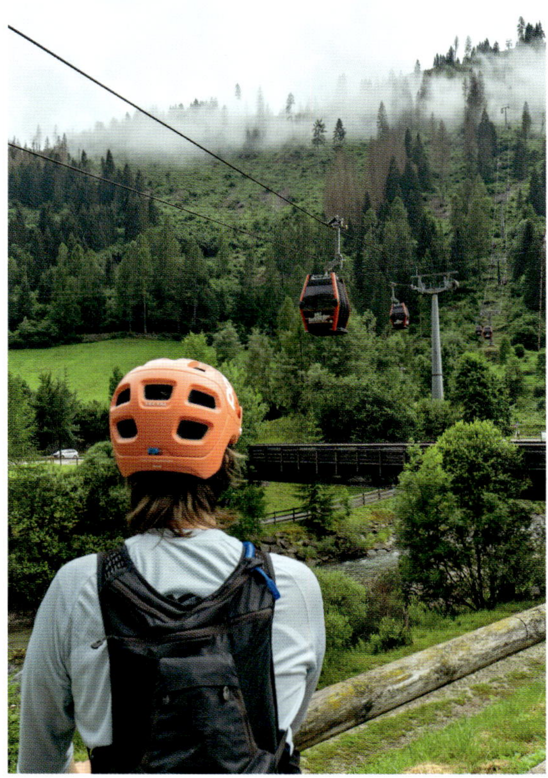

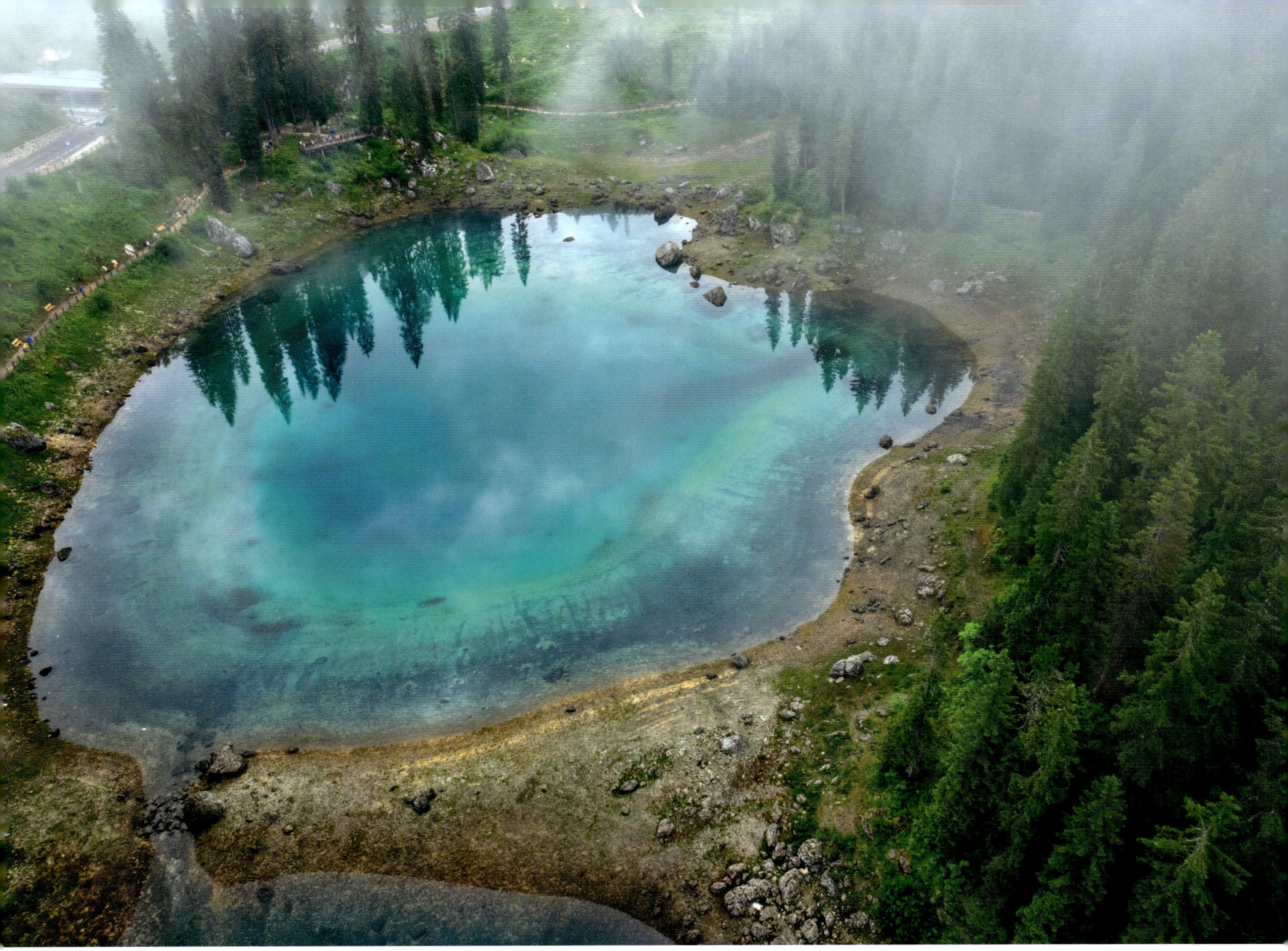

Karersee: Die Wasserhöhe variiert je nach Jahreszeit erheblich. Seine smaragdgrüne Farbe zeigt der sagenumwobene Lago di Carezza aber sogar bei Nebel.

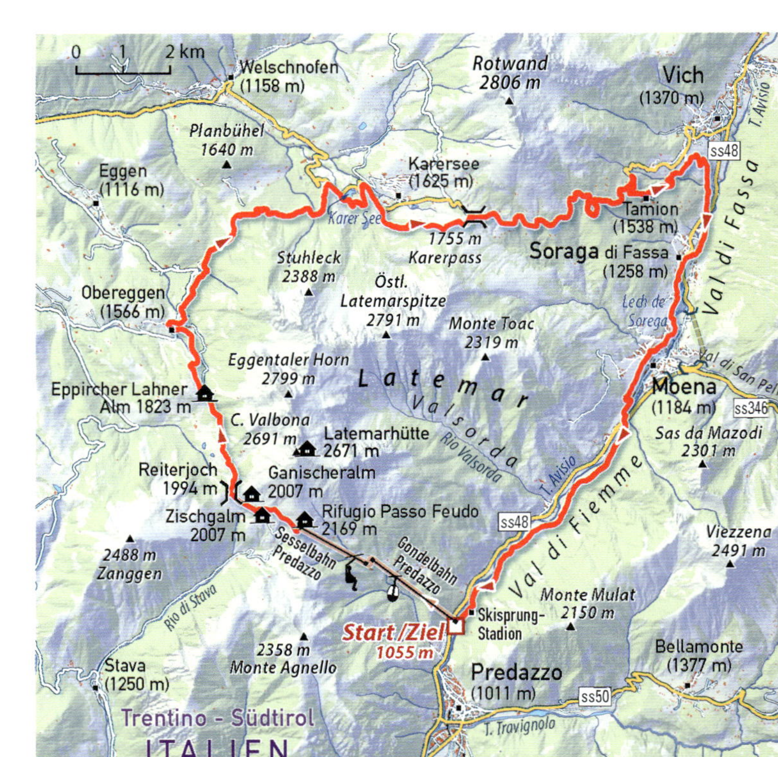

INFOS ZUR TOUR

TOURCHARAKTER

Einfache Biketour auf guten Untergründen. Zu Beginn fahren wir auf Schotter und asphaltiertem Radweg bequem über Obereggen zum Karersee. Danach geht's über ein kurzes Trailstück und Forstwege bergauf zum Karerpass. Wegen der Waldschäden, die der Sturm Vaia im Herbst 2018 verursachte, kann die Wegführung ab dem Karerpass variieren (Infos auf den Websites, siehe rechts). Wir mussten bis zum Örtchen Tamion auf der Straße fahren, ab dort wieder im Wald auf Trail und Schotter nach Soraga. Die letzten Kilometer rollen wir auf Radwegen, mal asphaltiert, mal geschottert zurück nach Predazzo.

TOURSTART

Wir starten unsere Runde mit der Fahrt der Seilbahn nördlich von Predazzo. Als Startort kommen auch Obereggen oder Moena infrage.

EINKEHRTIPP

Auf der Route liegen einige schöne Hütten. Wir empfehlen die **Eppircher Laner Alm (1.826 m)** auf dem Perlenweg kurz vor Obereggen.
Tel. + 39 34 84 58 73 37, www.epircher-laneralm.com

BIKE-VERLEIH

Local Motion Via Fiamme Gialle 64,
I-38037 Predazzo (TN), Tel. +39 32 70 01 54 75
Siegfried Mountainbike-Rent
Obereggen Talstation, I-39050 Obereggen,
Tel. +39 04 71 61 58 00

GEFÜHRTE TOUREN

www.eggental.com/de/aktiv_sport/mountainbike/bikeschulen

BIKE-HOTEL

Active Hotel Rosat Via Garibaldi 30,
I-38037 Predazzo (TN), Tel. +39 04 62 50 12 39,
www.activehotelrosat.it/de
Hotels im Eggental findet man unter:
www.eggental.com/de/Urlaub-planen/Unterkuenfte-Angebote

LANDKARTE

Kompass-Karte WK 74
„Südtirols Süden, Bolzano Vigneti e Dolomiti, Val di Cembra, Val di Viemme", inkl. offline-Verwendung in der Kompass-App, 1:50.000

BIKE-INFOS

www.visitfiemme.it/de/active-relax/mtb-und-fahrrad/mountain-bike,
www.fiemmeholidays.it/de/urlaub-bike-mountainbike-predazzo,
www.eggental.com/de/Sommer/Mountainbike

TOURIST-INFOS

Apt Valle di Fiemme Via C. Battisti 4,
I-38037 Predazzo (TN), Tel. +39 0 462 24 11 11,
www.visitfiemme.it/de
Eggental Tourismus Dolomitenstraße 4,
I-39056 Welschnofen, Tel. +39 04 71 61 95 00,
www.eggental.com/de

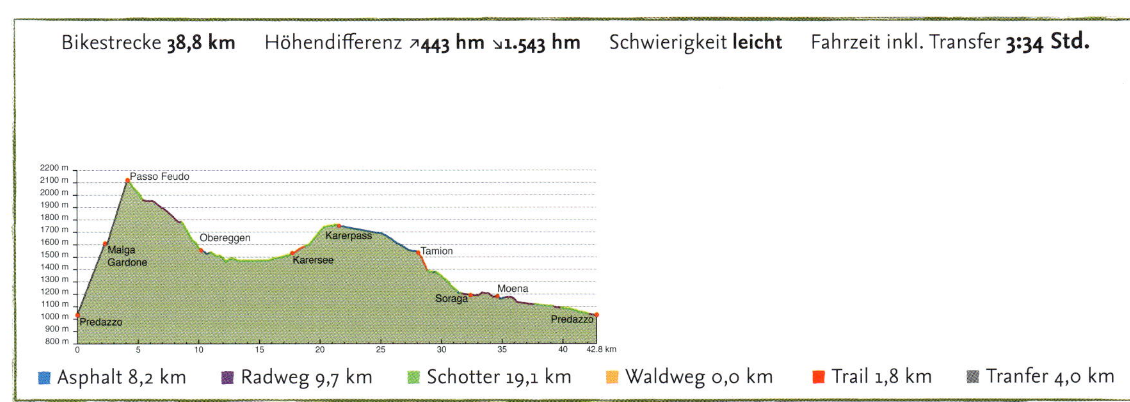

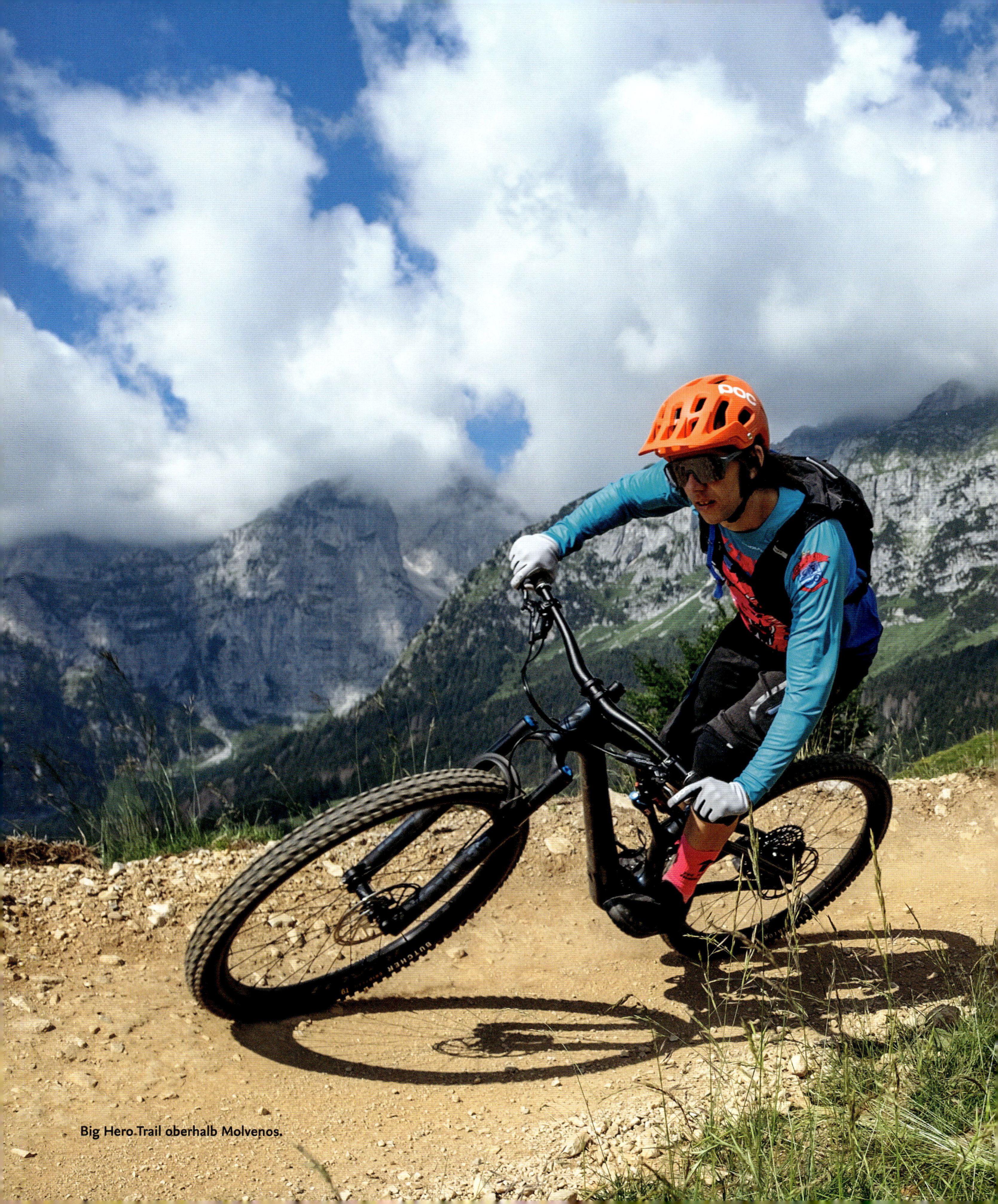

Big Hero Trail oberhalb Molvenos.

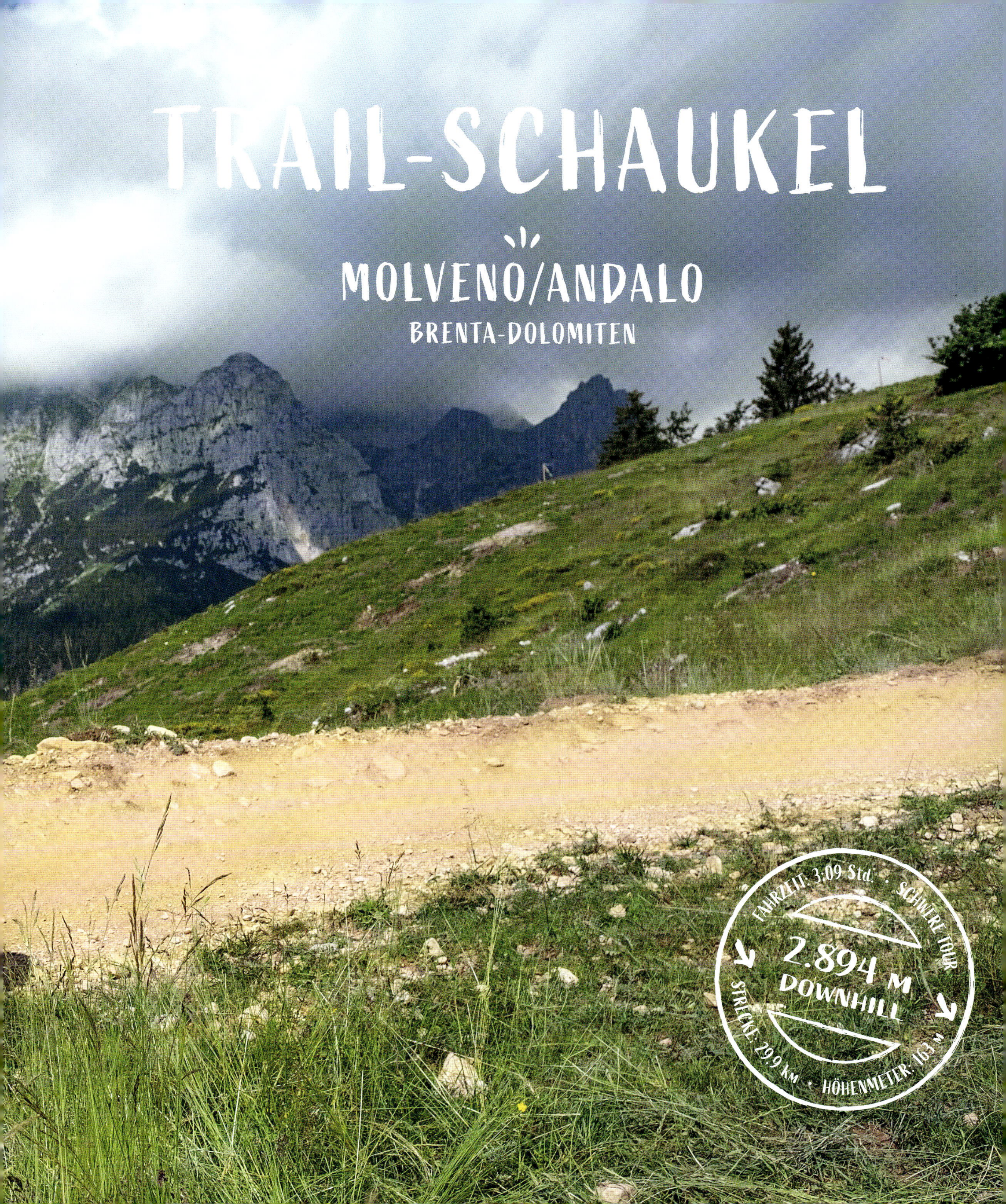
TRAIL-SCHAUKEL
MOLVENO/ANDALO
BRENTA-DOLOMITEN
FAHRZEIT: 3:09 Std. • SCHWERE TOUR
2.894 M
DOWNHILL
STRECKE: 29,9 KM • HÖHENMETER: 163 M

BIKESTRECKE: 29,9 km HÖHENDIFFERENZ: 163 hm ↓2.894 hm SCHWIERIGKEITSGRAD: schwer FAHRZEIT: 3:09 Std.

Feinster Trailmix garantiert

12

Früher fristete der kleine Molvenosee ein unscheinbares Dasein in einem Seitental, das die meisten Outdoorsportler auf ihrem Weg zum bekannten und beliebten Gardasee unbeachtet liegen ließen. Nur wenige Italiener genossen die Ruhe des malerischen Bergsees, um im Naturpark Adamello-Brenta zu klettern, zu wandern oder im Winter Skifahren zu gehen. Tempi passati … heute zählt die Trentiner Region zu den besten Enduro-Bike-Revieren der Alpen. Unter dem Markennamen „Paganella Dolomiti Bike“ zieht sie Jahr für Jahr mehr Mountainbiker an. Oder etwa nur Bikerinnen? Bei einem Fotostopp auf unserer ersten Trailabfahrt brettert eine Frau nach der anderen an uns vorbei. Auch am Ende des spaßigen Trails an der Mittelstation Pradel stehen Amazonen gleich mindestens 20 Bikerinnen und warten auf weitere Girls, die aus den Gondeln steigen. Des Rätsels Lösung: Wir sind zufällig in das jährlich stattfindende Bike Women Camp geraten.

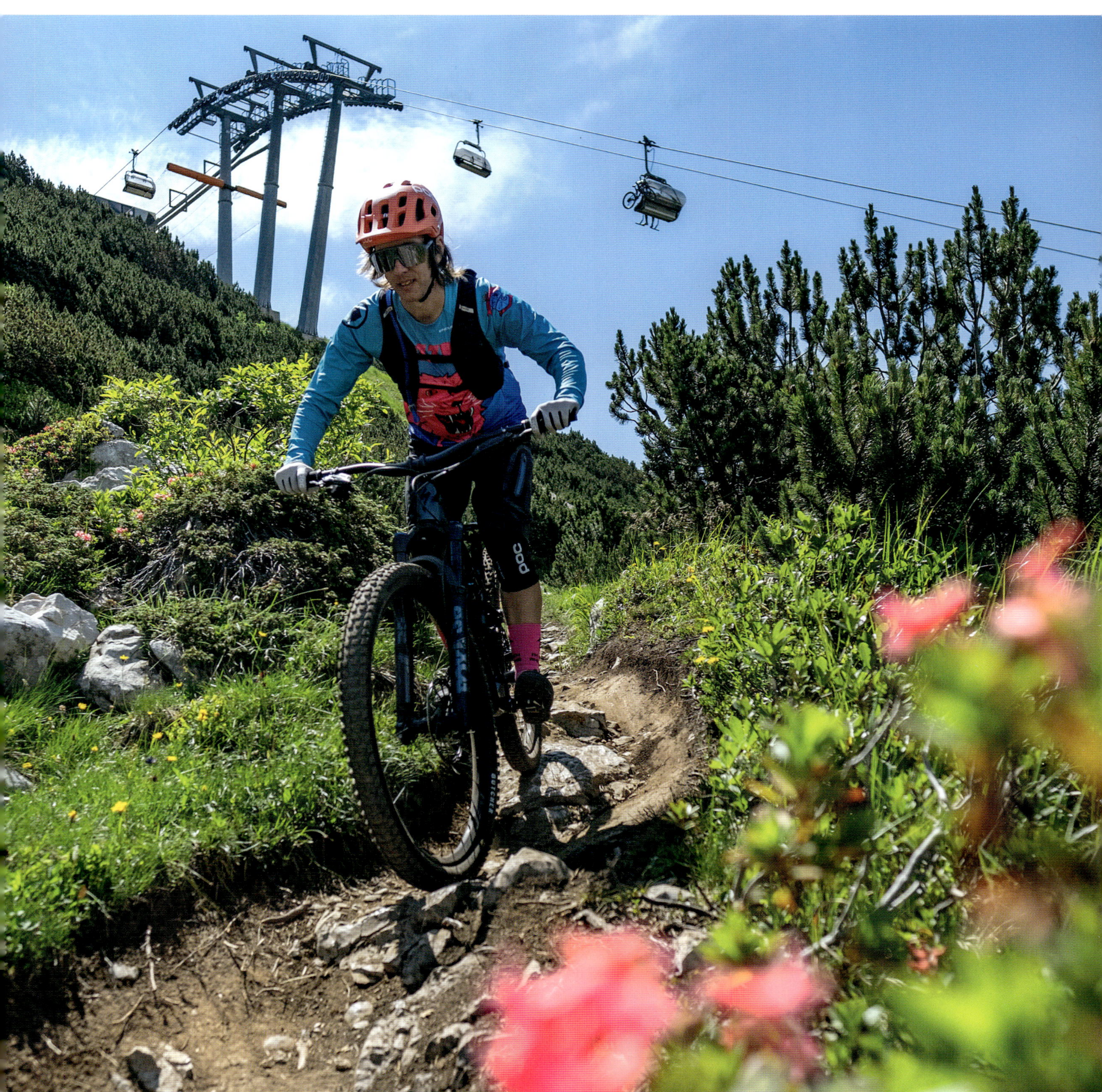

Giada Line kurz unterhalb der Cima della Paganella.

Die ersten Trailkilometer waren noch nicht sehr anspruchsvoll, haben aber bereits richtig Laune gemacht. Die Talstation in Andalo ist ein frequentierter Knotenpunkt, daher müssen wir ein paar Minuten anstehen. Ein kleiner Nachteil: Trotz moderner Gondelanlagen müssen die Bikes hochkant in die Kabine gewuchtet werden. Wahrscheinlich wurden die Liftanlagen vor dem Bikeboom renoviert. Nach einem kurzen Verbindungsweg schweben wir mit einem Sessellift auf den höchsten Punkt, die Cima della Paganella.

Die Orte Molveno, Andalo und Fai della Paganella warten mit exzellent gebauten Trails aller Schwierigkeitsgrade auf. Außerdem finden Biker ein Netz aus feinsten Natur-Singletrails vor.

Vormittags ist am Rifugio La Roda (2.125 m) noch nicht viel los. Die Mitarbeiter, alle im Bartender-Outfit gekleidet, bereiten sich auf die Gäste vor. Auf dem Grill vor der Hütte brutzeln schon Spareribs, in einem mächtigen Kupferkessel köchelt Polenta auf offenem Feuer und der Barmann mixt die ersten Aperitifs auf der großen Holzterrasse. Ein Bistecca Fiorentina läge vor den kommenden Trails wohl zu schwer im Magen, wir merken uns die La Roda aber fürs Abendessen. Es dauert ja nur ein paar Minuten, bis man mit den Liften wieder hier hochgefahren ist.

Den Grillduft noch in der Nase starten wir auf die Giada Line. Nach zwei engen Kurven zieht der felsige Trail mit ein paar Stufen am niedrig bewachsenen Hang entlang – schöne Blicke garantiert, wenn Zeit zum Schauen bleibt. Im Wald wechselt der Untergrund zwischen steinig und wurzeldurchsetzt. Wir biegen auf den Ribs Trail ein, wo uns wieder einige anspruchsvolle Abschnitte erwarten. Auf einmal sind wir irritiert, nicht weil vor uns eine Gruppe Freeriderinnen aus dem Camp hier gerade eine Übungseinheit abhalten, sondern weil wir den Weg nicht mehr sehen. Eine aus der Gruppe zeigt an: hier zwischen den zwei Bäumen durch. Mit der Brust auf dem Sattel und dem Po knapp über dem blockierten Hinterrad rutschen wir 20 Meter eine Steilrampe über lockeren Waldboden hinunter. Puh, geschafft! Zurück nach Andalo erwarten uns allerdings keine weiteren Schwierigkeiten mehr.

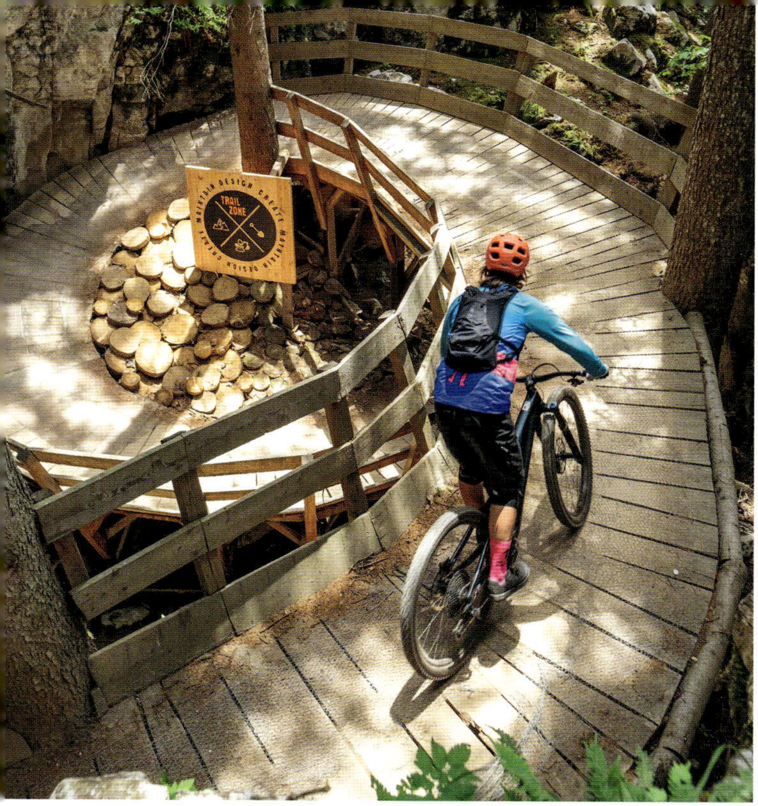

Die bekannte Schnecke auf dem Willy Wonka (oben).
Grillkunst auf dem Rifugio La Roda (rechts).
Typischer Trentiner Bergort: Fahrt durch Andalo (unten links).
Aussichtsreich: an der Bergstation Pradel (unten rechts).

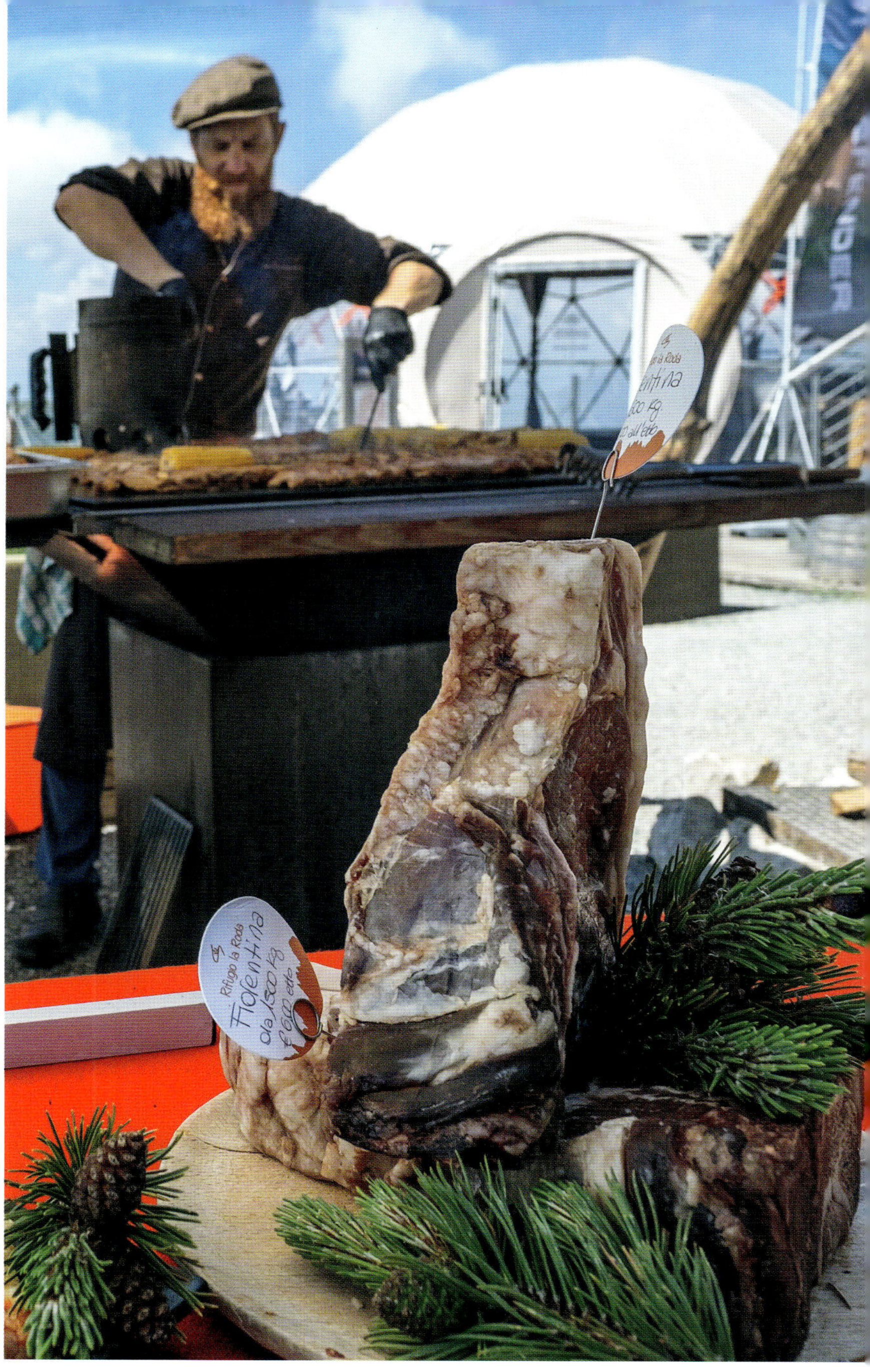

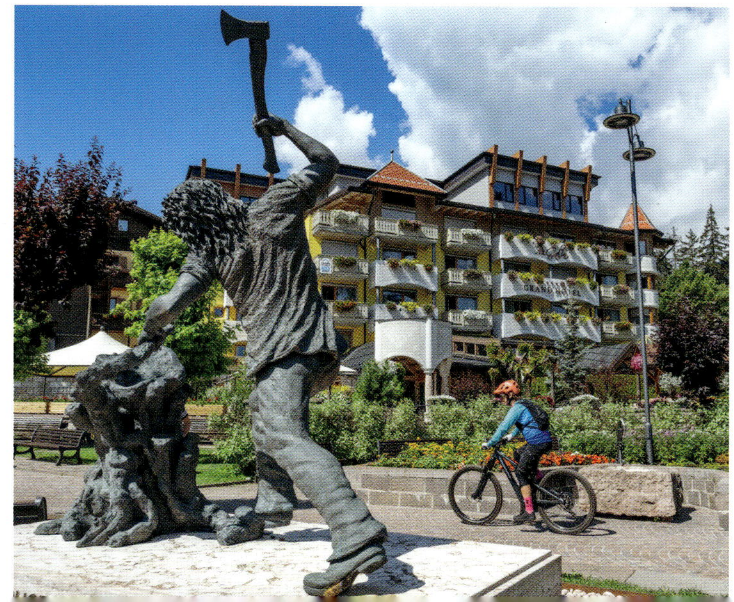

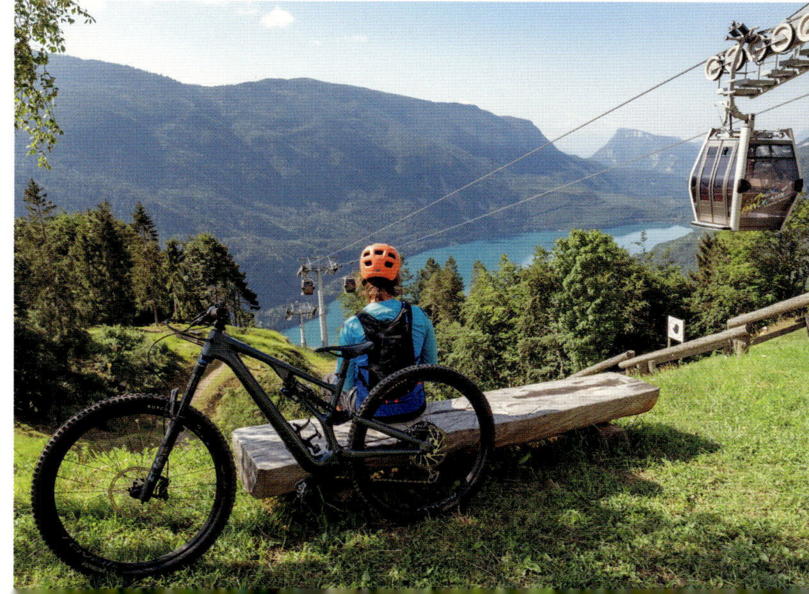

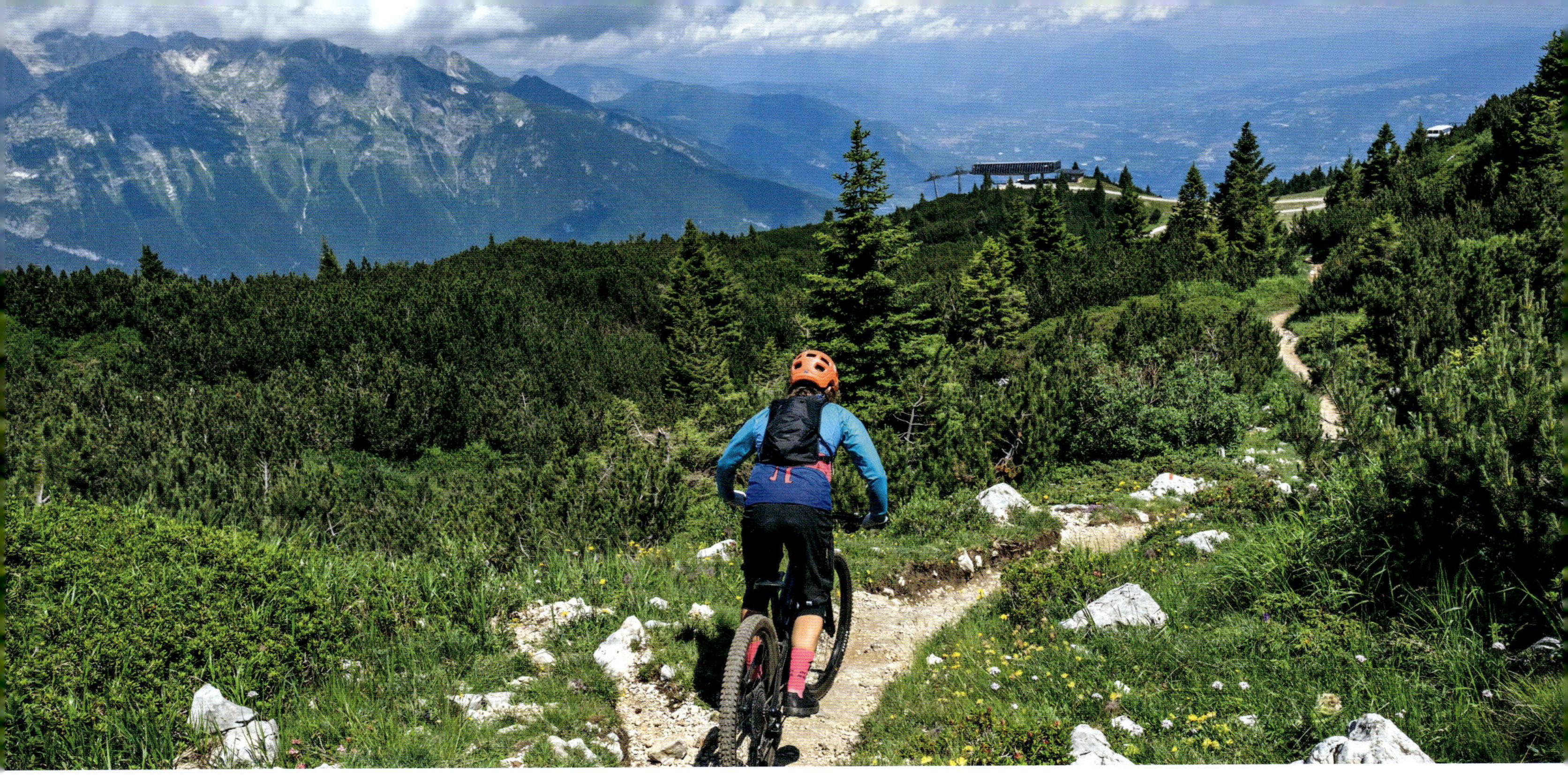

Blick bis ins Val di Non – auf der Giada Line (oben).
Belohnung für den harten Ride – am kleinen Hafen in Molveno (rechts).
Bremsen nur für Pausen: Auf dem Zanna Bianca lässt man es einfach laufen (unten).

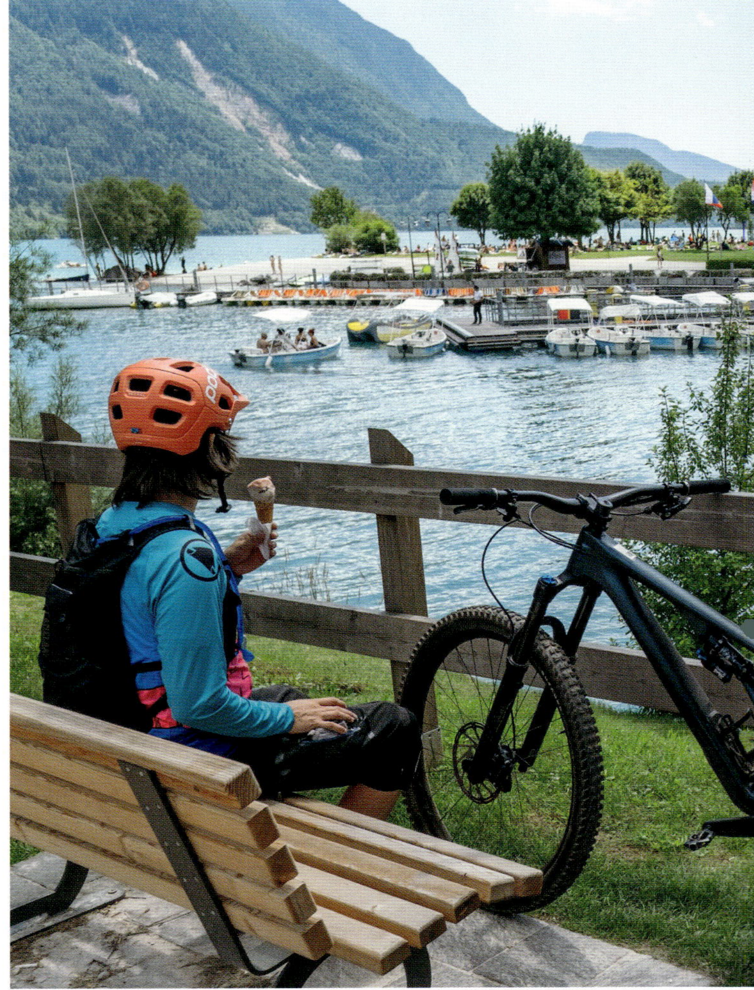

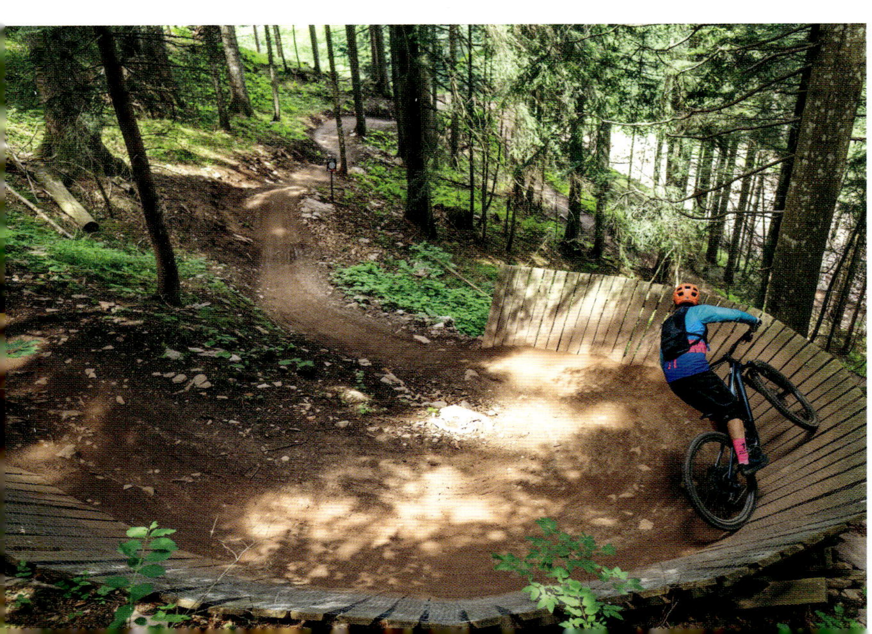

Mit der Gondel geht's diesmal nur bis Dos Pelà. Nun wartet pure Flowtrail-Sause mit kleinen Sprüngen, Steilkurven und Northshore-Elementen auf dem Hustle & Flow und dem Willi Wonka mit seiner von vielen Fotos bekannten 360°-Kurve durch einen kleinen Canyon.

Wieder in Andalo shutteln wir mit einer anderen Gondelbahn zu den Prati di Gaggia. Unsere letzte Trailabfahrt rocken wir auf dem Zanna Bianca, der zuletzt im Willy Wonka mündet. Die vielen Abfahrtsmeter spüren wir mittlerweile deutlich, vor allem in den Händen und Oberschenkeln, aber das Adrenalin pusht und ein ganzer Tag Downhill macht ja auch süchtig. An der Talstation gibt's einen Espresso. Sollen wir nochmal rauffahren und ein paar zusätzliche Trailkurven dranhängen oder lieber ein bisschen chillen? Auf die La Roda wollten wir ja ohnehin später noch.

Unser Fazit: Dolomiti Paganella Bike ist ganz großes Kino, und das nicht nur wegen der Filmnamen der super angelegten Trails. Die Region hat den Nerv der Szene getroffen. Von Familien bis zu Hardcore-Freeridern finden alle die passenden Touren. Die Frauen wissen schon, warum sie sich Jahr für Jahr am schönen Molvenosee zum Bike Women Camp treffen.

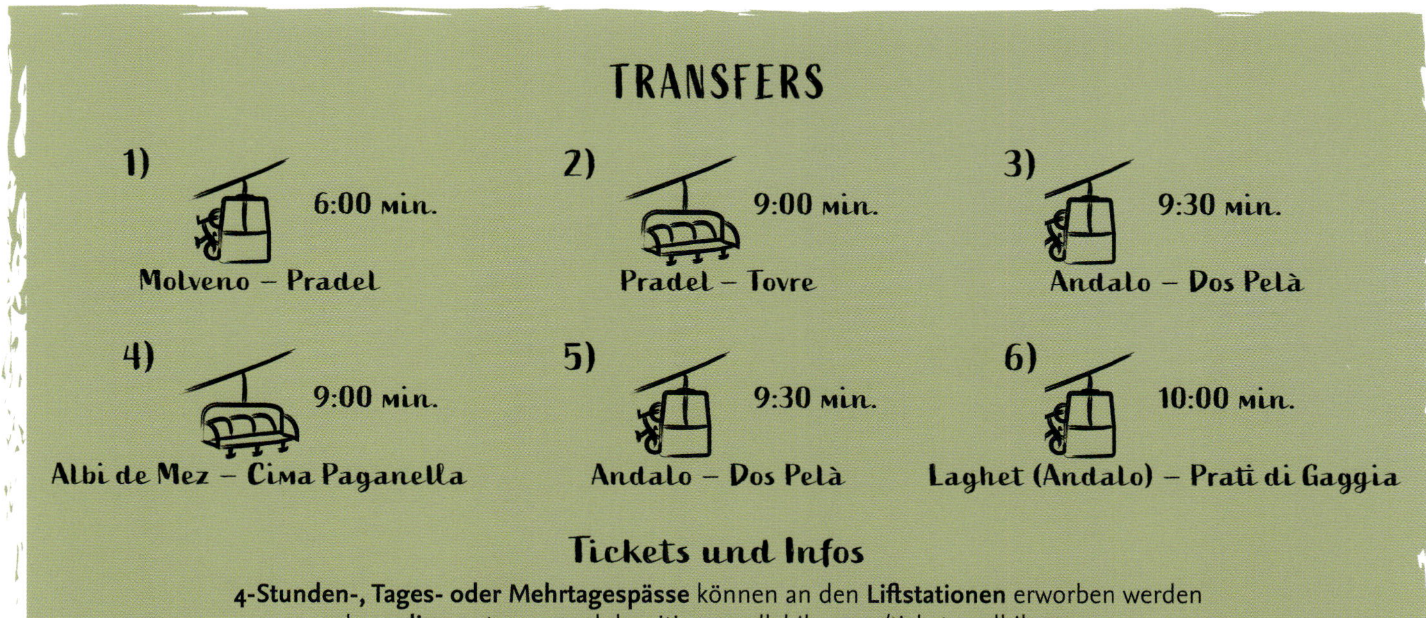

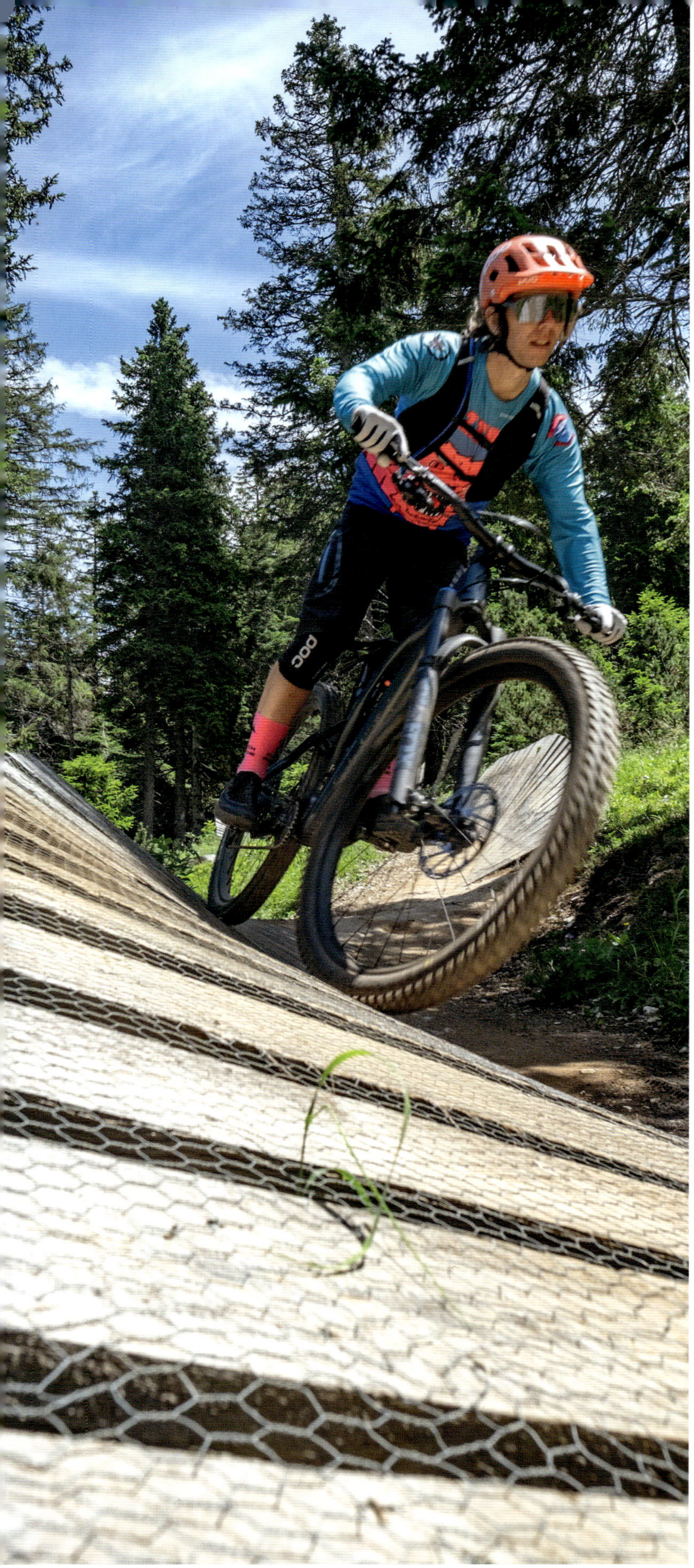

Steilkurven, Northshore-Elemente, Sprünge. Flowig oder felsig und auch viel Natur. Jeder Trail hat seinen ganz eigenen Charakter.

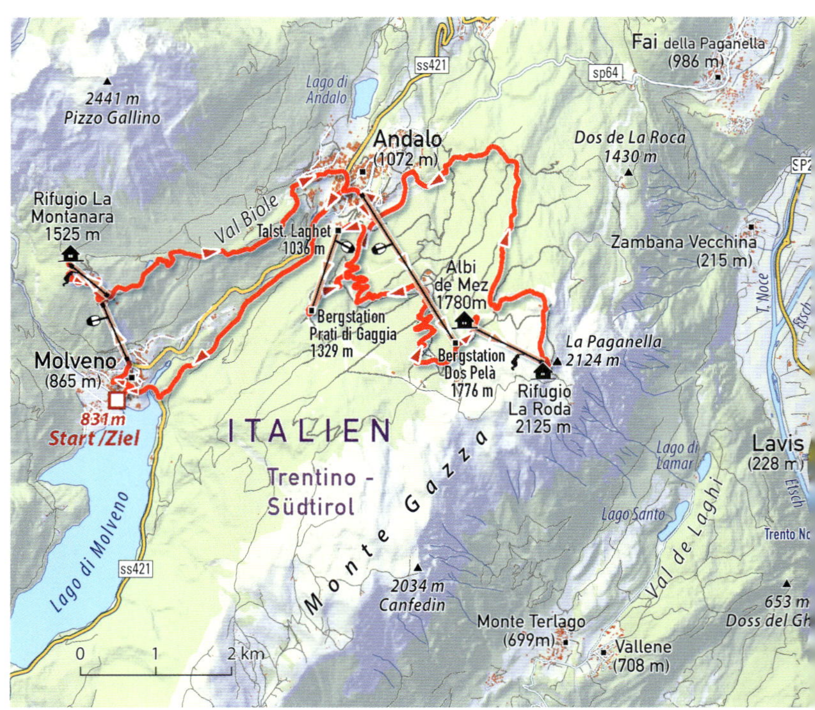

INFOS ZUR TOUR

TOURCHARAKTER
Technisch sehr anspruchsvolle Tour mit einer Mischung aus gebauten und natürlichen Trails. Teils im Bikepark, aber auch auf „shared trails“, die zusammen mit Wanderern genutzt werden. Zeit zum Warmfahren auf den leichten „Big Hero“ und „Blade Runner“. Ab der Cima Paganella sehr steil und technisch über die „Giada Line“ und den „Ribs Trail“. Zuletzt wieder etwas einfacher und mit Flow auf den Trails „Hustle + Flow“, „Willy Wonka“ und „Zanna Bianca“.

TOURSTART
Start ist im Ort Molveno. Ein paar Meter folgen wir der Straße Richtung Andalo hoch bis zur Talstation der Gondel.

EINKEHRTIPP
Rifugio La Roda (2.125 m) Der neue Chic in den Bergen. Sehr gute Küche, aber auch leckere Kleinigkeiten genießt man auf der Aussichtsterrasse. Cima Paganella, I-38010 Andalo, Tel. +39 34 88 93 95 44, www.laroda.it

BIKE-VERLEIH
Santa Cruz Official Rent Point Via Paganella 3/A, I-38010 Andalo, Tel. +39 04 61 58 53 53, www.andalo.bike/noleggio
Bear Bike Center Zona Lago (neben Tennisplatz und Minigolf), Tel. +39 34 88 52 56 69, www.andalo.bike/noleggio

GEFÜHRTE TOUREN
Paganella Bike Academy Via Priori 14, I-38010 Andalo (TN), Tel. +39 34 27 08 20 95, www.dolomitipaganellabike.com/de/gefuhrte-touren-6

BIKE-HOTELS
Alle bikefreundlichen Unterkünfte unterschiedlicher Kategorien sowie ein Campingplatz werden auf der Website von **Dolomiti Paganella Bike** aufgelistet.
www.dolomitipaganellabike.com/de/bike-hotel

LANDKARTEN
Kompass-Karte WK 73
„Brentagruppe, Weltnaturerbe, Dolomiti di Brenta“, 1:50.000
3D-Karte Dolomiti Paganella Bike
www.dolomitipaganellabike.com/de

BIKE-INFOS
www.dolomitipaganellabike.com/de
App „Mowi Bike“ (Google Play, App-Store)

TOURIST-INFOS
Dolomiti Paganella
Büro Molveno Piazza Marconi 5,
Tel. +39 04 61 58 69 2,
Büro Andalo Piazza Dolomiti 1,
Tel. +39 04 61 58 58 36,
www.visitdolomitipaganella.it

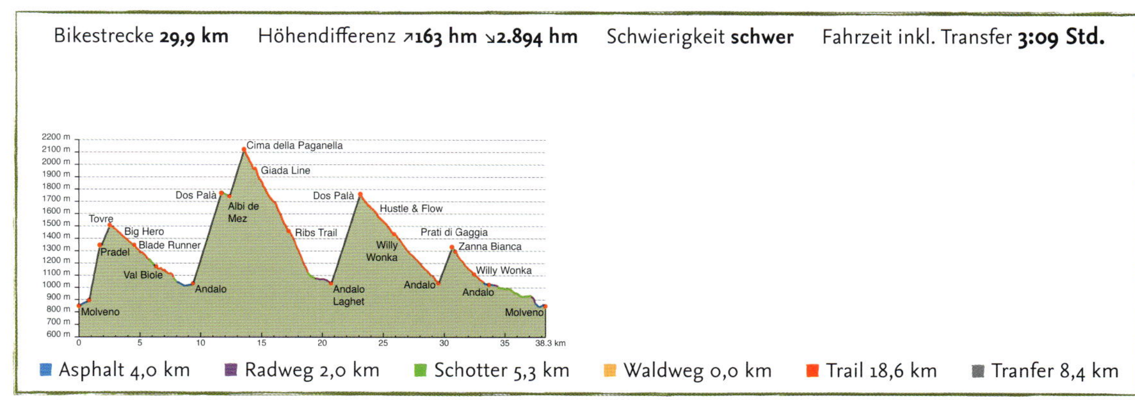

LAKE TO LAKE

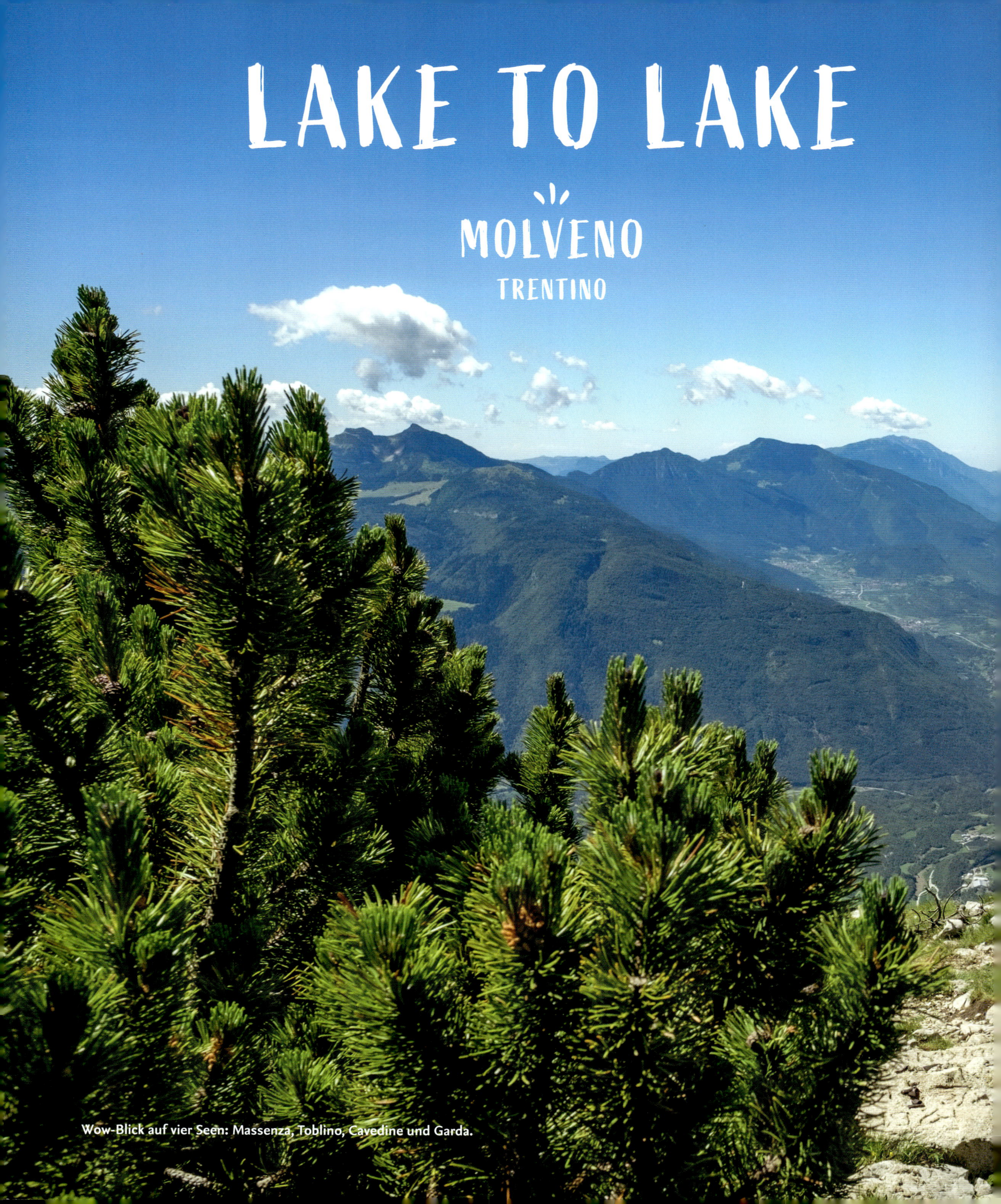

Wow-Blick auf vier Seen: Massenza, Toblino, Cavedine und Garda.

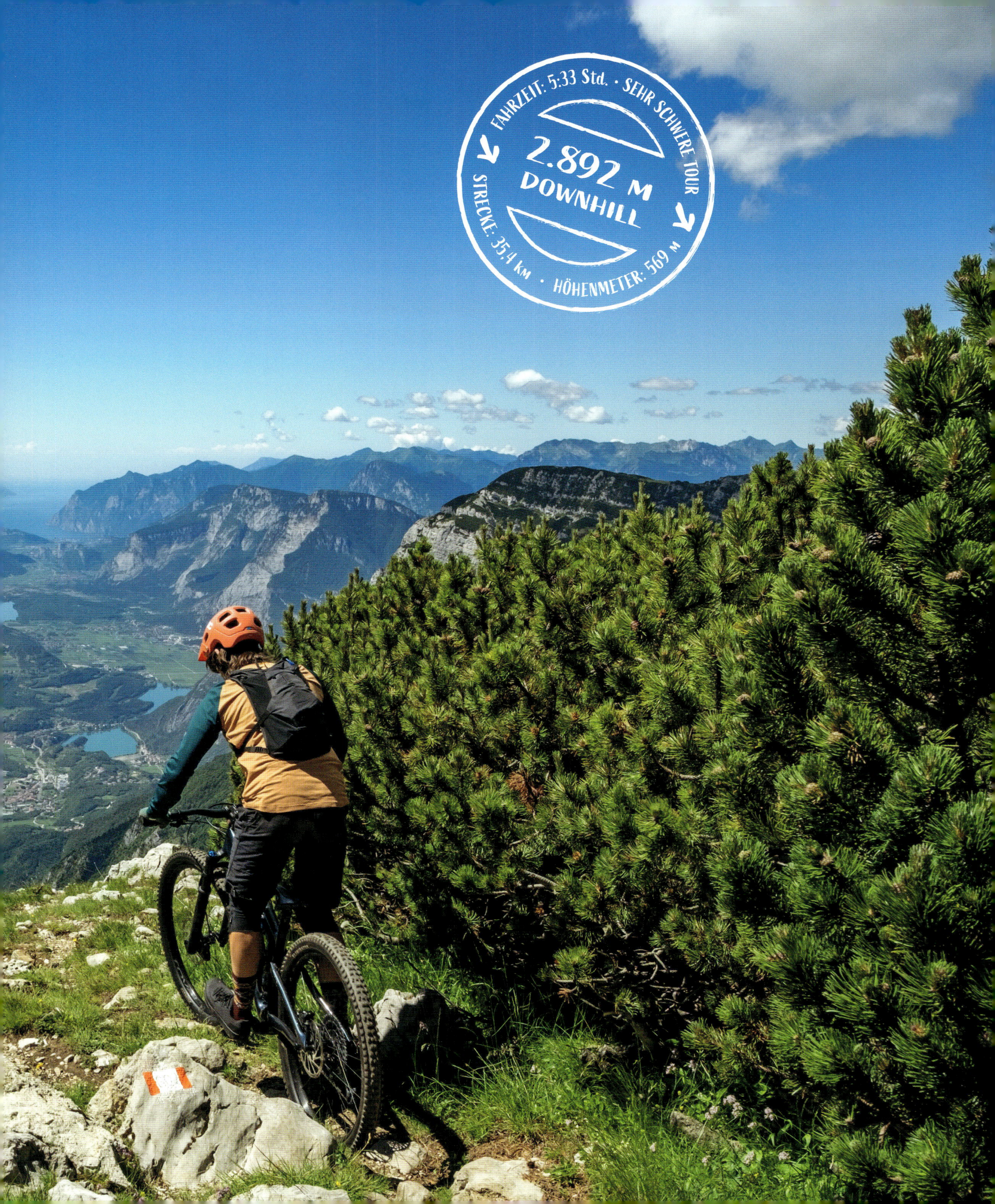
FAHRZEIT: 5:33 Std. • SEHR SCHWERE TOUR
2.892 M
DOWNHILL
STRECKE: 35,4 km • HÖHENMETER: 569 m

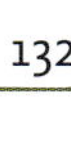

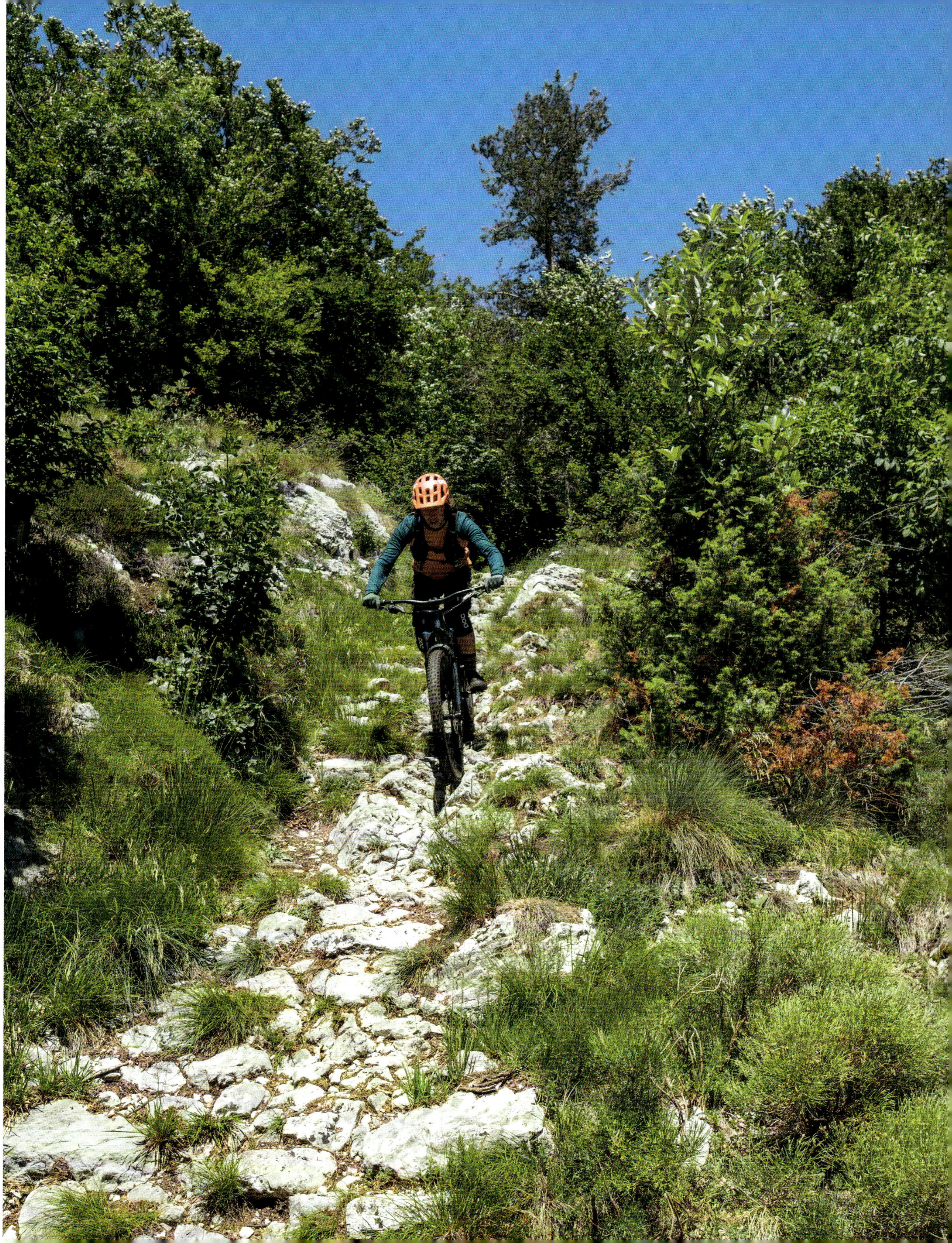

BIKESTRECKE: 35,4 km **HÖHENDIFFERENZ:** ↑569 hm ↓2.892 hm **SCHWIERIGKEITSGRAD:** sehr schwer **FAHRZEIT:** 5:33 Std.

Ultimativer Ritt für Hartgesottene

13

Eigentlich warten auf der Tour vom herrlich gelegenen Lago di Molveno zum kleinen Lago di Toblino nur zwei Anstiege von zusammen kaum 400 Höhenmetern. Das Wort „Anstieg" ist hier allerdings wörtlich zu nehmen. Die wenigsten Passagen absolviert man im Sattel. An einigen Stellen kommt man nicht mal mehr schiebend die steilen Pfade hoch, sondern muss das Bike mühsam über dicke Felsbrocken wuchten und hinterherklettern. Dabei beginnt alles ganz harmlos. Nach der Fahrt mit Gondel und Sessellift vom malerischen Molveno hinauf in den Naturpark der Brenta-Dolomiten, passieren wir direkt bei der Liftstation die Einfahrt zum „Big Hero". Die Lake-to-Lake-Tour beginnt eigentlich über den wesentlich schwereren Ude's Trail durch den Wald, aber da heute noch so manche technische Herausforderung auf uns wartet, kurven wir zum Warmfahren lieber durch die vielen Anlieger auf dem leichtesten Flowtrail der „Dolomiti Paganella Bike Area".

Steil und verblockt: Abfahrt auf dem Sentiero di San Antonio.

Die meisten Biker bleiben auf der Westseite. Auf die Steilstabfahrten hinunter zum ehrwürdigen Castel Toblino sollten sich nur technisch sehr versierte Tourenfahrer wagen. Auf sie warten die schönsten Ausblicke der Region.

Von Andalo geht's mit Liftshuttle bis auf die Cima della Paganella, direkt zum La Roda, mit 2.025 Metern der höchste Gipfel des Trentiner Bergmassivs. Wer bereits ein kleines Loch im Magen verspürt, sollte sich auf der aussichtsreich gelegenen Terrasse des Rifugio La Roda einen Snack genehmigen. Bis zur Bait del Germano, unserer Mittagsrast, sind es nur 7,5 Kilometer. Aber die haben es wirklich in sich. Eine kurze Schotterabfahrt entfernt stehen weithin sichtbar riesige Sendeanlagen. Hier sehen wir zum ersten Mal, wie unglaublich steil die Paganella auf der Ostseite über dem Etschtal aufragt. Klar, dass sich die Biker auf den sanften Weideflächen und in den Wäldern auf der Westflanke des Monta Gazza und der Paganella auf den vielen Trails austoben.

Beim Blick auf Trento tief unter uns bekommen wir einen Eindruck, was uns noch bevorsteht. Und es geht auch gleich zur Sache. Steil und ziemlich holprig rumpeln wir ins Abenteuer. Die Höhenmeter müssen ja vernichtet werden. Nach einem leichteren Abschnitt zwischen geduckten Latschen – wir passieren gerade eine große Schafherde am Passo di San Antonio – führt der Trail plötzlich steil nach oben. Bald schon tragen und wuchten wir unsere Bikes schwitzend über hohe Felsstufen. Wir kommen also wieder auf gute 150 Höhenmeter auf der Habenseite. Nach der harten Arbeit freuen wir uns schon auf die Liegestühle vor der Bait del Germano, doch bis dahin sind noch ein paar ruppige Trailpassagen zu meistern. Richtung Westen präsentieren sich die Brenta-Dolomiten in ihrer vollen Pracht. Die Wolken streifen gerade so die Felszacken.

Seit der Cima della Paganella sind wir neben dem Schäfer zwei Bikern und einem Wanderer begegnet. Auf der Bait aber trifft sich das ganze Bikervolk zum Mittagessen. Kein Wunder bei dieser Lage und der exzellenten Küche.

Ein paar Trailkilometer weiter erwarten uns noch einmal zwei steile Bergaufstrecken. Fahren und Schieben wechseln sich

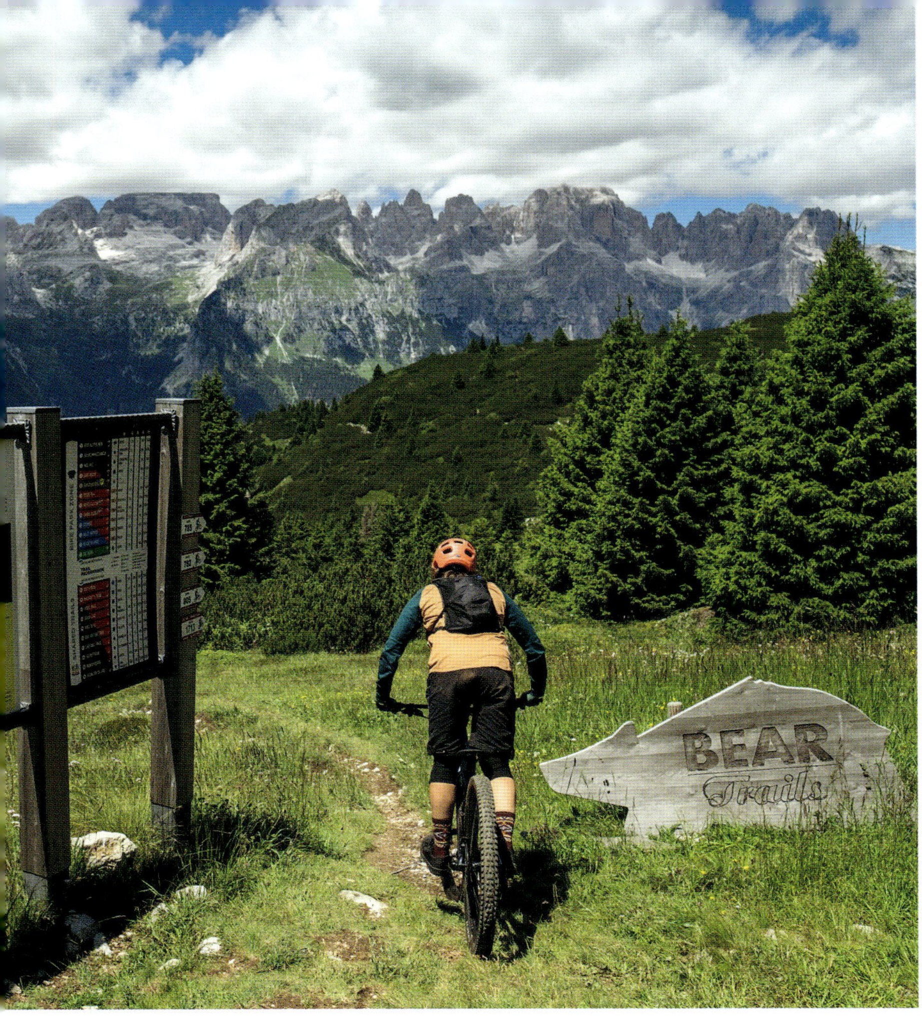

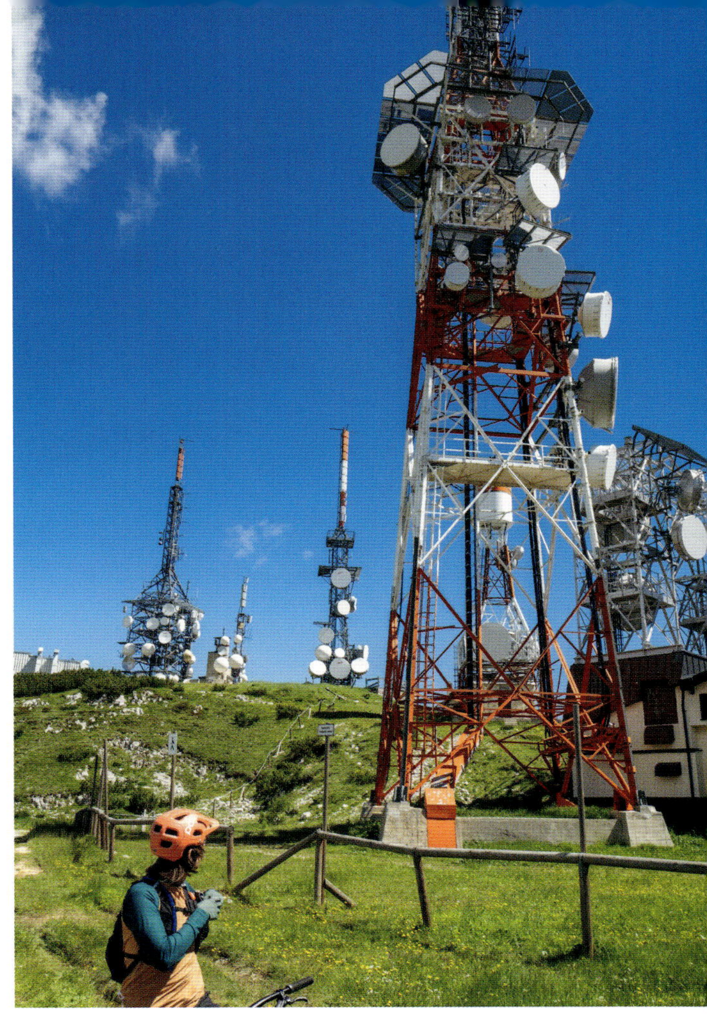

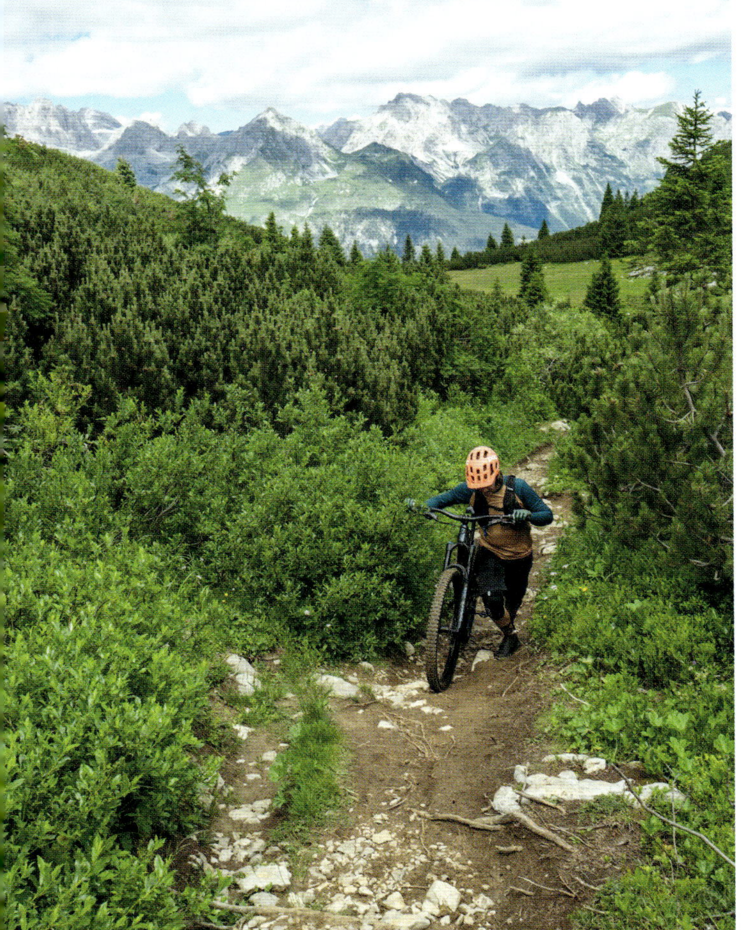

Perfekte Beschilderung der Trails (oben links).
Exponierte Lage – Sendeanlagen und Wetterstation auf der Paganella (oben rechts).
Die wenigen Höhenmeter haben es in sich: Schiebepassage zum Passo di San Giacomo (links).
Lieblingshütte der Biker-Community: Bait del Germano (unten).

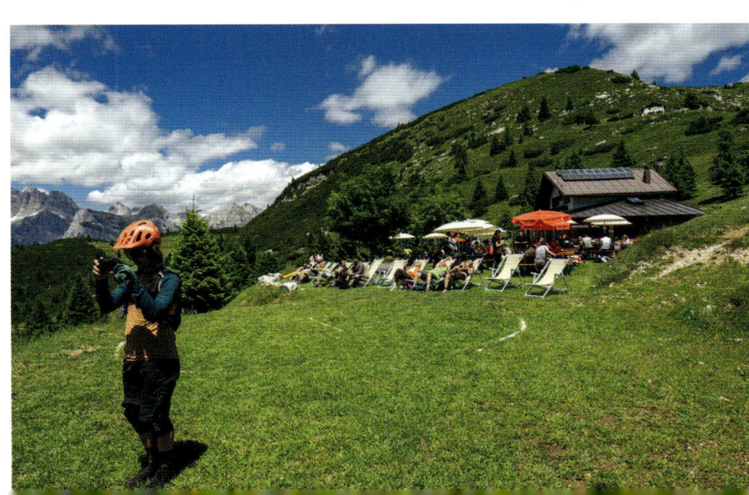

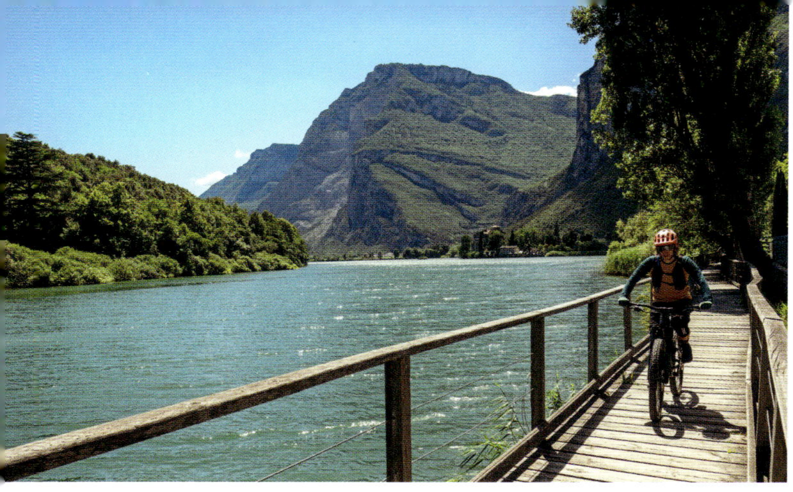

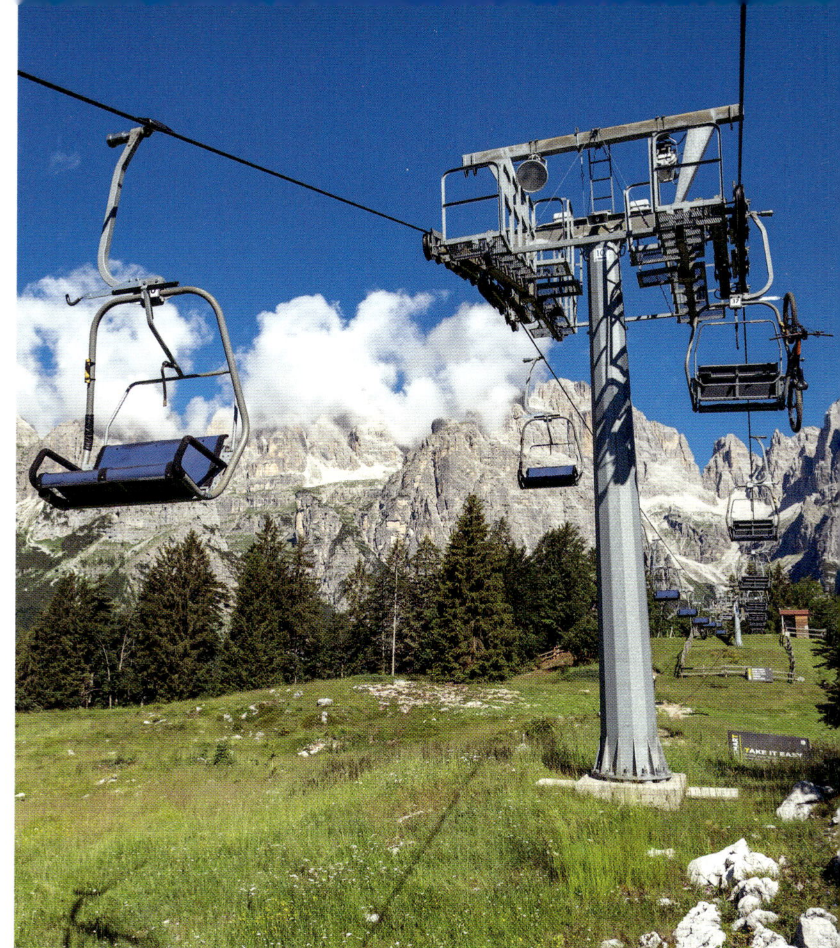

Lockeres Ausfahren am Lago di Toblino (oben). Aussteigen nicht vergessen – bei dem Blick in die Brenta-Dolomiten kann das passieren (rechts). Das Ziel Castel Toblino fast senkrecht unter uns – es warten noch einige steile Abfahrtsmeter (unten). Pünktlicher Service: der am Vortag gebuchte Rücktransport am Ende der Tour (rechte Seite).

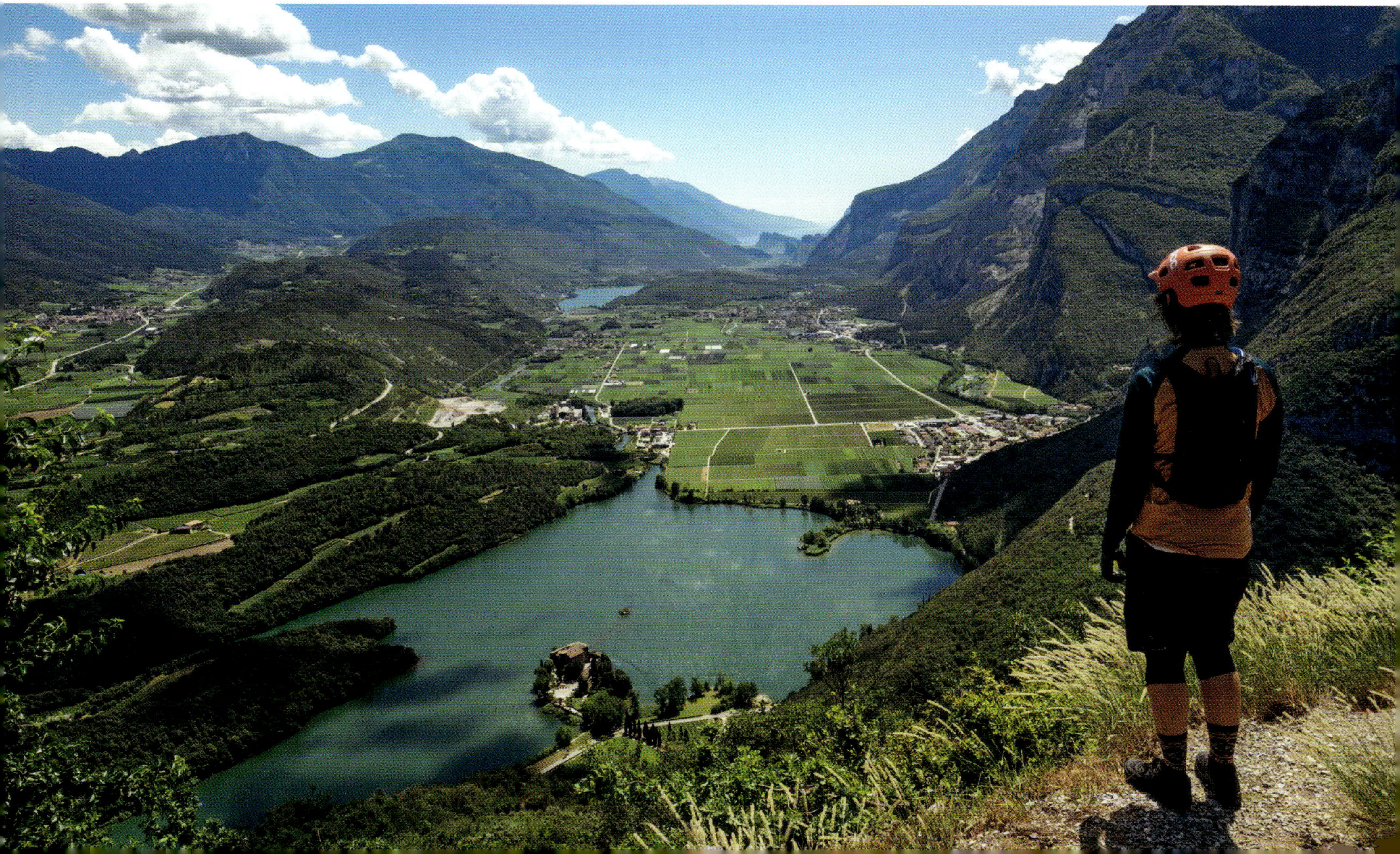

ab. Zwischendurch haben wir immerhin einen Traumblick auf den türkisblauen Molvenosee, von dem aus wir vor ein paar Stunden gestartet sind. Auf dem grasigen Gipfel des Monte Ranzo (1.835 m) sind endlich alle Steigungsmeter absolviert. Durch blühende Bergwiesen mit Blick bis zum Gardasee will gerade Flow aufkommen. Aber an einem Aussichtspunkt entsteht der Eindruck, dass man hier mit dem Gleitschirm besser in die Tiefe gelangen würde als mit dem Bike. Und dann geht's auch schon zur Sache. Mit teils über 40 % Gefälle brutal steil und ordentlich verblockt stürzt der Trail ins Tal. An schnelles Fahren ist für uns Tourenbiker jetzt nicht mehr zu denken. Vorsichtig zirkeln wir um die gröbsten Brocken. Der Spaß liegt hier eindeutig in der Herausforderung, fahrend bis ins Örtchen Margone zu kommen.

Die letzte Abfahrt auf einem asphaltierten Radweg vom Weiler Ranzo durch den Mischwald bis zum einzigartig gelegenen Castel Toblino könnte man als steil bezeichnen, aber wir nehmen es als lockeres Ausrollen wahr. Der Level hat sich heute eindeutig verschoben. Unser Shuttle kommt in einer halben Stunde. Für einen Cappuccino und ein kaltes Aqua Minerale haben wir noch Zeit.

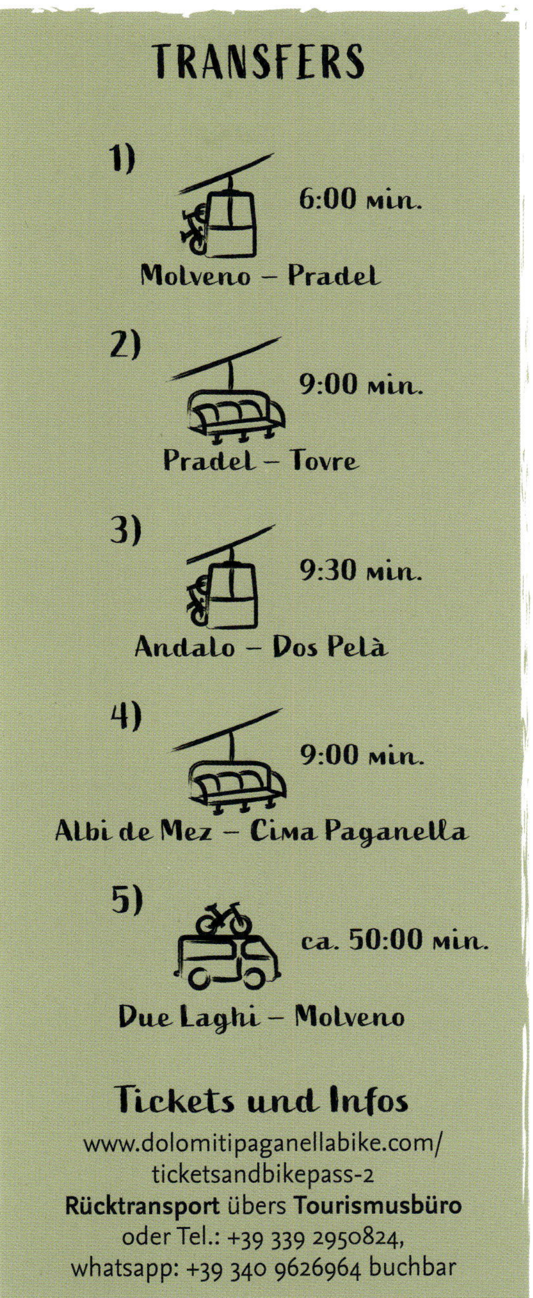

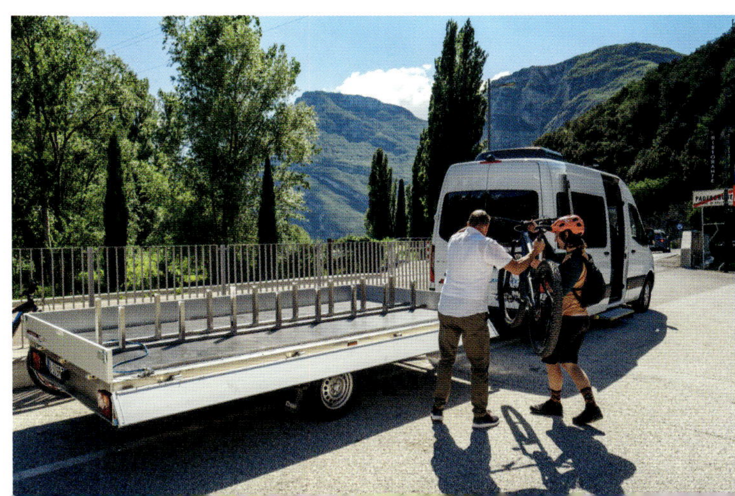

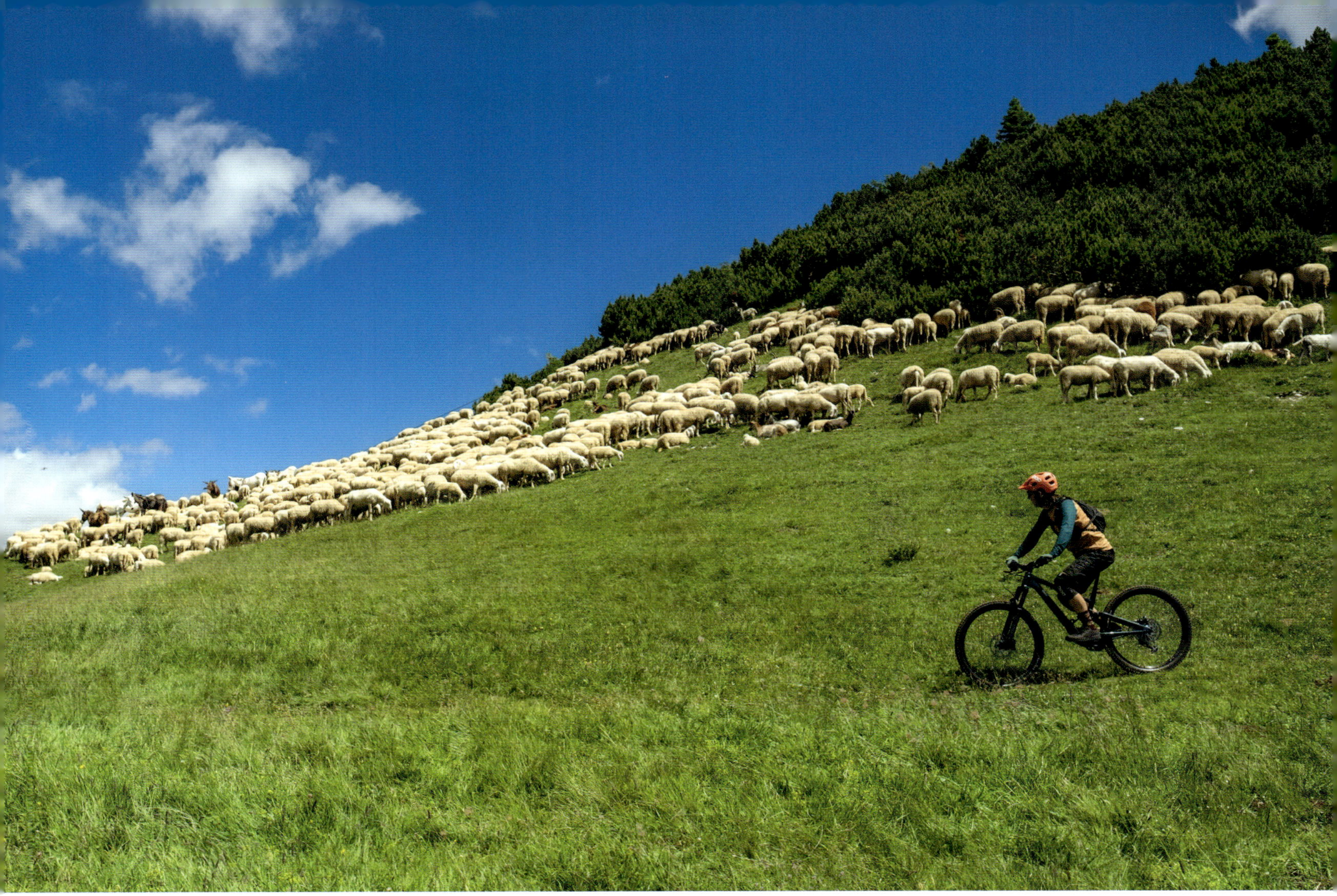

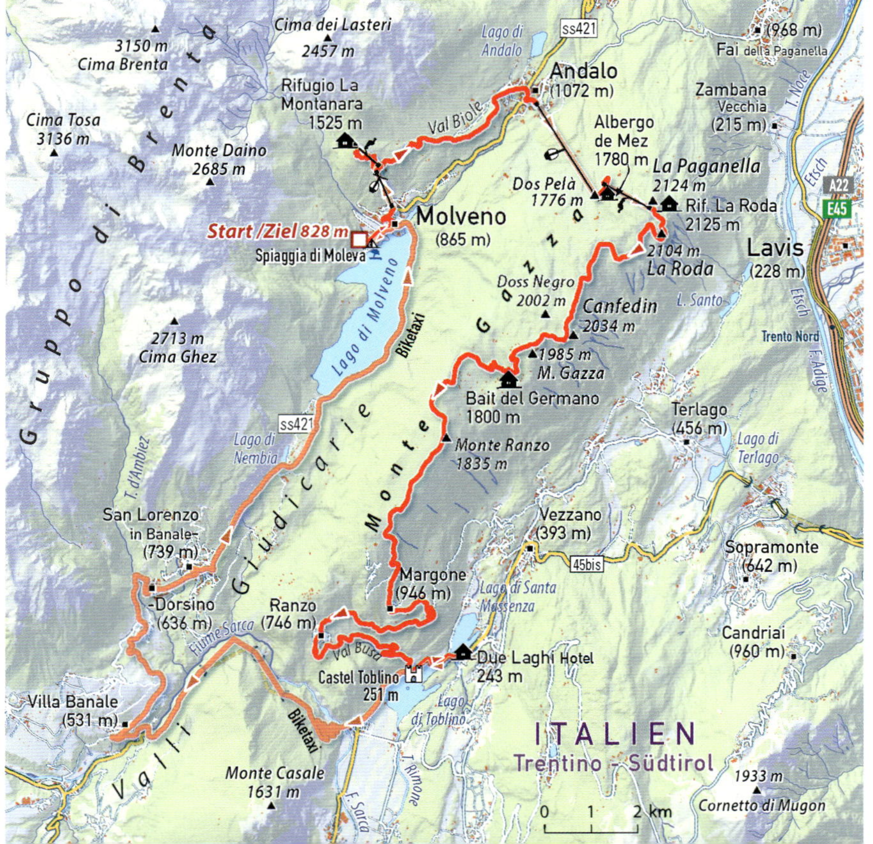

Der Kontrast jäh abfallender Felswände und sanfter Weideflächen, wie auf dem Passo di San Antonio (1.853 m), ist einer der vielen Reize der Paganella.

INFOS ZUR TOUR

TOURCHARAKTER

Die ausgedehnte Tour startet moderat auf leichten Trails, die bis Andalo etwas schwerer werden. Nach der Auffahrt auf die Cima della Paganella wechseln sich schwere und steile Trailabschnitte mit flowigen Passagen ab. Zweimal muss das Bike bergauf geschoben und getragen werden. Nach der Überquerung des Monte Ranzo fordert ein extrem steiler und verblockter Trail sehr gutes Fahrkönnen. Eine Biketour für Abenteuerlustige mit fantastischen Ausblicken.

TOURSTART

Start ist im Ort Molveno. Ein paar Meter folgen wir der Straße Richtung Andalo hoch bis zur Talstation der Gondel.

EINKEHRTIPP

Bait del Germano (1.788 m) Bei einem guten Trentiner Essen genießt man die Aussicht auf die Brenta-Dolomiten und über den Gardasee. Monte Gazza, Paganella, I-38010 Andalo, Tel. +39 34 83 74 37 10

BIKE-VERLEIH

Santa Cruz Official Rent Point Via Paganella 3/A, I-38010 Andalo, Tel. +39 04 61 58 53 53, www.andalo.bike/noleggio
Bear Bike Center Zona Lago (neben Tennisplatz und Minigolf), Tel. +39 34 88 52 56 69, www.andalo.bike/noleggio

GEFÜHRTE TOUREN

Paganella Bike Academy Via Priori 14, I-38010 Andalo (TN), Tel. +39 34 27 08 20 95, www.dolomitipaganellabike.com/de/gefuhrte-touren-6

BIKE-HOTELS

Alle bikefreundlichen Unterkünfte unterschiedlicher Kategorien sowie ein Campingplatz werden auf der Website von **Dolomiti Paganella Bike** aufgelistet.
www.dolomitipaganellabike.com/de/bike-hotel

LANDKARTEN

Kompass-Karte WK 73
„Brentagruppe, Weltnaturerbe, Dolomiti di Brenta", 1:50.000
3D-Karte Dolomiti Paganella Bike
www.dolomitipaganellabike.com/de

BIKE-INFOS

www.dolomitipaganellabike.com/de
App „Mowi Bike" (Google Play, App-Store)

TOURIST-INFOS

Dolomiti Paganella
Büro Molveno Piazza Marconi 5, Tel. +39 04 61 58 69 2,
Büro Andalo Piazza Dolomiti 1, Tel. +39 04 61 58 58 36,
www.visitdolomitipaganella.it

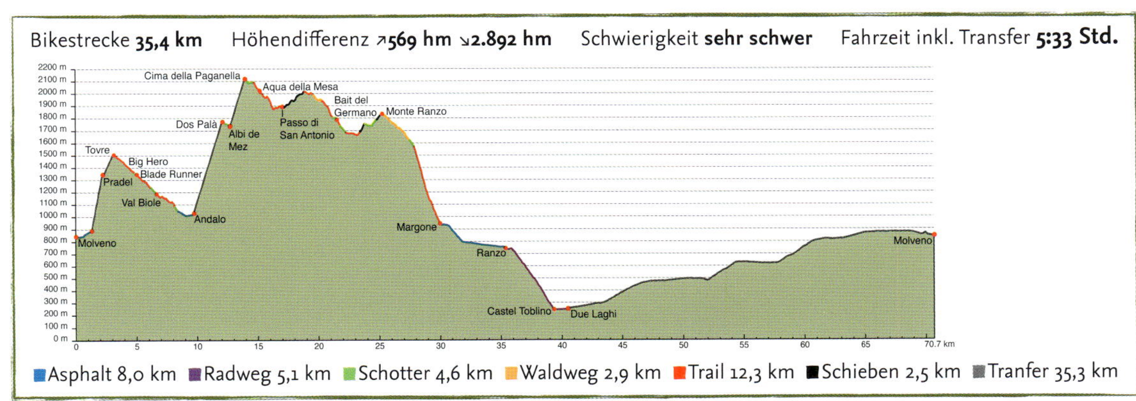

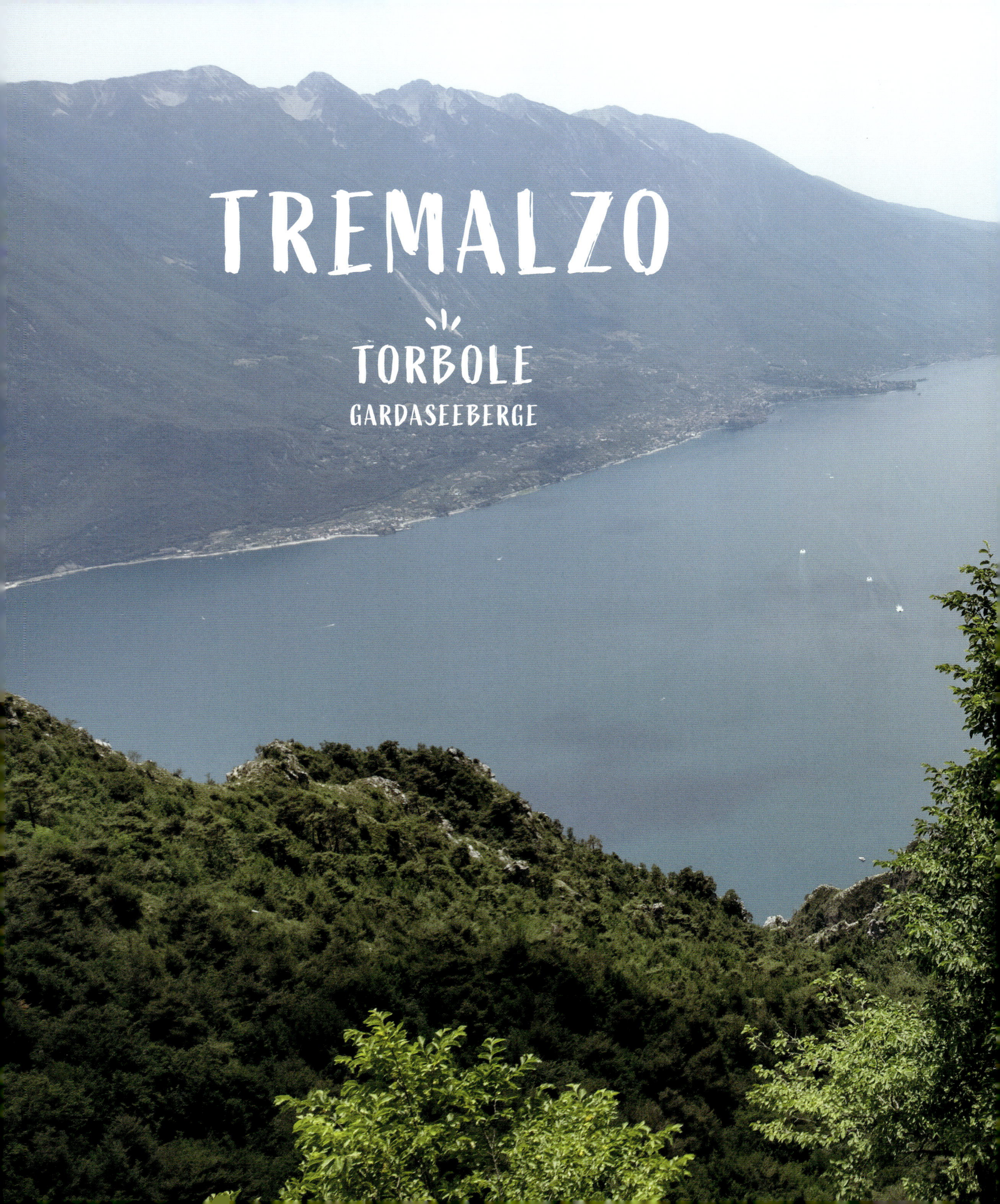
TREMALZO
TORBOLE
GARDASEEBERGE

Ein paar Meter neben dem Trail: Traumaussicht auf den Gardasee am Passo Rocchetta.

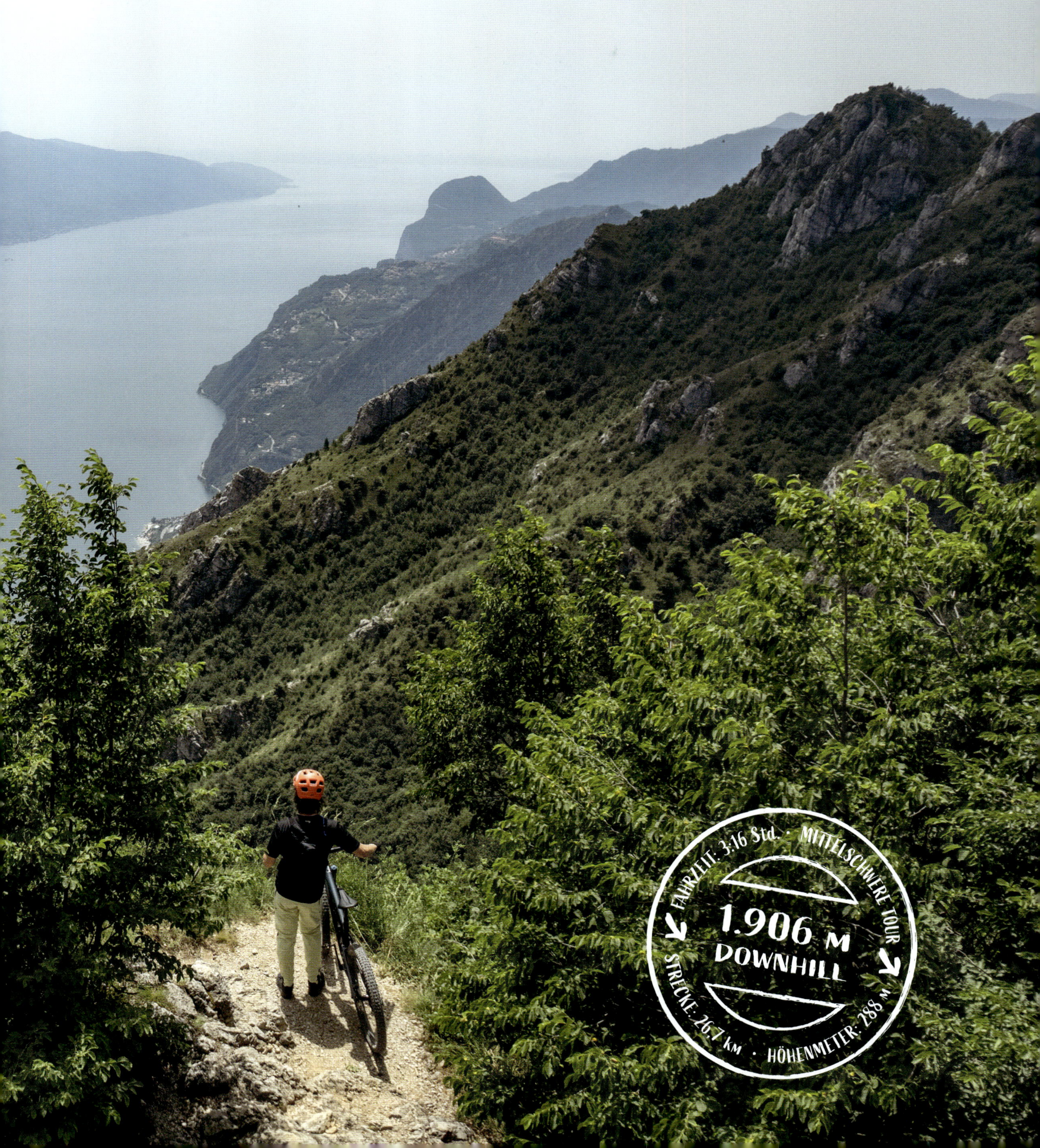

BIKESTRECKE: 26,7 km HÖHENDIFFERENZ: 288 hm ↓1.906 hm SCHWIERIGKEITSGRAD: mittel FAHRZEIT: 3:16 Std.

Mythos und Klassiker

14

Akribisch befestigen die beiden Fahrer alle Bikes auf den Anhängern ihrer Minibusse. Da bleibt Zeit, die anderen Shuttle-Gäste ein wenig kennenzulernen. Die Klientel setzt sich aus unterschiedlichen Typen zusammen. Top-ausgestattete E-Mountainbiker, Enduro-Biker mit Full-Face-Helmen, klassische Tourenfahrer, aber auch ein Pärchen, das mit seinen Leihbikes und Turnschuhen etwas unsicher wirkt. Ich kenne den Tremalzo seit meinen Kindertagen und bin gespannt, wie die beiden sich auf den felsigen Abfahrten schlagen werden.

Fast eine Stunde dauert die Fahrt über den Ledrosee und die kurvenreiche Bergstraße, bis wir das Rifugio Garda (1.686 m) an der Flanke des Monte Tremalzo erreichen. Die ersten Biker, die mit Muskelkraft hochgefahren sind, sitzen bereits auf der Terrasse bei einem Cappuccino. Sobald das Material abgeladen ist, löst sich unsere Fahrgemeinschaft auf und die meisten starten Rich-

Unterhalb des Passo dei Gaton.

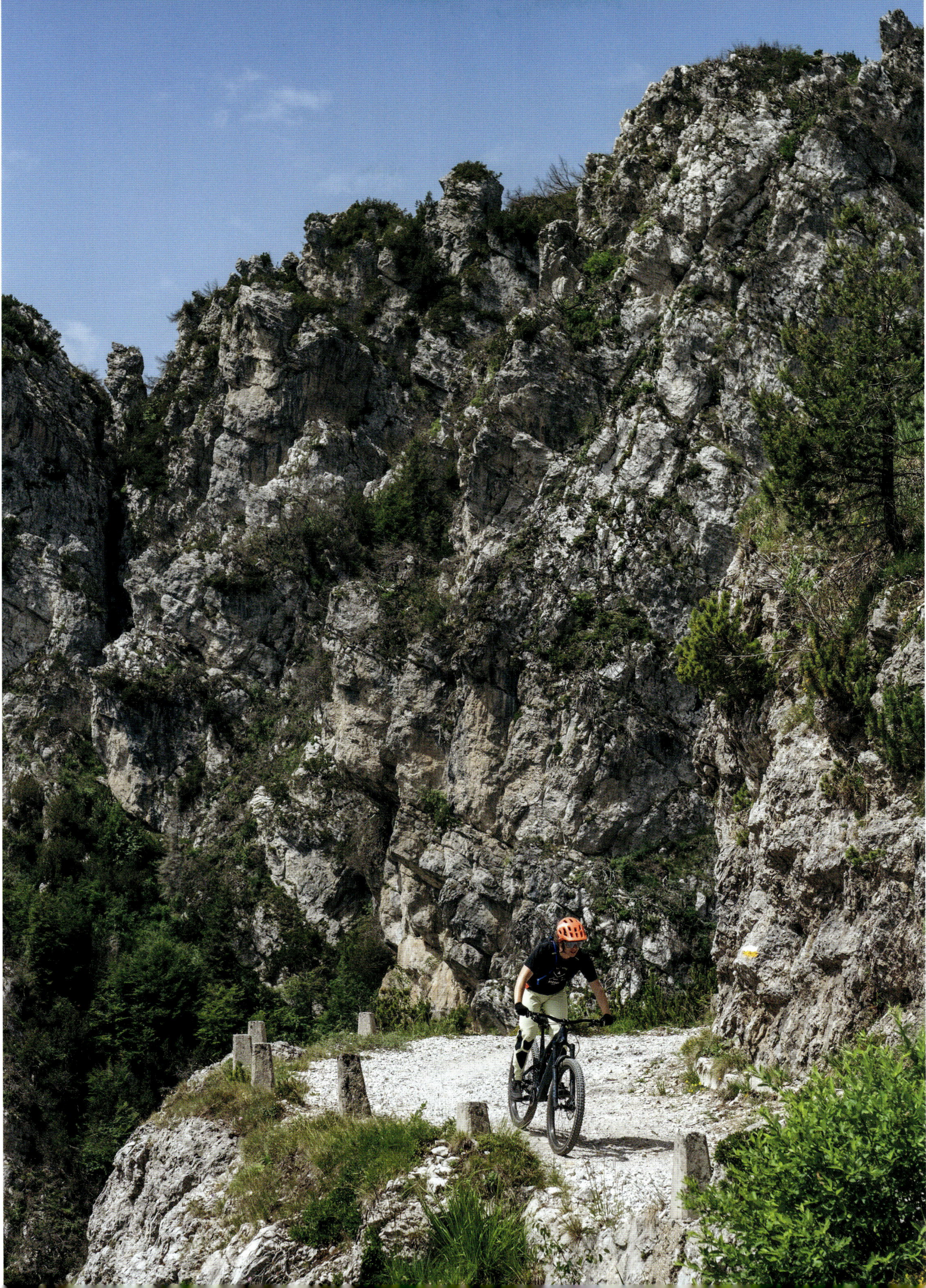

tung Tremalzotunnel. Nur das Pärchen scheint erst mal abzuwarten, bis alle anderen weg sind. Nach der kurzen Auffahrt zum Scheitelpunkt vor dem Tunnel trifft man sich wieder. Hier werden die Protektoren angelegt, so sie denn auch im Rucksack waren – nicht jeder der Shuttle-Biker ist perfekt ausgerüstet.

Der Lago vereint alles, was sich Outdoorsportler wünschen: Biken, Wandern und Klettern. Aber auch Segeln, Surfen oder Kiten. Alles auf engstem Raum. Und dazu: italienisches Dolce Vita mit lässigem Flair.

Die Militärpiste aus dem Ersten Weltkrieg ist im eigentlichen Sinn kein Trail, aber der mit Felsbrocken durchsetzte, tiefe Schotter verlangt besseres Fahrkönnen als so manch echter Trail in den Alpen. Auf der spektakulär in den steilen Berg geschlagenen Piste wartet hinter fast jeder Kurve ein Abgrund. Ein Waldbrand, der im Herbst 2017 am Corno della Marogna wütete, lässt manchen Blick über die verkohlten Bäume in die Tiefe bedrohlich wirken. Aber das Grün erobert sich seinen Platz langsam Stück für Stück zurück.

Die ausgewachsene Tagestour schrumpft durch den Shuttleservice fast auf ein Drittel. Wir sitzen daher lange vor dem Rifugio am Passo Nota. Ein herrliches Fleckchen Erde, auch wenn das alte Flakgeschütz auf der Wiese unnachgiebig an die Frontlinie zwischen Österreich und Italien mahnt, die genau hier verlief. Da kommt das Pärchen auf seinen Leihbikes ums Eck: „Es war nicht ganz einfach, aber Spaß hat's schon gemacht." Beide sehen noch recht vergnügt aus.

Auf der Weiterfahrt über den Passo di Bestana und die Bocca dei Fortini geht's mal hoch, mal runter. Unschwer zu fahren auf dem gut ausgebauten Bergweg. Auch wenn nach der Pause am Passo Nota gerade keine Rast nötig ist, sollte man einen Blick in die Selbstversorgerhütte Baita Segala werfen. Für Kaffeepulver oder Getränke wirft man einfach Geld in die eingemauerte Kasse.

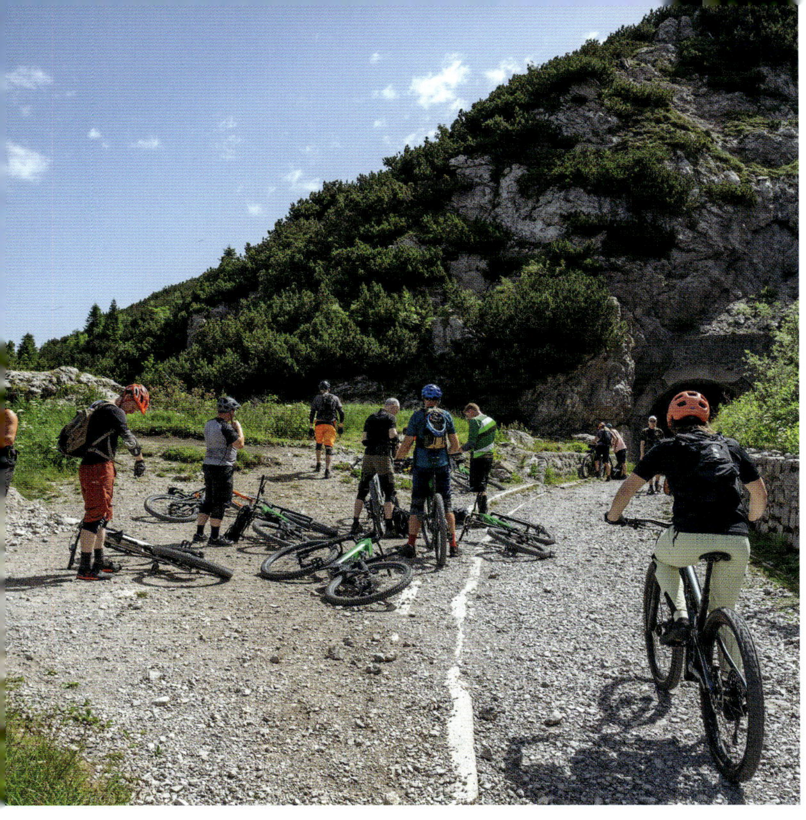

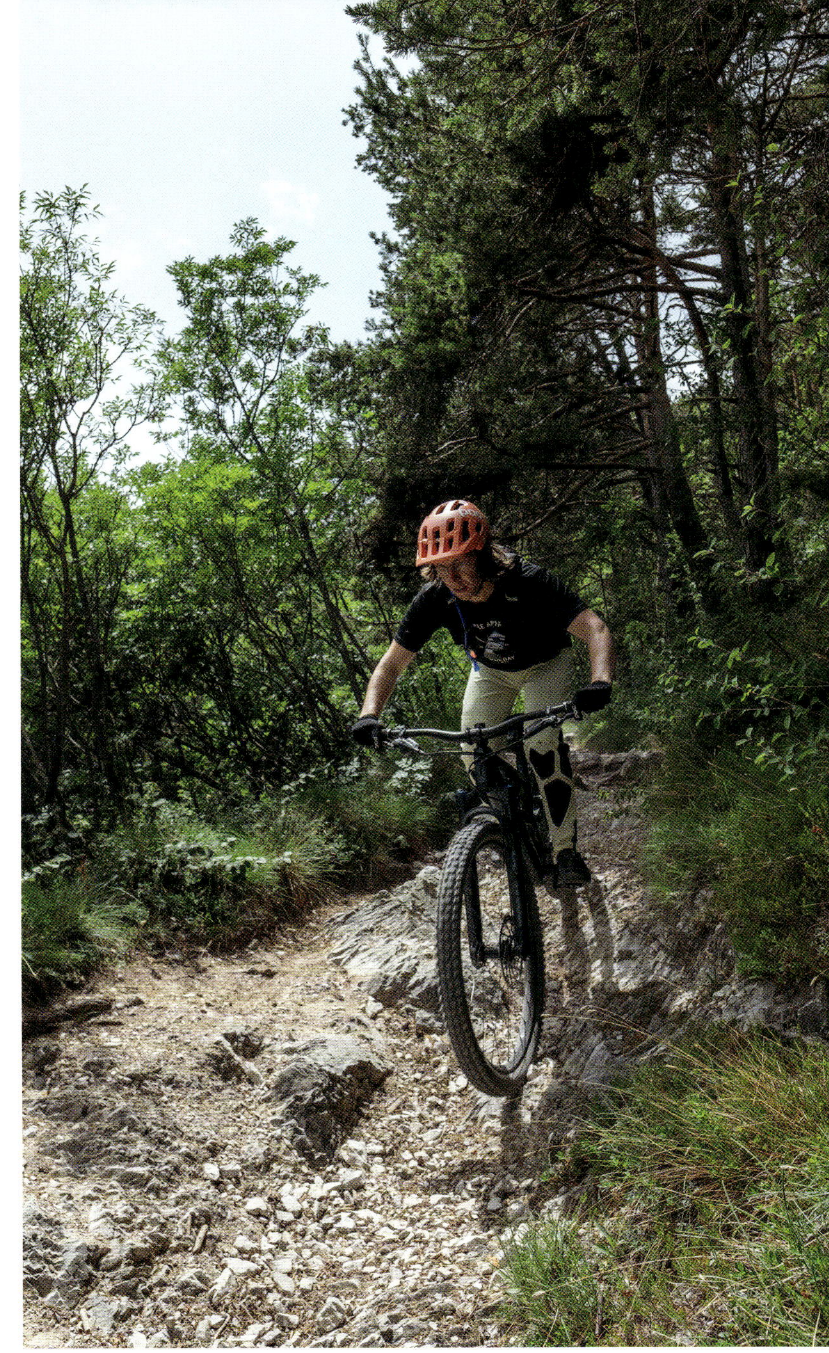

Am Scheitelpunkt Tremalzotunnel – Protektoren für die Abfahrt anziehen (oben).
Schweres Stück: Felsstufen hinter dem Passo Rocchetta (rechts).
Nur für Biker und Wanderer: alte Ponalestraße hinunter nach Riva del Garda (unten links).
Mahnmal und Erinnerung an den Ersten Weltkrieg – beim Rifugio am Passo Nota (unten rechts).

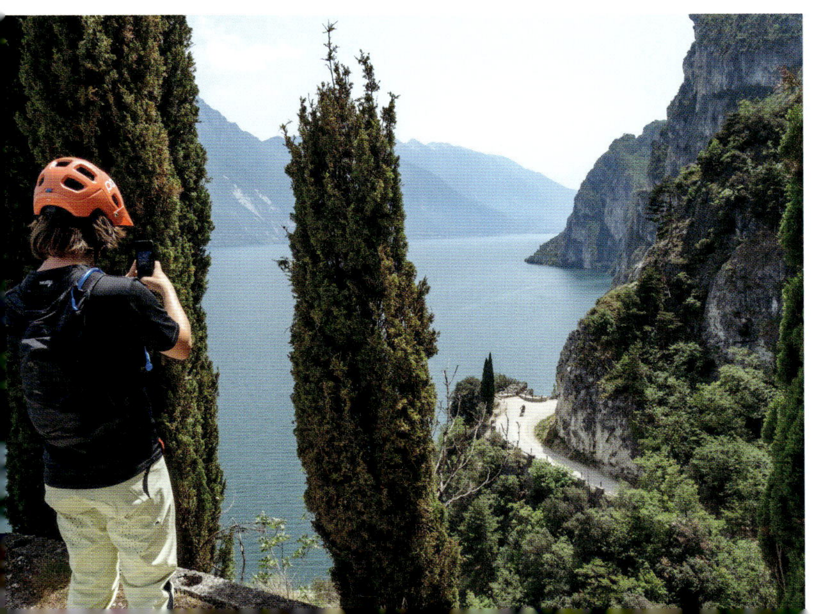

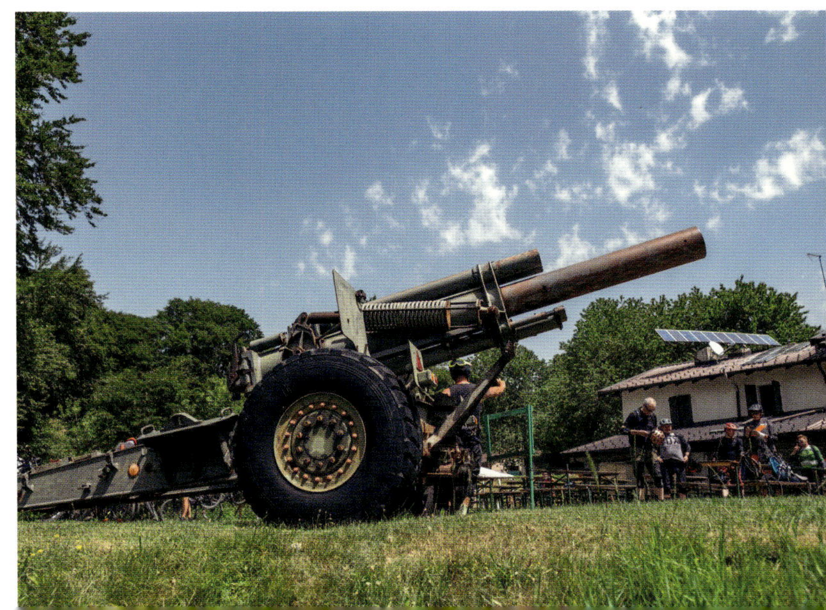

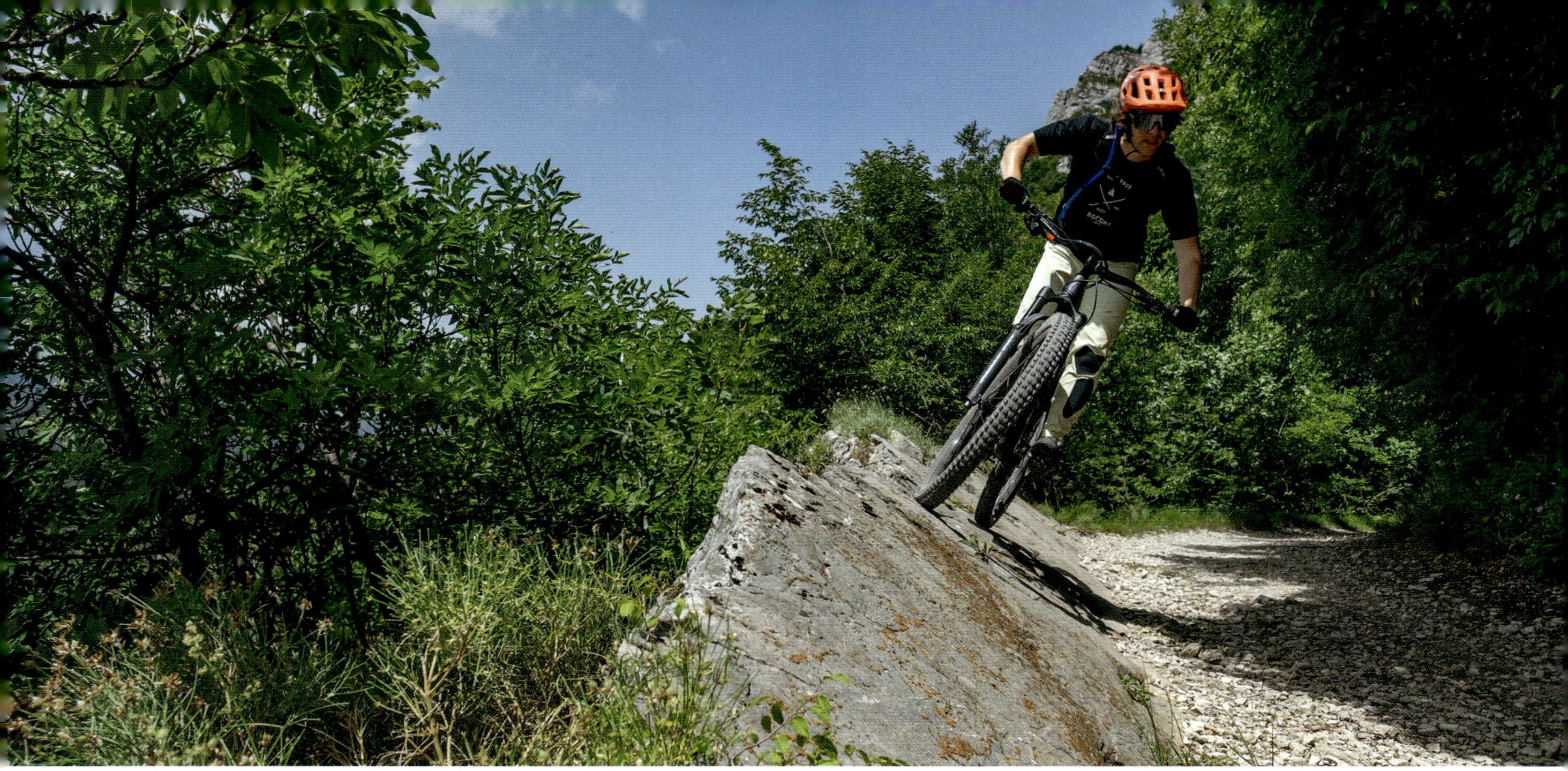

Natürlicher Anlieger – hinter der Baita Segala (oben).
Selbstversorgerhütte Baita Segala (rechts).
Auf den ersten Metern geht's bergauf: Start beim Rifugio Garda (unten links).
Mühevoll gemauert: alte Schotterpiste an der Bocca dei Fortini (unten rechts).
Fest verzurren: Abfahrt in Torbole zum Rifugio Garda (rechte Seite).

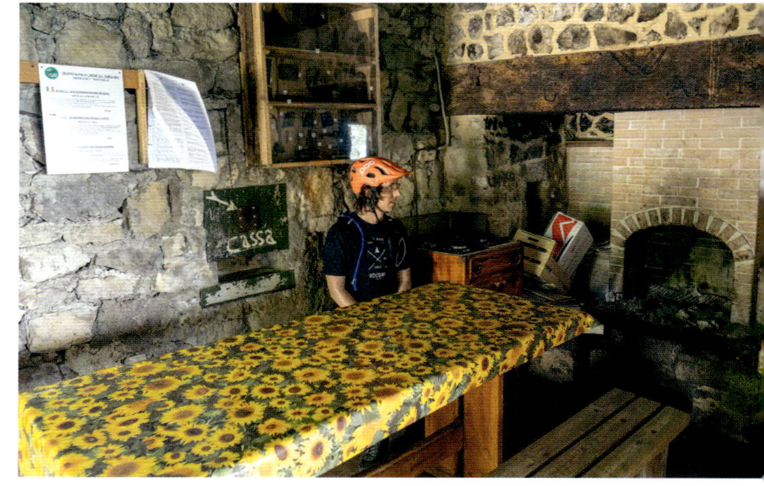

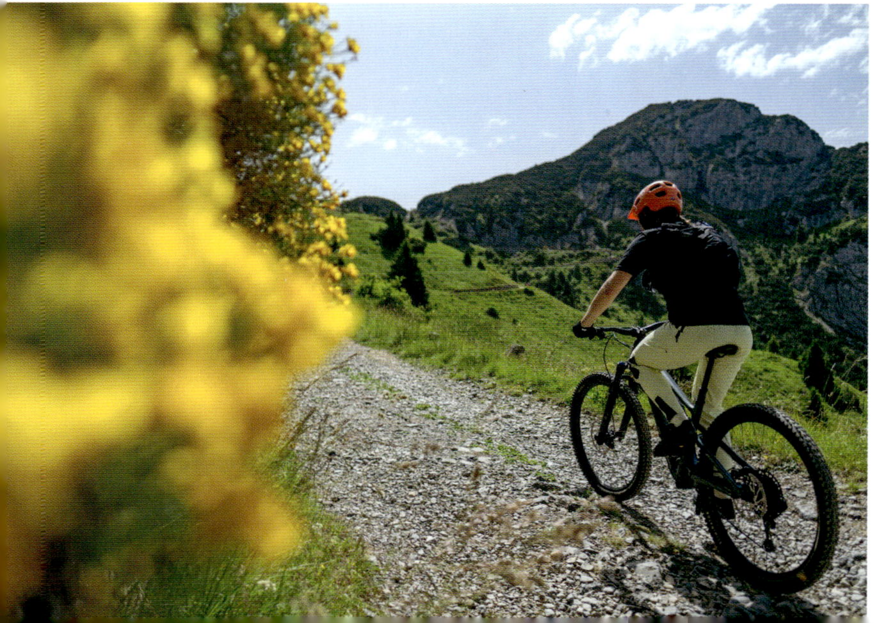

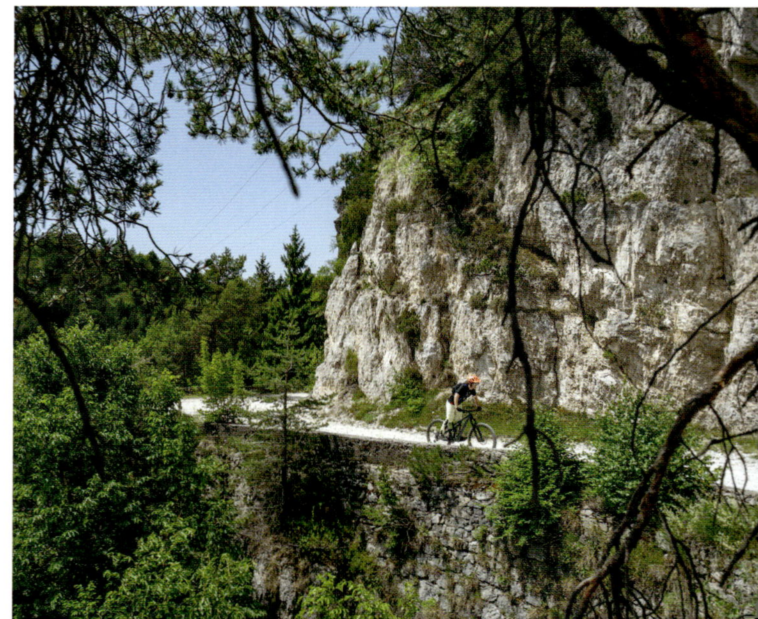

Am Passo Rocchetta (1.158 m) lassen wir die Bikes stehen und laufen ein paar Meter auf den vorgelagerten Felsen. Ein absoluter Wow-Effekt! Von Riva im Norden bis zur Landzunge von Sirmione am südlichen Ende blicken wir über den ganzen Gardasee.

Ab hier wird's technisch. Über Felsen und Stufen zirkeln wir einen steilen Trail runter. Teilweise liegt altes Laub in den Rinnen, sodass nicht immer klar ist, wie tief das Vorderrad eintaucht. An der Malga Palaer ist das Vergnügen – für einige sicher auch das Schieben – wieder vorbei und wir rasen im Wald einen Schotterweg hinab, der an den steilsten Stellen betoniert wurde.

Das Örtchen Pregasina liegt auf einem Aussichtsplateau über dem See. Im Ristorante Panorama treffen sich die Abfahrer der diversen Tremalzo-Runden und die Biker, die vom Lago raufgekommen sind. Als wir nach einem Espresso im hübschen Garten gerade aufbrechen wollen, kommt munter das Pärchen angefahren. Ihr Shuttle-Abenteuer haben die beiden trotz der einfachen Ausrüstung gut gemeistert. Seit vielen Jahren autofrei, verspricht die alte, wunderschöne Ponalestraße zum Abschluss puren Genuss. Die Panoramalage der am senkrechten Felsen klebenden Straße ist einmalig.

TRANSFER

1) ca. 1:00 Std.

Torbole sul Garda – Rifugio Garda

Tickets und Infos

Es gibt einige Shuttleservices, die von Riva und Torbole Richtung **Tremalzo, Monte Baldo** und zu anderen Zielen shuttlen. Wir haben uns für **Shuttle Express** in Torbole entschieden, da man sehr komfortabel **online** buchen kann: www.shuttleexpress.it

weitere Services:
www.gardabikeshuttle.com/de-de
www.velolake.com/torbole-shuttle-station.html
www.gardabikeshop.com/de

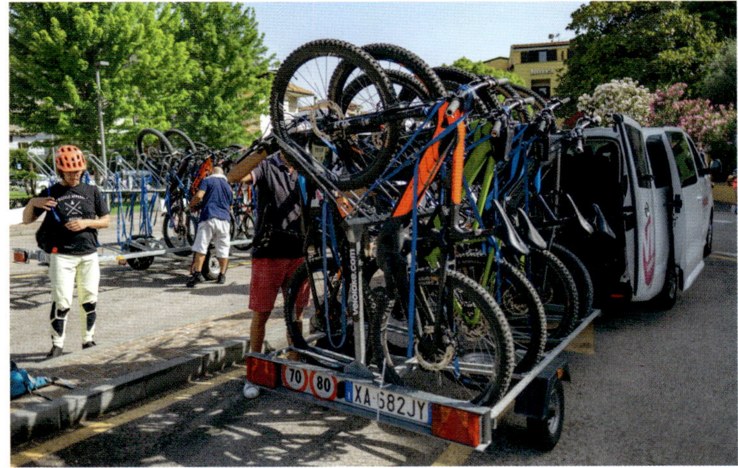

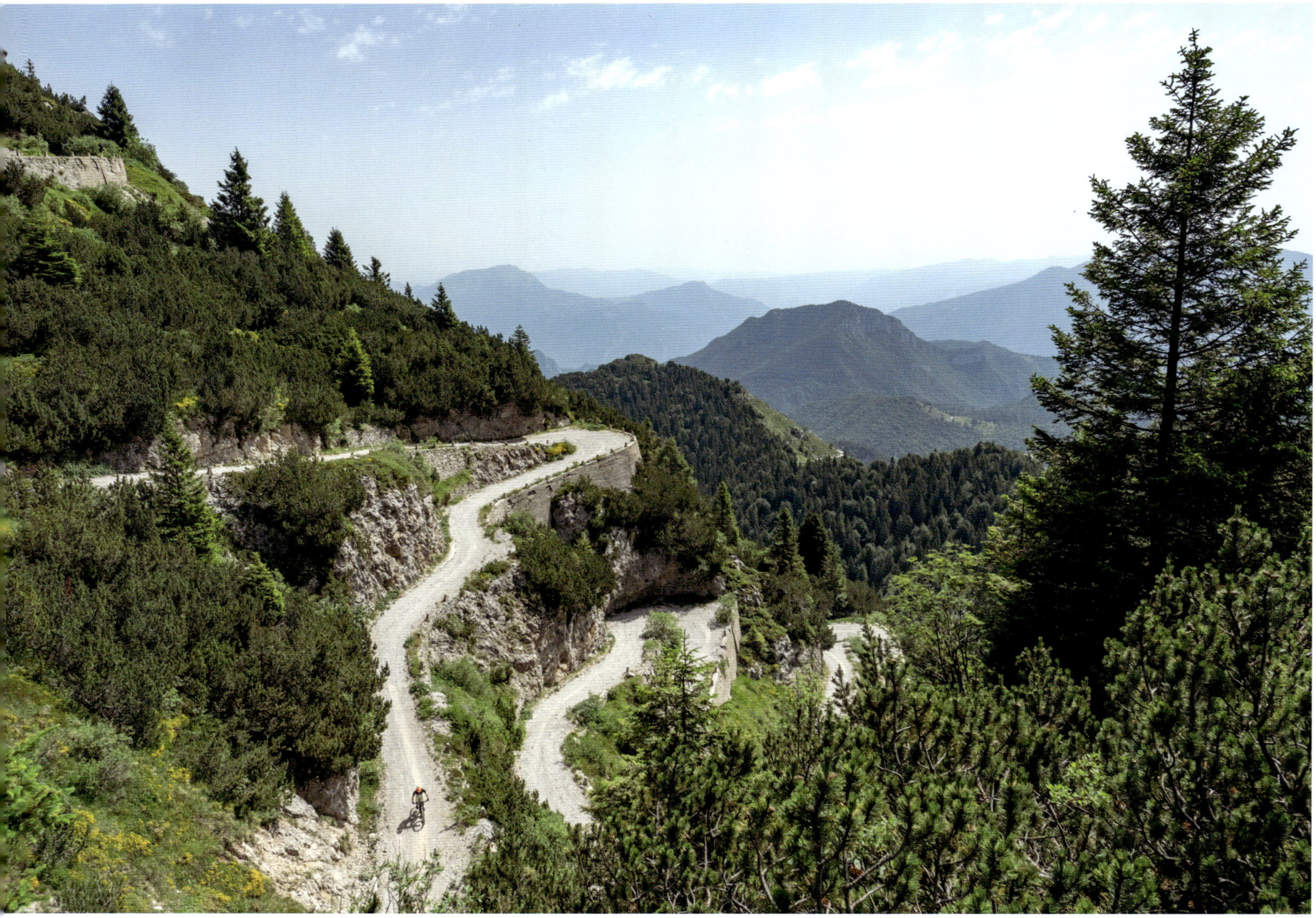

Die Tremalzostraße, eine Militärpiste aus dem Ersten Weltkrieg, ist ein Pilgerort für Mountainbiker. Hier muss man mindestens einmal gefahren sein.

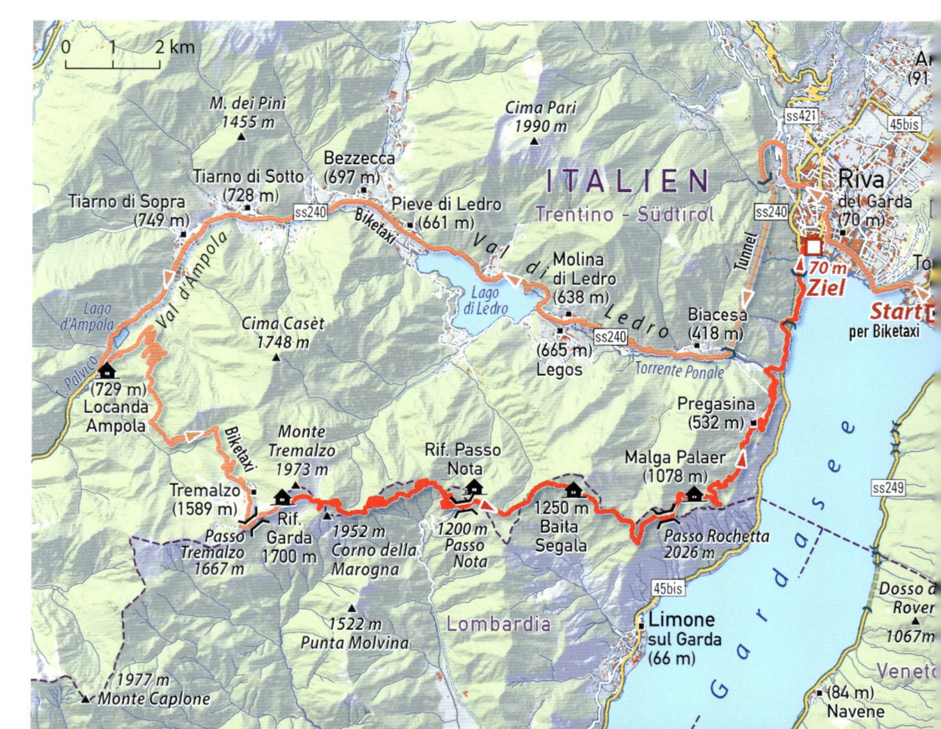

INFOS ZUR TOUR

TOURCHARAKTER

Anstrengender und langer Downhill auf grobschottrigen Militärpisten, Waldwegen und einem kurzen, aber schweren Trail. Ab Pregasina über die wunderschöne alte Ponalestraße sehr einfach auf Asphalt und sandigem Schotter zurück zum Seeufer.

TOURSTART

Unser Shuttle startet in Torbole gegenüber vom Carpentari Bike Shop am Parkplatz.

EINKEHRTIPP

Albergo Ristorante Garda (1.702 m) Passo Tremalzo, am Ziel des Shuttles. Klassische italienische Küche, schmackhafte Nudelgerichte.
Tel. +39 04 64 59 81 05
Rifugio Alpini Passo Nota (1.200 m) ein herrliches Fleckchen zum Pausieren. Das Plastikgeschirr ist leider nicht ganz zeitgemäß.
Ristorante Panorama in Pregasina. Der Bikertreffpunkt mit Seeblick. Sehr gutes Essen.
Tel. +39 04 64 52 15 03

BIKE-VERLEIH

Carpentari Bike Shop
Via Matteotti 95, I-38069 Torbole sul Garda (TN)
Tel. +39 04 64 50 55 00, www.carpentari.com/de
Garda Bike Shop
Viale Rovereto 3A, I-38066 Riva del Garda (TN),
Tel. +39 04 64 56 70 11, www.gardabikeshop.com

GEFÜHRTE TOUREN

www.gardamtbtours.com/de,
www.aktivhotel.it/de/mountainbike-urlaub/mtb-touren/32-0.html

BIKE-HOTELS

Aktivhotel Santa Lucia
Via Santa Lucia 6, I-38069 Torbole sul Garda
Tel. +39 04 64 50 51 40
www.aktivhotel.it
Bike Hotel Caravel
Via di Coize 9, I-38069 Torbole sul Garda
Tel. +39 04 64 50 57 24
www.caravelbikehotel.com

LANDKARTEN

Kompass-Karte WK 694
„Parco Alto Garda Bresciano", 1:25.000
Kompass-Karte WK 071
„Alpi di Ledro – Valli Giudicarie", 1:50.000

BIKE-INFOS

www.gardamtb.com
www.visitgarda.com/de/mountain-bike-gardasee
www.gardatrentino.it/de/mountainbike-urlaub-gardasee

TOURIST-INFOS

Visit Garda Largo Medaglie d'Oro al V.M. 5,
I-38066 Riva del Garda (TN),
www.visitgarda.com

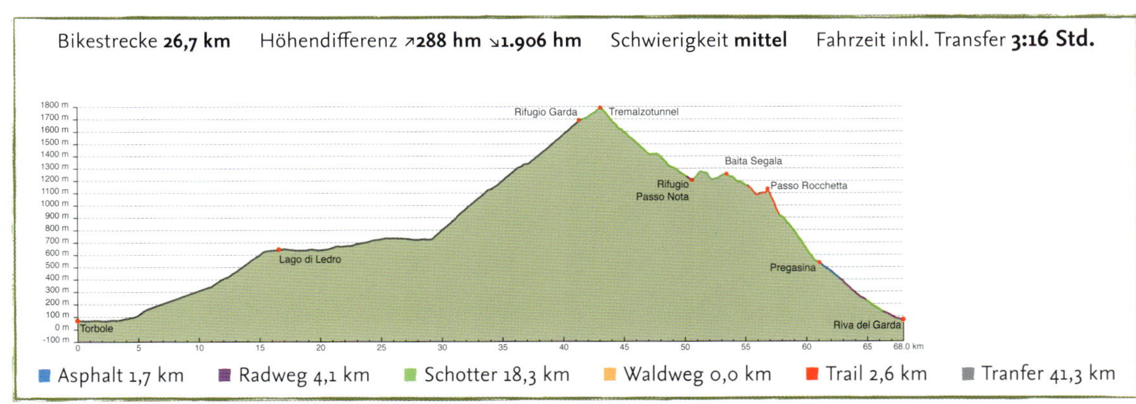

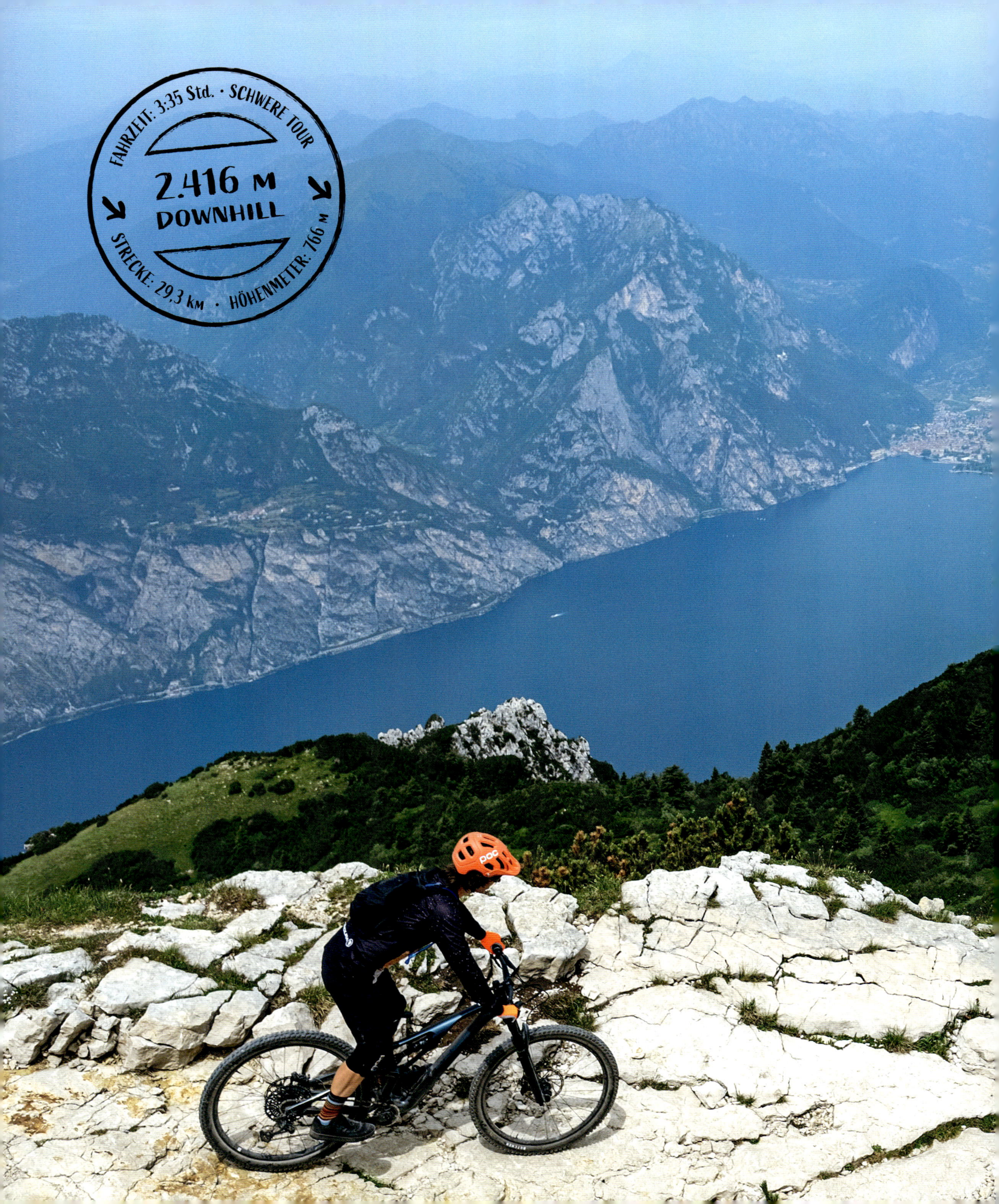
FAHRZEIT: 3:35 Std. • SCHWERE TOUR
2.416 M
DOWNHILL
STRECKE: 29,3 KM • HÖHENMETER: 766 M

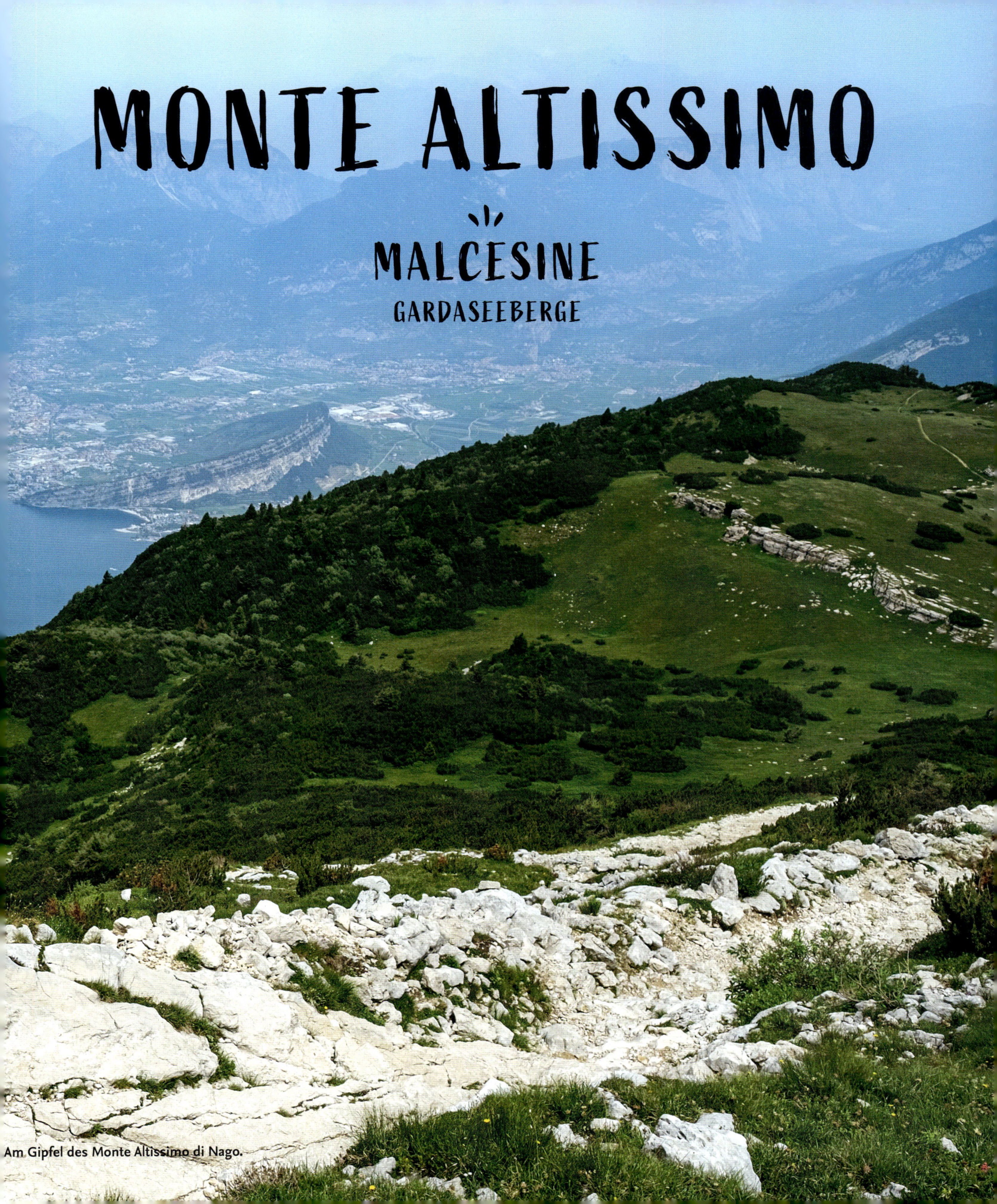

MONTE ALTISSIMO

MALCESINE

GARDASEEBERGE

Am Gipfel des Monte Altissimo di Nago.

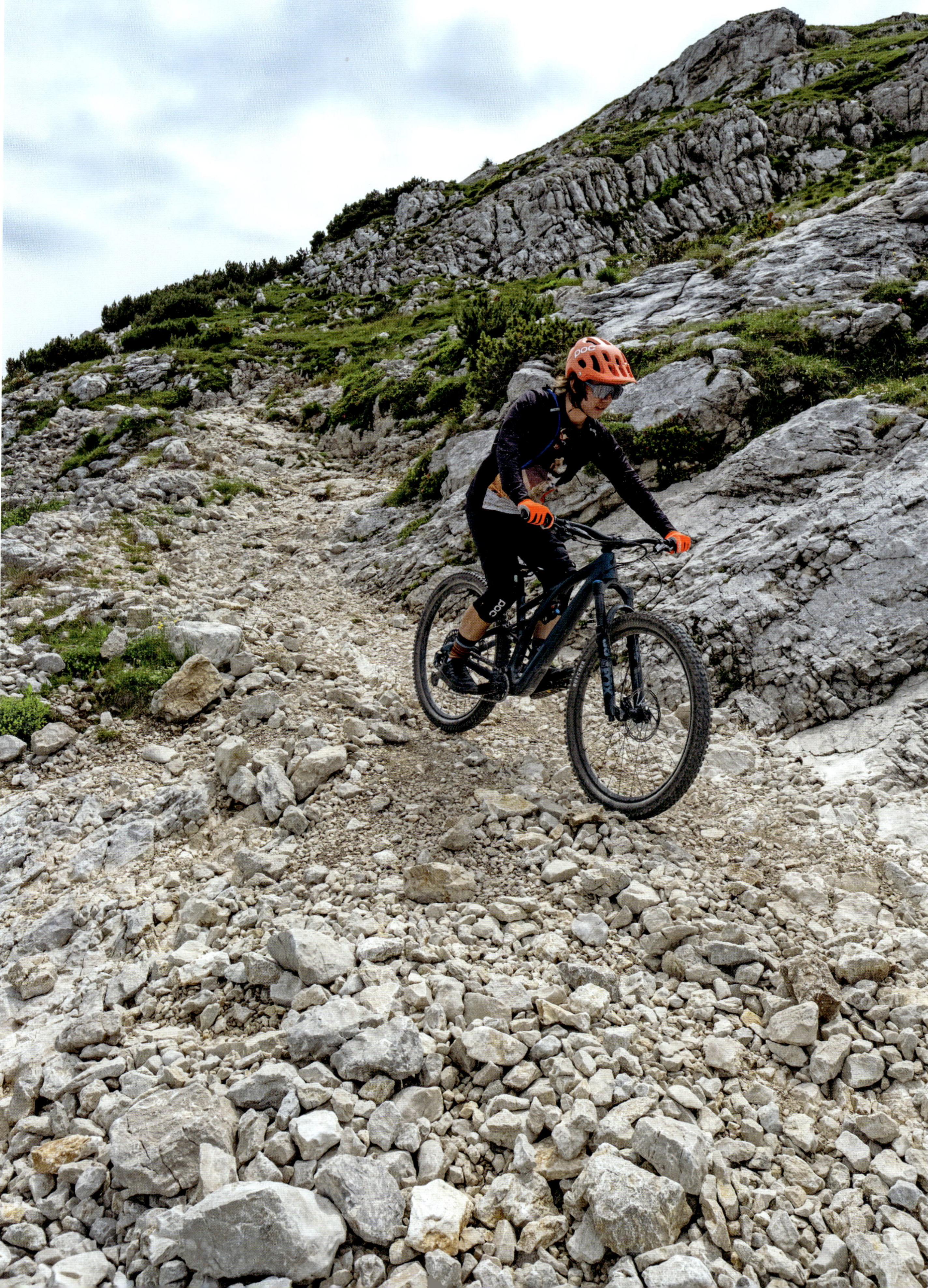

BIKESTRECKE: 29,3 km HÖHENDIFFERENZ: ↑766 hm ↓2.416 hm SCHWIERIGKEITSGRAD: schwer FAHRZEIT: 3:35 Std.

Auf 601er und Navene Trail

15

Drei Ziffern: sechs–null–eins! Die Koordinaten sind sogleich verortet. Italien/Lago/Altissimo! Jeder weiß, um was es geht. Viele Biker werden den legendären Trail am Gardasee aber nur vom Hörensagen kennen. Zu groß ist der Respekt, existieren doch so einige Geschichten in den Bars von Riva und Torbole, von jenen erzählt, die den Ritt hinunter vom Monte Altissimo di Nago (2.079 m) gewagt haben. In ihren Stories sind die Abfahrten oft noch steiler, die Stufen noch höher und die Geröllhalden näher am Abgrund. Um sich zu überzeugen, wie viel Wahrheit im Bikerlatein steckt, muss man sich selbst aufmachen, um das Monster zu zähmen – oder gezähmt zu werden! Um nicht gleich die ganze Härte des 601ers zu spüren, wechselt man nach dem oberen Teil auf den Navene Trail. Ebenfalls legendär und nicht von schlechten Eltern, aber doch etwas „fahrbarer“ und superschön. Und damit man nach einer brutalen Auffahrt mit 2.500 Höhenmetern nicht zitternd

Grob, schottrig, felsig, steil: der legendäre 601er Trail an der Flanke des Monte Altissimo.

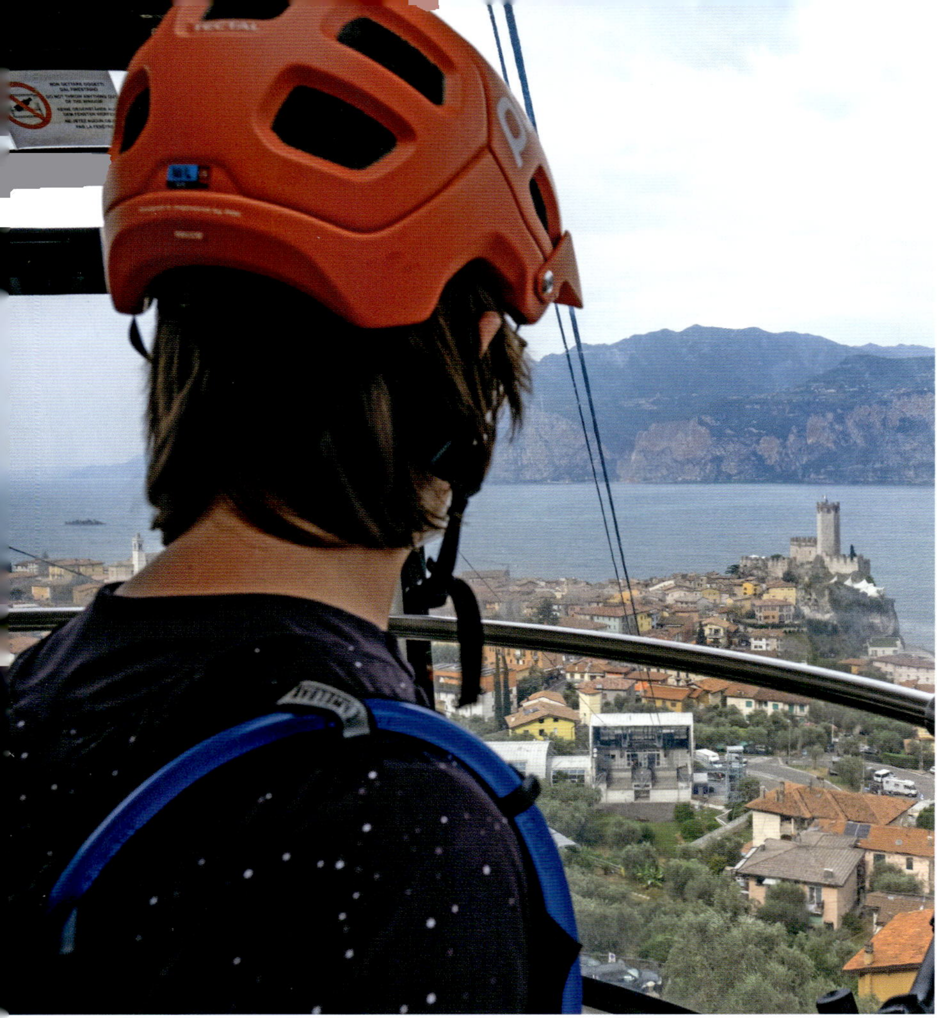

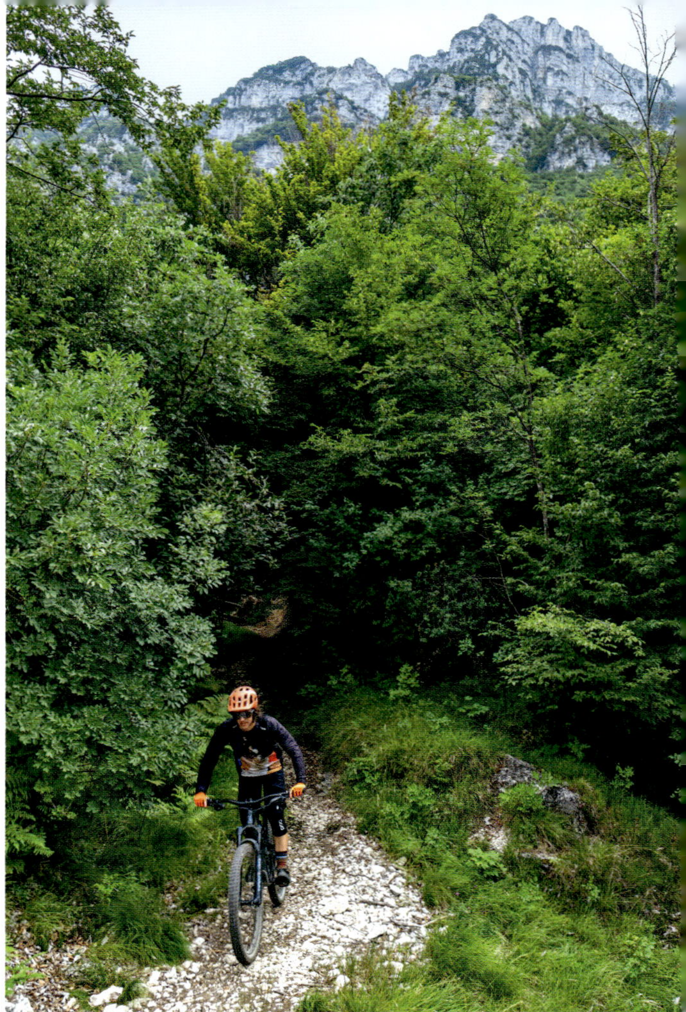

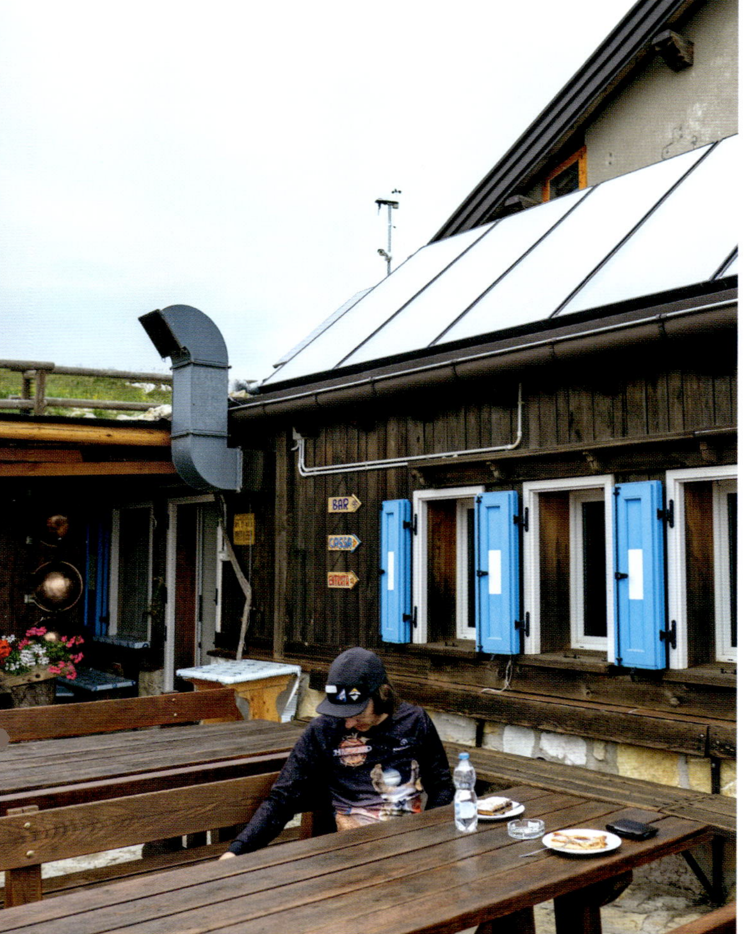

Mit jedem Höhenmeter mehr Aussicht – in der Gondel oberhalb von Malcesine (oben links). Am Dosso Spirano (oben rechts). Rast auf dem Rifugio Altissimo Damiano Chiesa unterhalb des Gipfels des Monte Altissimo (links). Zähe Auffahrt an den Hängen des Monte Altissimo (unten).

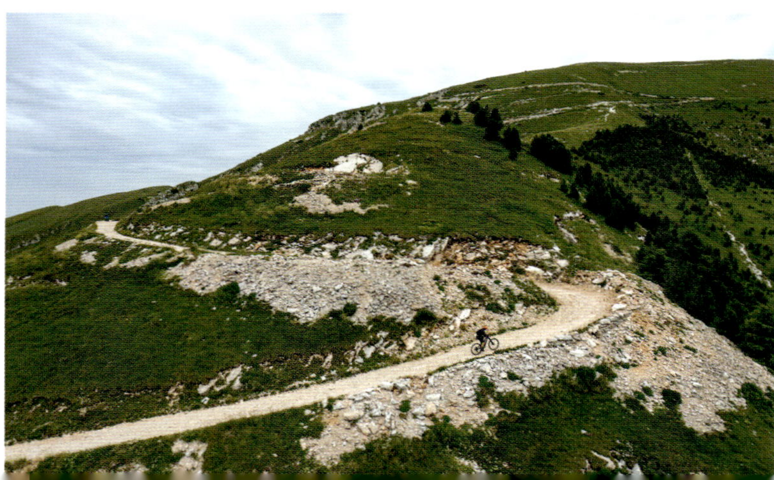

und vollkommen fertig am Gipfelplateau in den Trail einsteigt, gibt's die elegante Variante mit der Panorama-Seilbahn von Malcesine auf den langgezogenen Bergrücken des Monte Baldo.

Es ist kein Schwindelgefühl, auf der zweiten Sektion dreht sich die Gondel tatsächlich um ihre eigene Achse. Trotz der vielen gesparten Höhenmeter ist es noch ein gutes Stück Arbeit von der Bergstation (1.752 m) bis zum Rifugio Altissimo Damiano Chiesa. Auf die Abfahrt zur Boccha di Navene (1.425 m) folgt eine längere Asphaltpassage zum Rifugio Graziani. In vielen Kehren windet sich ein grober Schotterweg hoch zum Gipfel des Altissimo. Über 700 Höhenmeter haben wir trotz Seilbahn in den Beinen, da tut ein Stück Torta della Nonna im Rifugio richtig gut.

Der eigentliche Gipfel liegt etwas unscheinbar westlich des Rifugio. Meist wird der Aussichtspunkt hinter der kleinen Kapelle angesteuert. Fast auf gleicher Höhe und auch mit einem Kreuz bestückt, bietet sich ein toller Blick auf den Gardasee und in die dahinter liegenden Berge. Mancher Neuling hat an der Kapelle sicher schon ein Stoßgebet zum Himmel geschickt, bevor er sich seinem Schicksal auf dem 601er ergeben hat.

Wenn man nicht weiß, was noch kommt, sind die ersten groben, mit Absätzen bestückten Abfahrtsmeter ziemlich respekteinflößend. Wer sich fragt, was er hier

Wer nicht wagt, der nicht gewinnt. Der 601er gehört zu den schwersten Trails am Gardasee, bietet aber viele Möglichkeiten zum Ausstieg. Dem etwas leichteren Navene Trail entkommt man aber erst wieder am Seeufer.

eigentlich zu suchen hat, dessen Gebete wurden wahrscheinlich erhört. Denn es folgt ein flacher Wiesenrücken zum Aussichtspunkt Sforzela beim Monte Varagna. Dahinter sagt der Verzagte dem 601er leise Adieu und weicht auf einen Schotterweg und später auf die kleine Bergstraße bis Torbole aus.

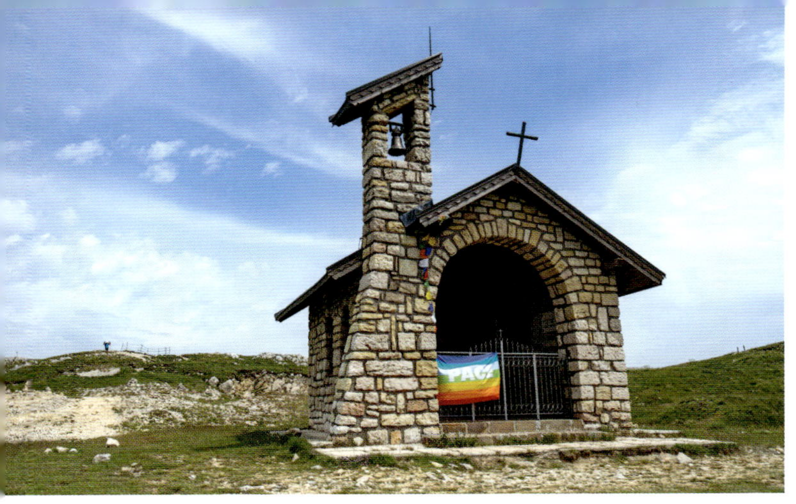

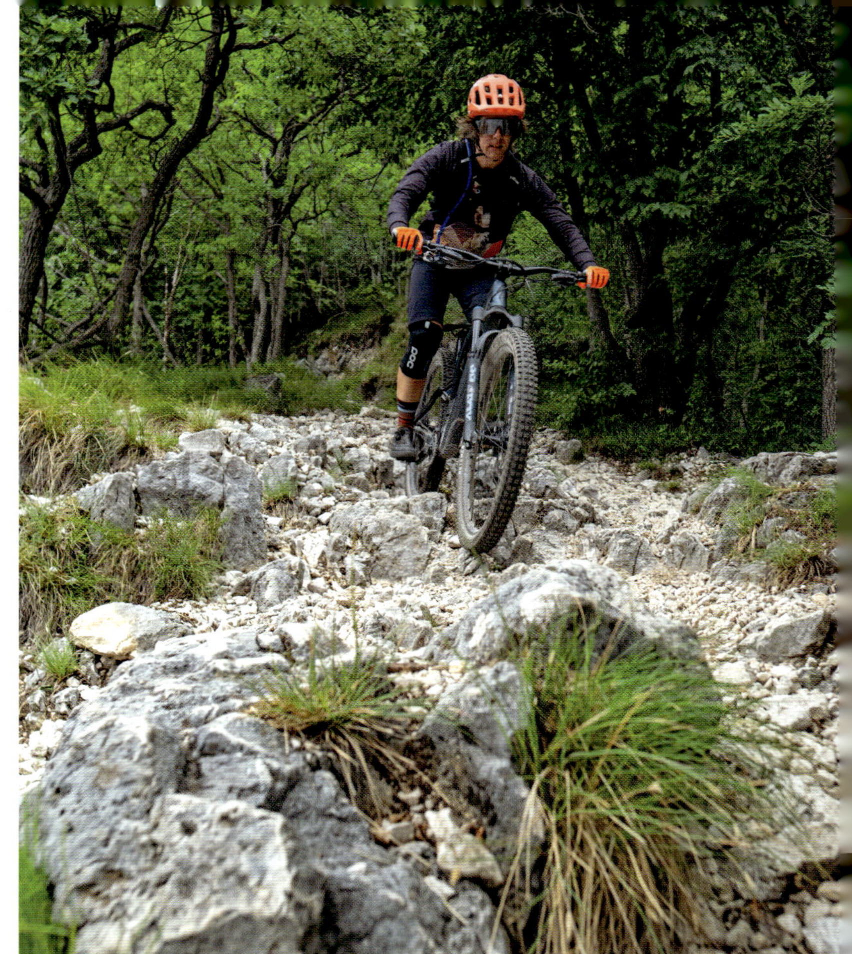

Chiesetta Monsignore Cesare Viesi (oben).
Lieber nicht stürzen – scharfkantiges Gestein auf dem Navene Trail (rechts).
Aussichtspunkt La Guarda (unten).
Funivia Malcesine Monte Baldo: Die Gondeln drehen sich während der Fahrt (rechte Seite).

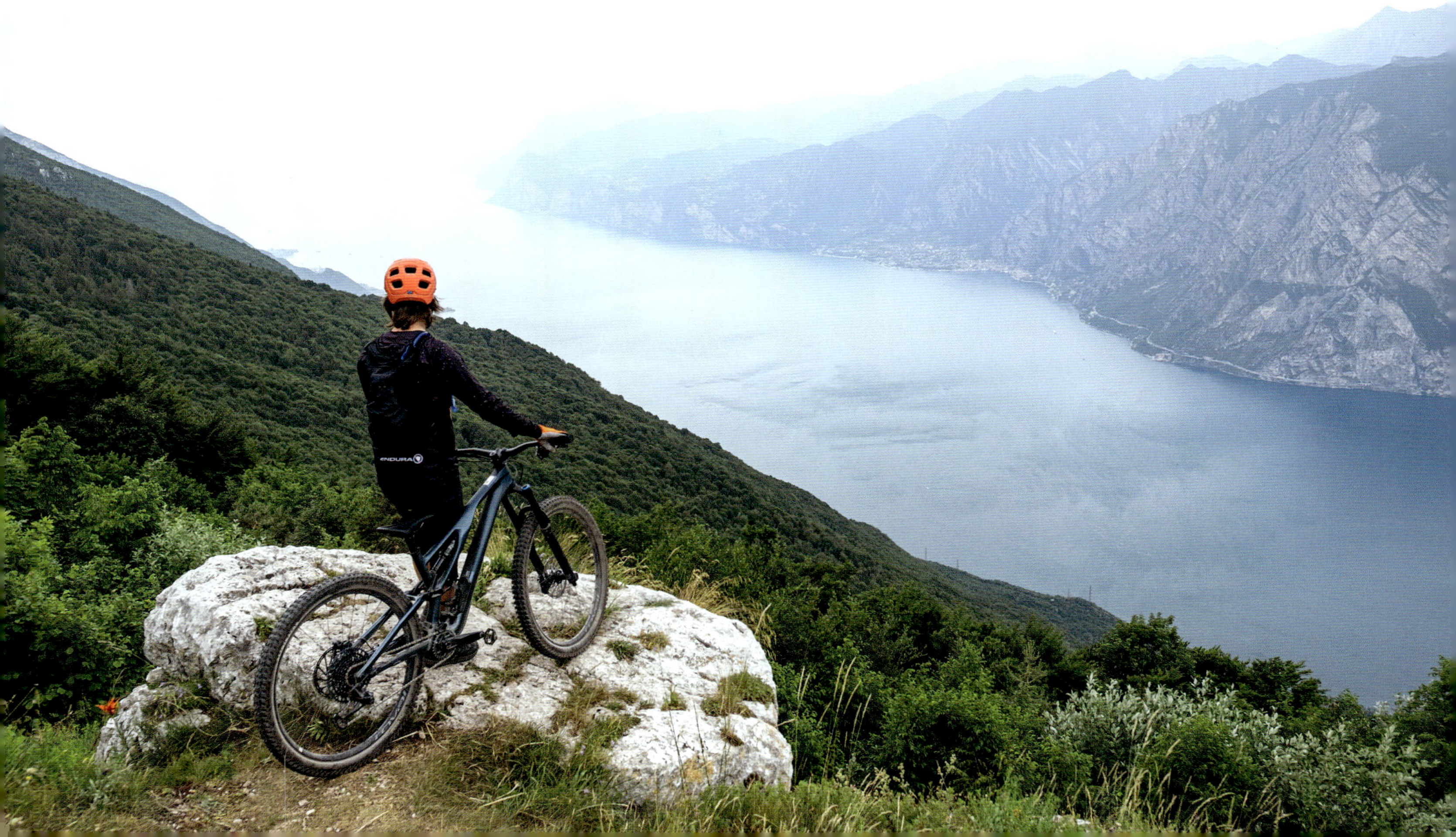

Für alle anderen geht der Spaß weiter und sie rumpeln oder springen durch steile Trailpassagen, bis sie der Wald auf die Prati di Nago ausspuckt. Jetzt verlassen auch sie den 601er, um nach einem kurzen Stück Waldweg auf den Navene Trail zu wechseln. Stetig an Höhe verlierend, zieht sich der felsige Pfad entlang der gesamten Westflanke des Monte Altissimo bis nach Navene am Seeufer. Wer es fahrend vom Gipfel bis hierher geschafft hat, wird auf dem traumhaften Naturtrail seine wahre Freude haben. An Wegbeschaffenheit ist alles geboten, was das Bikerherz begehrt: grobe Felspassagen, die aber alle rollend überwunden werden können, tiefer Schotter und Wurzeln, aber auch enge Kurven, in denen geübt werden darf, das Hinterrad zu versetzen. Immer wieder locken großartige Panoramen über den Lago. Wer die genießen will, sollte stehenbleiben, denn diese Stellen sind teils etwas ausgesetzt.

Nach über 6 Kilometer Trailrausch rollen wir auf Schotter bequem nach Navene und auf dem Radweg am Seeufer zurück nach Malcesine. Wer nun Feuer gefangen hat, kann den ganzen 601er hinunter nach Torbole in Angriff nehmen. Von dort gibt's Shuttleservices zum Rifugio Graziani. Die letzten Meter zum Altissimo und den ersten Teil der Abfahrt kennt man dann ja schon. Mal sehen, was der legendäre Trail im unteren Teil zu bieten hat.

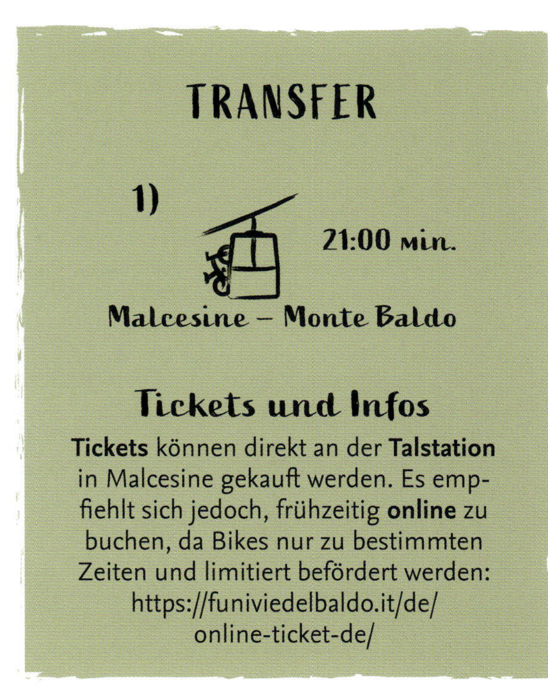

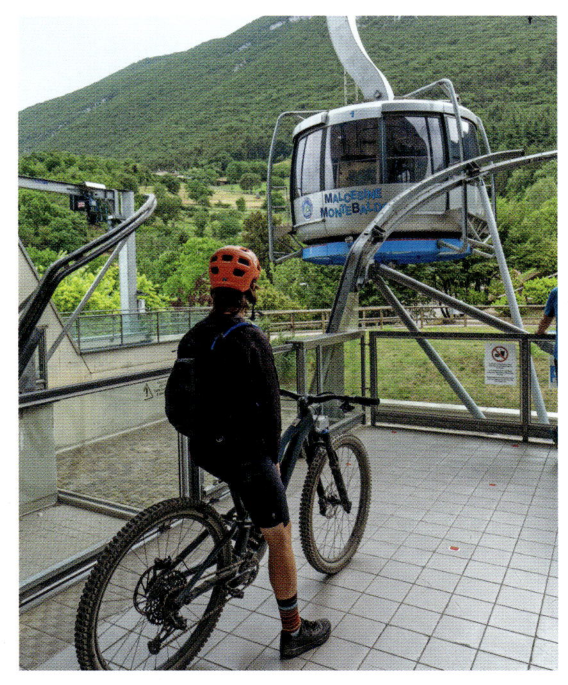

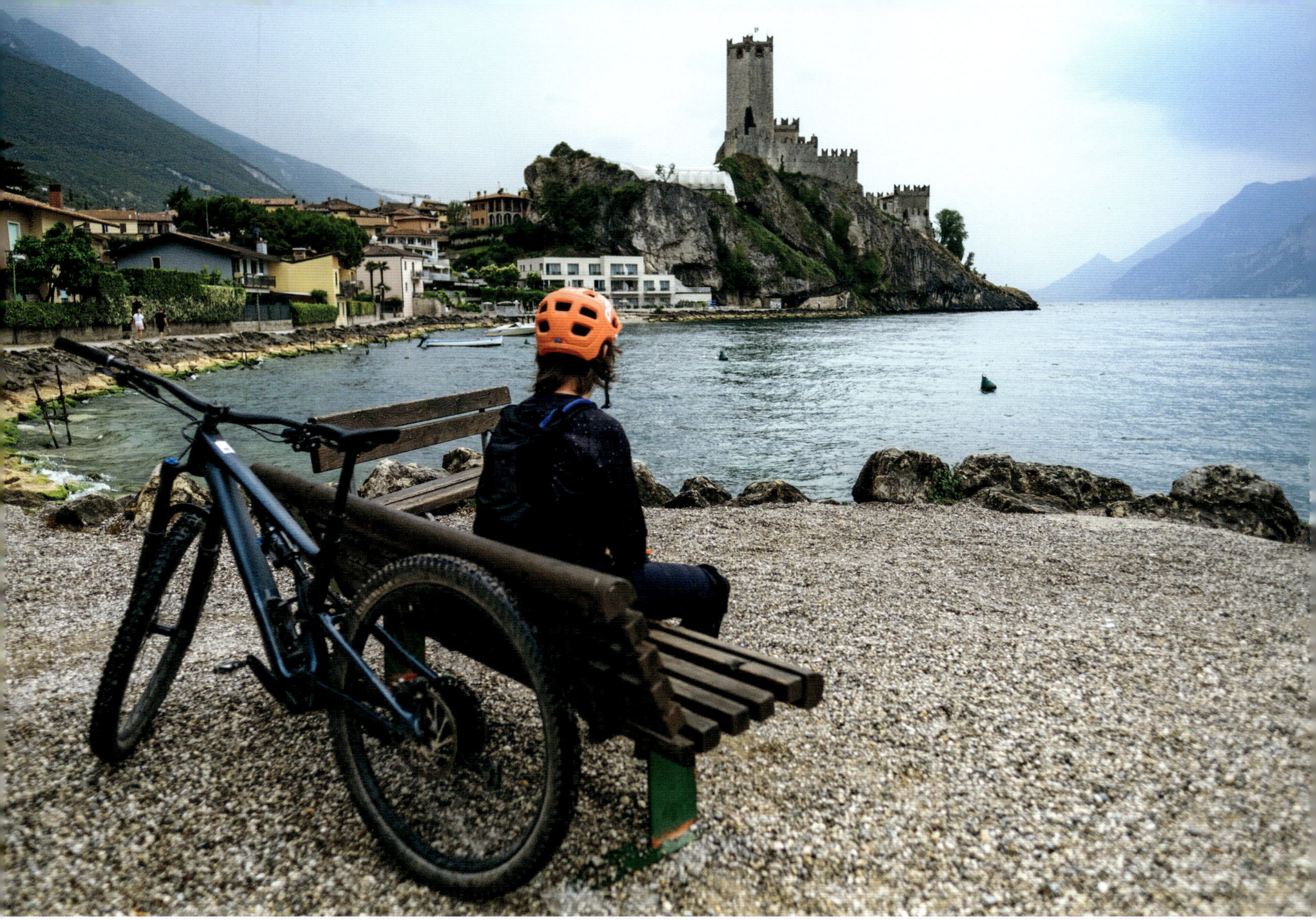

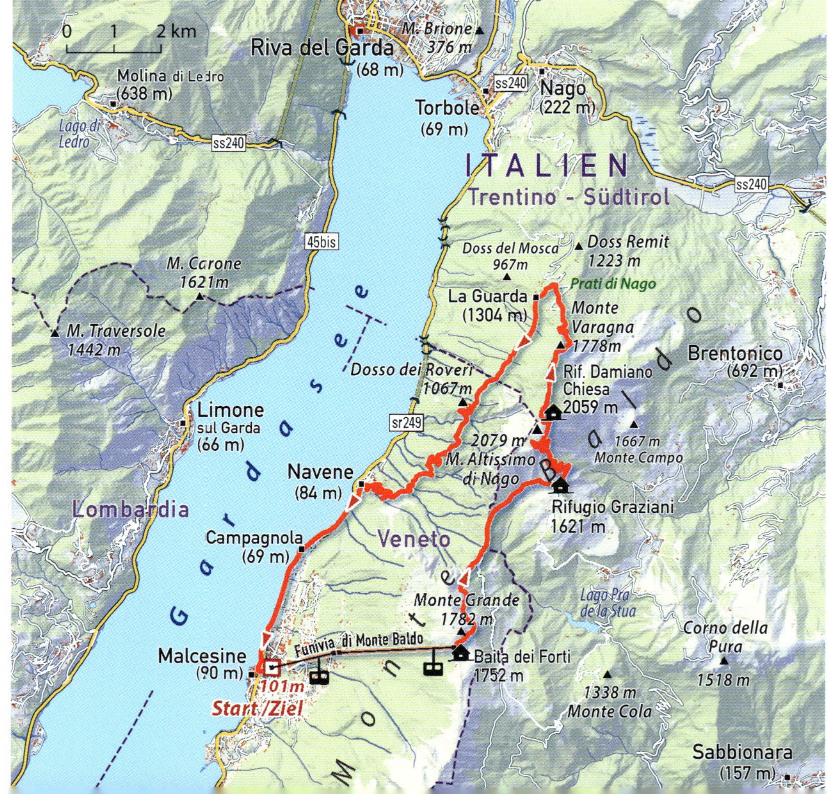

Schon Goethe bewunderte die Scaligerburg in Malcesine. Auch von innen. Er war dort kurz wegen Spionageverdachts eingesperrt, weil er die Burg gezeichnet hatte.

INFOS ZUR TOUR

TOURCHARAKTER
Ab der Bergstation Abfahrt auf Schotter, Asphalt und einem leichten Trail. Anschließend eine lange Auffahrt auf Straße und Schotterweg über die Bocca del Creer auf den Monte Altissimo. Auf dem 601er teils auf sehr felsigem Untergrund mit Stufen hinunter zu den Prati di Nago. Ab hier weiter auf felsigem Untergrund, partiell mit losem Geröll belegt. Die Kurven sind eng. Der teils schmale Weg verläuft entlang des steilen Hangs, der aber immer bewachsen ist. Die Abfahrt ist aber nie sehr steil und lässt sich immer noch gut rollen. Je nach Fahrkönnen muss auf der Tour mit kleinen Schiebepassagen gerechnet werden.

TOURSTART
Wir starten an der Talstation der Funivia Monte Baldo.

EINKEHRTIPP
Rifugio Altissimo Damiano Chiesa (2.059 m)
Nach der, für Downhiller, langen Auffahrt auf dem höchsten Punkt der Tour genau richtig für eine Pause und Stärkung vor der Abfahrt.

BIKE-VERLEIH
Bike Extreme direkt an der Talstation der Seilbahn, Via Navene Vecchia 10, I-37018 Malcesine (VR), Tel. +39 34 87 00 23 63, www.xtrememalcesine.com
Active Bike Store Via Gardesana 270, I-37018 Malcesine (VR), Tel. +39 34 77 32 63 47, www.activebikestore.com

GEFÜHRTE TOUREN
www.gardamtbtours.com/de, www.allmost.it/de

BIKE-HOTELS
Sunhotels Majestic Palace
Via Navene Vecchia 96, I-37018 Malcesine (VR), Tel. +39 04 57 40 03 83, www.majesticmalcesine.com/de/
PrimaLuna Via Gardesana 165, I-37018 Malcesine (VR), Tel. +39 04 57 40 03 01, www.primalunahotel.com/de

LANDKARTEN
Kompass-Karten
WK 690 „Alto Garda e Ledro, Riva del Garda, Malcesine, Torbole, Limone sul Garda", 1:25.000
WK 129 „Monte Baldo" inkl. offline-Verwendung in der Kompass-App, 1:25.000

BIKE-INFOS
www.gardamtb.com, www.visitgarda.com/de/mountain-bike-gardasee, www.lagodigardaveneto.com/cosa-fare/bike/mountain-bike

TOURIST-INFOS
Visit Malcesine Piazza Statuto 1, I-37018 Malcesine (VR),Tel. +39 04 56 58 99 04 28, www.visitmalcesine.com/de
Lago di Garda Veneto Piazza Matteottim 8, I-37011 Bardolino (VR), Tel. +39 04 57 25 52 79, www.lagodigardaveneto.com

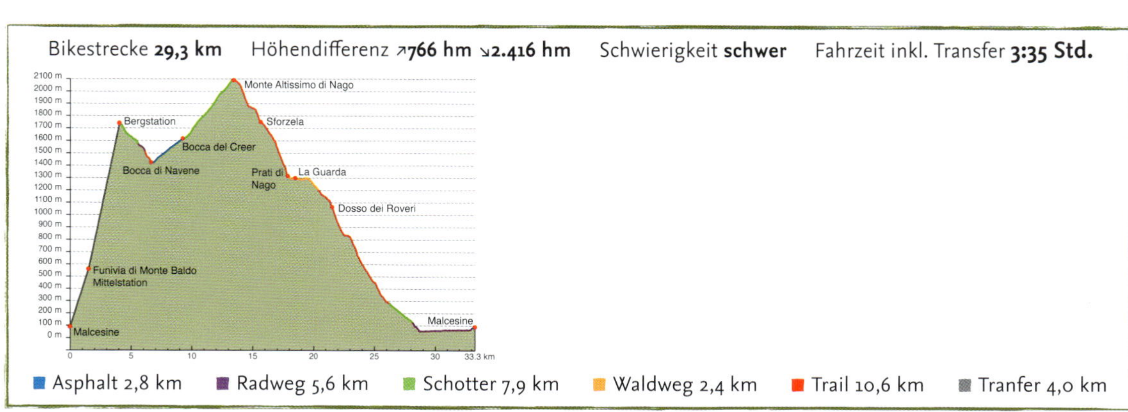

Danksagung
Wir danken Ellis Kasslatter, Karin Michaelis, Helena Simon, Karin Simon, Florian Ettenberger, Arno Feichter, David Florin, Max Messner, Beni Ott, Anders Solberg, Dave Spielmann für die Tourenbegleitung und Kathrin Simon fürs Korrekturlesen.
Landkarten und Navigation: Kompass, Garmin
Mountainbikes/E-MTBs: Cube, Specialized
Equipment: Alpina, Craft, Deuter, Dynafit, Endura, Evoc, Gonso, Gore, Löffler, Roeckl, Vaude

Die GPS-Daten für die Routen dieses Buches erhalten Sie über den folgenden QR-Code oder alternativ über den beistehenden Link. Der Download ist kostenlos.

https://qrco.de/GPS-Daten_SpektakulaereDownhill-touren

Folgende Bücher von Armin Herb und Daniel Simon sind bisher im Delius Klasing Verlag erschienen:
E-Bike-Traumtouren in den Alpen • Berghütten • Best-of Alpen • Hausreviere • Bike & Wellness in den Alpen • Die schönsten E-MTB-Touren in den Alpen • Die schönsten E-Bike-Touren in den Alpen • Die schönsten Almentouren für Mountainbiker • Radurlaub in Deutschland • Radreisen • Die schönsten Hüttentouren für Mountainbiker • Leichte Alpentrails • Rennrad – Reparaturen unterwegs • Mountainbike – Reparaturen unterwegs • Trekkingbike – Reparaturen unterwegs • E-Bike – Reparaturen unterwegs • Mountainbiken rund um Garmisch-Partenkirchen • BIKE Guide Zugspitzregion

Bibliografische Information der Deutschen Nationalbibliothek
Die Deutsche Nationalbibliothek verzeichnet diese Publikation in der Deutschen Nationalbibliografie; detaillierte bibliografische Daten
sind im Internet über http://dnb.dnb.de abrufbar.

1. Auflage
ISBN 978-3-667-12661-0

Texte und Fotos: Daniel Simon und Armin Herb
Lektorat: Stephanie Jaeschke, Jana Gdanietz
Kartografie: Karin Kunkel-Jarvers
Layout: Daniel Simon
Umschlaggestaltung: Felix Kempf, www.fx68.de
Lithografie: Mohn Media, Gütersloh
Druck: COULEURS Print & More GmbH, Köln
Printed in Slovenia 2023

Delius Klasing Verlag, Siekerwall 21,
D - 33602 Bielefeld
Tel.: 0521/559-0, Fax: 0521/559-115
E-Mail: info@delius-klasing.de
www.delius-klasing.de